Rainer Barzel

Auf dem Drahtseil

Droemer Knaur

CIP-Kurztitelaufnahme der Deutschen Bibliothek

Barzel, Rainer
Auf dem Drahtseil. – München, Zürich:
Droemer-Knaur, 1978
ISBN 3-426-05609-7

1. bis 25. Tausend

Umschlaggestaltung: Atelier Blaumeiser
Gesamtherstellung: Druck- und Buchbinderei-Werkstätten
May & Co Nachf., Darmstadt
Printed in Germany · 21078
ISBN 3-426-05609-7

Für Claudia

Inhalt

»Ich werde Dir sagen: sie machen es wie da unten: sie fürchten ihn herbei. (›Wo bleibt die Vergewaltigung?‹) – Diese Demokratien sind faul und schwach bis ins Mark.«

Kurt Tucholsky, Brief aus dem schwedischen Exil vom 10. Dezember 1933

Vorwort

Man kann eine Krise herbeireden. Man kann aus Angst vor dem Tod Selbstmord begehen. Man kann sich eine Krankheit einbilden. Man kann – man muß nicht.
Die Berichte und Perspektiven dieses Buches sollen zeigen, daß eine Zukunft mit menschlichem Antlitz möglich ist; wie sie möglich ist. Was heute ist, wurde gestern bestimmt. Nicht nur von Mächten und Verhältnissen, sondern vor allem von Ideen und Menschen. Keiner kann aus seiner Zeit heraus. So gehören die persönlichen Erlebnisse und Erfahrungen wesentlich zu diesem Buch. Sie begründen den Anspruch, Rat für morgen zu geben.
Was wir eigentlich in den Jahrzehnten unserer Verantwortung geleistet und bewirkt hätten, fragte mich unlängst – recht wirsch – ein Zwanzigjähriger. »Den Frieden«, antwortete ich, »und Ihren Freimut. Beides ist Ihrer Generation selbstverständlich – der ersten Generation Europas, die Krieg und Not nicht kennenlernte.«
Ob das bleibt?
Es kann – es muß nicht. Der Weg ist schmal und steil wie ein Grat. Abschüssig und ungesichert. Mit falschen Wegweisern und hier und da ohne trittfesten Grund. Wir können den Frieden gewinnen; wir können in Krieg abstürzen. Wir können durch soziale Gerechtigkeit Freiheit für alle erreichen; wir können in Diktatur abgleiten.

Als Kind sah ich den Mann auf dem Drahtseil. Ich weiß bis heute nicht, ob ich diesen Künstler wegen seines Mutes bestaunte und wegen seiner Balance bewunderte – oder ihn ob der Gefahr und seiner Einsamkeit bedauerte.

1. Neue Gedanken wagen

Zu Beginn habe ich Kurt Tucholsky mit einem Brief aus seinem schwedischen Exil zitiert. Er hatte – schon vor Hitlers Machtergreifung – Deutschland verlassen und das übrige Europa in einem schlimmen Zustand angetroffen: angsterfüllt, mit schwindender Hoffnung. Wann gibt es Krieg? Wann kommt Hitler hierher? Wo ist er schon unter uns? Ist das da nicht schon seine »fünfte Kolonne«? So fragten damals die Europäer rings um Deutschland.

»Sie fürchten ihn herbei.« Mit diesen Worten beschrieb Tucholsky die vorherrschende Stimmung der Furchtsamkeit, die anwuchs wie eine böse Geschwulst: Sie legte sich auf die Gemüter, nebelte den klaren Blick für die Gewichte der Macht ein, bewirkte die Lähmung zu verzweifelter Tatenlosigkeit, verdrängte den Glauben an die bessere Sache und nahm den Mut der tapferen Stirn.

So kam es zu München, wo die Verantwortlichen des – wie es schien – schlappen Westens 1938 vor allem schlotternde Knie zeigten. Hitler fühlte sich nun unwiderstehlich, überlegen. Das führte zum Weltkrieg.

Heute fürchten viele in Europa anderes Unglück herbei: Kommunismus und Sozialismus; einige neuen Krieg.

Sie haben nicht gelernt, daß weder Technik noch Taktik Überlegenheit begründen, sondern vor allem der Geist – der Geist der Hoffnung, des Glaubens, der Zuversicht; der

Geist der Freiheit. Amulette helfen da nicht. Auch nicht Devisenpolster. Und Meinungsforscher wissen nur, was war. Folgt man ihnen, so führt das zur Erstarrung, und diese bewirkt Revolution oder Unterdrückung. Das Kaninchen, das auf die Schlange starrt, stirbt.
Sie haben das nicht gelernt.
In zehn Jahren sei Europa ohnehin marxistisch, fürchten sie. So unkten sie auch schon 1950 und 1960. Eine Finnlandisierung Europas ohne Zerstörung durch Krieg ist schon manchem eine vergleichsweise glückliche Erwartung. Denn, so meinen viele: Der Westen sei gerade noch imstande, seine Dekadenz zu delektieren. Wie ein überreifer, innen fauler Apfel werde er vom Baum in den Korb der roten Habgier fallen.
Wieder grassiert die Seuche Furcht. Angst lähmt und Sorge nimmt Kraft. »Es ist noch nicht zu spät«, schrieb ich 1975. Inzwischen ist die Uhr weitergelaufen. Es ist sehr viel später geworden. Nun ist es Zeit zu handeln – ehe es zu spät sein wird.
Gemach? Die Demokratien seien auch mit Hitler und Krieg überlegen fertig geworden?
Das stimmt. Nur: um welchen Preis! Auch hatten die Demokratien damals Zeit, sich im Krieg – auf Kosten halb Europas – zu besinnen, die Kräfte zu ordnen und zu stärken, um schließlich zu siegen.
Diese Zeit gibt es heute nicht. Die Bedingungen des Atomzeitalters wie die des Krieges ohne Waffen – des Krieges um die Herzen und Hirne – gewähren sie nicht. Man »siegt« nicht mehr nach einem Krieg am Tage X. Heute wird der Sieg im täglichen Nicht-Krieg errungen – oder verspielt. Da gibt es nicht einen Tag, an dem alles beginnt; keinen, mit dem alles endet; nicht die dramatische Stunde. Tag X ist immer. Heute zum Beispiel. Jetzt.

Die Gefechtsfelder sind andere: Der Kampf geht um die Gehirne und die Gefühle, um die Stimmung und die Einsicht. Wo er nicht mit Waffen ausgetragen wird, ist er politisch im Gange: bei Wahlen und als Unterwanderung. Die soziale Ordnung und der Zustand der Gesellschaft, der staatlichen Einrichtungen und der öffentlichen Meinung sind bevorzugte Gefechtsfelder. Man ringt nicht nur um Berlin, man kämpft auch um Rom. Wer in Rom siegt, gewinnt in Berlin; wer in Berlin verliert, unterliegt in Rom – früher oder später. Und Paris – Europas Hauptstadt?
Wo die Diktatur von innen her Fuß faßt, bleibt sie lange. Im Atomzeitalter kann sie kein Krieg durch Sieg von außen überwinden ... Nicht nur das Bündnis und die Panzer – oder besser: kontrollierte Abrüstung – geben Sicherheit; mehr noch eine innere Politik, welche Menschenrechte begreift als durch soziale Gerechtigkeit ermöglichte und verwirklichte Freiheit für alle.

Dem Überschwang des Glaubens an Reform ist Nostalgie gefolgt: Der sehnsüchtige Blick zurück ist nun modern. Wo gestern in Europa Avantgarde »in« war, ist heute Altmodisches »chic«. Das Pendel schwang vom Ausschlag »Fortschritt« zum Ausschlag »Nur nichts bewegen«. Nun hat sich Malaise eingestellt – Unbehagen also und schlechte Laune. Lähmend legt sich das »Nichts geht mehr« der öffentlichen Finanzen auf den ganzen politischen Betrieb.

Wir müssen neue Gedanken wagen.

Was wäre aus dem freien Europa geworden, wenn 1968 der »Prager Frühling« Erfolg gehabt, wenn nicht Brutalität diesen Aufbruch des Geistes zertrampelt hätte? Wenn also aus der Mitte Europas, aus Böhmens »Goldenem Prag«, der *So-*

zialismus mit menschlichem Antlitz Europa und die Welt nicht nur für wenige Stunden und Tage erreicht hätte? Wenn Dubček uns das durch seine Taten hätte erleben, erfahren, fühlen lassen?

Marion Gräfin Dönhoff drückte damals in der ZEIT das Empfinden sehr vieler aus. Fasziniert schrieb sie aus Prag von dem »Versuch der Versöhnung zwischen Freiheit und Sozialismus«:

»In der CSSR wird heute an Entscheidungen von weltpolitischer Tragweite gebastelt. Wenn es gelingen sollte, den demokratischen Sozialismus als ein drittes Modell . . . zu installieren . . . so könnte das einmal bedeuten, daß der Riß, der seinerzeit die Arbeiterbewegung gespalten hat, sich wieder schließt . . . und zum anderen, daß zum erstenmal eine Wiedervereinigung Europas in den Bereich der Möglichkeit rückt, denn wenn ein Kugelgelenk zwischen die beiden unterschiedlichen Gesellschaftssysteme geschoben wird, dann kann die Kommunikation zwischen den beiden sowohl auf politischem wie auf wirtschaftlichem Gebiet unendlich viel leichter stattfinden« (DIE ZEIT vom 3. Mai 1968).

Mit diesen Gedanken stimmte ich unseren Berliner Parteitag von 1968 nachdenklich: »Wenn die Prager Reformer ihren Weg hätten gehen können, wäre zu den vielen Kommunismen unserer Zeit ein spezifisch europäischer getreten, ein kommunistisches Modell, entworfen für ein wirtschaftlich entwickeltes Land, ein Versuch – so empfanden es viele –, Elemente des Humanismus mit Elementen des Kommunismus zu verbinden; das Bild einer sozialistischen Gesellschaft bei weitgehendem Verzicht auf Zwang.

Wenn die Prager Reformer ungestört an diesen Zielen hätten arbeiten können, hätte das Faszination auf viele und attraktive Kraft über die Grenzen der Tschechoslowakei hin-

aus ausgeübt. Es wäre geraume Zeit vergangen, bis das Widersprüchliche dieser Ansätze sich in einer weniger faszinierenden Realität bemerkbar für alle ausgedrückt hätte.
Warum ist auch das eine Herausforderung, wo es doch gerade beendet wurde? Nun, wie ich meine, aus drei Gründen: Einmal wird irgendwann in der Zukunft irgendwo ein solches Modell wirklicher werden. Zum anderen können wir schlecht die Moskauer Gewaltaktion als gegen den Zeitgeist gerichtet verurteilen, aber das vom Zeitgeist mitumfaßte Prager Experiment übersehen. Und schließlich ist es nicht für immer von der Hand zu weisen, daß eines Tages eine der um Deutschland ringenden Parteien, nämlich die SED, zu Denkansätzen kommen könnte, die denen der Prager Reformer ähnlich sind.
Wir müssen deshalb, so meine ich, auch diese Herausforderung sehen in der Erkenntnis, daß die soziale Basis hier in Mitteleuropa die Basis der Zukunft des freiheitlichen Rechtsstaats ist.«
Wir müssen neue Gedanken wagen.

Das Kriegsende erlebte ich 1945 in Flensburg – ein Fliegerleutnant unter Marinekameraden. Irgendwo an Bord eines der vielen Schiffe, die nun hier lagen, gab es noch einen Schluck zu trinken. Da hockten junge Offiziere eng zusammen und fragten zwischen Krieg und Waffenstillstand: »Was nun? Mit dem Westen? Zu den ›Regenschirmen Chamberlains‹? Ist nicht das Neue im Osten? Hatten nicht zu allen Zeiten der deutschen Geschichte viele ›ex oriente lux‹ gedacht?« Es wurde hitzig. Ein Schnellbootkommandant hatte sich entschieden: Er wolle morgen nach Osten auslaufen – besser das, als sein Boot versenken und hier im Westen bleiben. Ein britischer Zerstörer legte sich – wohl eher zufällig – über Nacht quer in die Förde . . .

Wieder fragen junge Menschen: »Ex oriente lux?«
Wir müssen neue Gedanken wagen.

Wir stehen an einem neuen Meilenstein. Da verkündete man in den fünfziger Jahren das Ende des Wiederaufbaus, in den sechziger Jahren das Ende der Nachkriegszeit. Irgend etwas endet immer. Immer beginnt Neues. Nur selten spüren mehrere, viele zugleich: Hier endet was auch immer, und hier beginnt wer weiß schon was. Nur den Einschnitt spüren sie alle.
Bestimmt beginnt in Europa das Ende der Epigonen. Konrad Adenauer, Charles de Gaulle, Winston Churchill, Josef Stalin – sie haben ihre Furchen gezogen. Die Epigonen haben sich bemüht; gut und redlich, ohne nachhaltige Spuren. Das geht nun – dürftig und kurzatmig – in der fruchtlosen Oberflächlichkeit reiner Werkelei zu Ende.
Was kommt?
Einige glauben: der Krieg. Viele: der Sozialismus. Manche »fürchten ihn herbei«.
Andere glauben: der Nationalismus. Wenige sehnen ihn herbei.
Die so etwas erwarten, haben ihr Ohr nicht im Volk; nicht an der Erde, die auf den unverbrauchten Pflug, auf die neue Furche, auf die frische Saat und die junge Ernte wartet. Im Morgengrauen frösteln wir. Der Horizont läßt uns auf die Wärme eines neuen Tages hoffen. Ich sehe ihn.
Die Menschen wollen nicht abgekapselt, nicht gegeneinander gestellt, sie wollen nicht gegängelt, nicht zu statistischen Nummern rechnerischer Bestimmbarkeit herabgewürdigt werden. Sie werden sich ihrer selbst bewußter – ihrer Rechte wie ihrer Pflichten. Minderheiten melden sich zu Wort und Bürgerrechtler. Das gilt im Westen wie im Osten. Wo noch vor kurzem über »Umweltschützer« gelächelt und getrost

des Nachts der Unrat oder der Abfall in den nächsten Fluß geworfen wurde, ebenda ist man heute bereit, für die saubere Umwelt zu zahlen, zum Abfallplatz zu fahren und kämpferisch für Sauberkeit zu demonstrieren. Wo noch gestern das nächste Auto, die größere Wohnung, die aufwendigere Reise als selbstverständliche Werte einkalkulierbar waren, wo also Wachstum – zumindest scheinbar – zum Goldenen Kalb unserer Zeit geworden war, da fragt man heute: Warum? Wozu? Wie? Was kostet das? Lohnt sich das? Was bringt das? Wo noch eben vom »Klassenkampf« zwischen »Ausbeutern« und »Ausgebeuteten« die Rede war, spricht man nun vom Kampf zwischen denen, die Arbeitsplätze besitzen, und denen, die sie nicht haben. Und der Besitz von Schulden wird zum Ausweis des Reichtums. Man vertraut »denen da oben« nicht leicht. (Überall war »Watergate«.) Und man ist nicht überzeugt, es »denen da oben« so einfach »geben« zu können. Man ist ernüchtert. Glauben fällt schwer. Man erwägt und überlegt, man prüft und fragt: Was? Wer? Wie? Wozu? (»Es wird kritischer und moralischer reflektiert«, würden die Modernisten sagen, die leider unsere Sprache verlernt haben.)

Man will nicht nur einfach wählen, weil nun einmal regiert werden und einer das machen muß. Wählen: wozu? Regieren: wofür? So wird gefragt.

Man dürstet nach Gehalt. Man sehnt sich nach Inhalt, nach Begründung. Man hat Hunger nach Vertrauen. Man will es ja so gerne schenken. Aber: wem und wozu?

Sie leben, das haben sie erkannt, nicht vom Brot allein. Sie glauben nicht mehr den Allerweltsphrasen, den Worthülsen, den Charaktermasken, der Werbewirksamkeit. Sie hoffen auf Rechenschaft und Rechtschaffenheit, auf Überschaubarkeit im Handeln, auf Verstehen beim Entscheiden. Auf Ziele warten sie, die sie billigen, und auf Wegweiser.

Vor allem aber auf Menschen, denen sie glauben können. Keines unserer politischen Probleme ist zunächst und vor allem technisch-organisatorisch. Arbeitskraft und Geld liegen brach, weil Vertrauen und Mut, weil Ideen und Willen fehlen. Geist ist gefragt; Vorausschau, Zielvorstellung, Begründung. »Habt ihr ein Bild von der Zukunft?«, so fragen sie. »Welches Bild von welcher Zukunft? Lohnt diese Zukunft? Was ist ihr Preis?«

Sie sind geneigt, ihn zu zahlen.

Nicht die soziale Einordnung stört sie, viele nicht einmal die Übertreibung der Gleichheit durch Kommunismus oder Sozialismus. Gewalt stört sie.

Die Brutalität hat viele Gesichter: die Mauer in Berlin; Moskauer Panzer in Prag; erpresserische Entführer; der Moloch der Bürokratie; Ausbeutung und Unterdrückung; Existenzvernichtung durch Steuern und Vorschriften; Not aus Hunger; Sorge aus sozialer Unsicherheit; Abhängigkeit durch unzureichende soziale Wirklichkeit; Armut aus Scham; nicht frei reden, reisen, hören und sehen dürfen; Religionskampf.

Die Kräfte des Geistes kämpfen gegen die Kräfte der Gewalt. Gewalt fordert den Geist heraus: in Irland Gewalt gegen Toleranz, in Spanien Gewalt gegen Demokratie, in Berlin Gewalt gegen Freizügigkeit, in Moskau Gewalt gegen die andere Meinung. Auch in den freiheitlichen Ordnungen wirken Elemente der Gewalt – wie in denen der Diktaturen Elemente des Geistes.

Wir müssen neue Gedanken wagen.

Das christliche Gewissen braucht keine Anleihe bei Karl Marx. Es spürt selbst, wo soziale Wirklichkeiten der Gerechtigkeit Hohn sprechen, wo das Antlitz Gottes beleidigt wird, nach dem der Mensch geschaffen ist. Der Christ weiß,

was da zu tun ist: Zuständereform! Und nur, wer sie anstrebt, ist Christ. Der namenlose Mann aus der Bibel, der auf dem Wege nach Jericho dem hilft, der da, von Räubern ausgeplündert, verletzt und mißhandelt im Staub liegt, dieser Mann lamentiert nicht, redet nicht, kniet nicht nieder, um zu beten: Er bringt den Verletzten ins Krankenhaus und zahlt für ihn; er ändert dessen soziale Wirklichkeit. Zuständereform.
Es gibt Marxisten, die in ihrem Karl Marx einen Propheten der Freiheit sehen. Was nützt, so fragen sie, die Freiheit der Verfassung, wenn sie für manche, für viele gar, nur auf dem Papier steht, weil sie als Mieter, als Arbeitnehmer, als Zeitungsleser in so viele Abhängigkeiten verstrickt sind, daß ihr Freiheitsrecht für sie im Alltag weder spürbar noch sichtbar, daß es fern ihrer Erlebniswelt ist; daß es vor einer widrigen sozialen Wirklichkeit kapituliert, weil es das muß?
Auch sie müssen neue Gedanken wagen.

Sie können nicht übersehen, daß Kommunisten – im Namen von Karl Marx – die Menschen entehren und beleidigen, ihre Abhängigkeiten bis zur völligen Unfreiheit steigern; daß sie Brutalitäten verantworten und schlimmste Ausbeutung des Menschen durch den Menschen; daß sie die Verschwendung von Kraft durch unaufhörlich gesteigertes Rüsten herbeiführen und dadurch sowohl soziale Reformen zu Hause vertagen wie auch den Hungernden in der Welt nötige und mögliche Hilfe vorenthalten. Sie können auch nicht übersehen, daß – ebenfalls im Namen von Karl Marx – Sozialisten durch ein zunehmendes Maß an Staatsanteil, Vorschriften, Gesetzen und Gängelei die Substanz der Selbständigkeit auszehren, den Freiheitsraum persönlicher Entscheidung einengen, die Möglichkeit eigener Vorsorge beenden und auf diesem Wege – real – noch weniger Freiheit belassen als sie wollten; daß Marxisten – einst ausgezogen, Freiheit zu schaffen, die nicht in Sonntagsreden vom Papier der Verfassung glänzt, sondern im Alltag soziale Wirklichkeit ist – nun immer neue Wirklichkeiten schaffen, in denen immer weniger Freiheit übrigbleibt.

Die Abhängigkeit des einzelnen von Formularen, Genehmigungen, Vorschriften, kurz: von der öffentlichen Hand, steigt. Entsprechend schwindet die Lust, etwas zu leisten, zu wagen, zu unternehmen; andere herauszufordern. Die freie Entfaltung der menschlichen Person stößt an zu viele Grenzen; sie wird eingeengt, gestutzt und begrenzt. Das Wesen dieses Grundrechtes entzieht unsere Verfassung feierlich jeder politischen Beschränkung, jedem direkten oder indirekten Eingriff. Es gibt auch eine »Grenze des Wachstums« für Eingriffe, Verwaltung, Kontrolle und Bevormundung. Für mich ist sie erreicht. Die Quantität staatlicher Normen und Betreuung droht in die Qualität der Beschränkung der Freiheit umzuschlagen.

Wir brauchen mehr Wettbewerb, nicht mehr Bürokratie; mehr Freiheit, nicht mehr Vorschriften. In den USA, wo diese Prinzipien auch im Bildungswesen gelten, ist der Studienplatz billiger als hier, erreichen mehr Arbeiterkinder akademische Grade.

Mit unserer Zukunft ist es wie mit dem Mann auf dem Drahtseil: Wir können stürzen. Wir wollen die sichere Seite erreichen. Das hängt ab vom Mut, vom Ziel, von der Geduld – und von der Balance; nicht zu vergessen: vom Können.

In meinem politischen Leben war es oft unvermeidbar, den ausgetretenen Pfad des Gewohnten zu verlassen und neue Gedanken zu wagen.

Einige dieser Begebenheiten und Erfahrungen will ich schil-

dern und dann den Blick nach vorne richten: in eine Zukunft mit menschlichem Antlitz.
Für das, was sein soll oder sein wird, ist wichtig, was ist und was war. Der Mensch lebt nicht vom Brot allein; er lebt auch nicht aus dem Augenblick.

2. Westen

»Die Deutschen brechen wieder einmal Verträge – wie schon unter Hitler und dem Kaiser. Wieder offenbaren sie die Gefahren und Fehler ihres Charakters. Wieder stehen sie nicht zu ihren moralischen Pflichten und bedrohen den Weltfrieden. Wieder tönt die deutsche Glocke. Wir warnen das Gewissen der Welt.«
Diese feindseligen Worte las ich nicht in einem Geschichtsbuch über Kriegs- und Greuelpropaganda; auch nicht in einer kommunistischen Hetzschrift aus dem kalten Krieg. Ich las diese »Botschaft amerikanischer Frontsoldaten beider Weltkriege« in einem Inserat der NEW YORK TIMES vom 18. Februar 1965 und am Tage darauf in der WASHINGTON POST. Die Deutschen, so hieß es, wollten künftig Nazi-Verbrecher nicht mehr aburteilen; sie unterstützten Ägypten bei der Entwicklung modernster Vernichtungswaffen gegen Israel; sie hätten – vertragswidrig und auf ägyptischen Druck hin – die zugesagten Waffenlieferungen an Israel eingestellt. Nicht nur diese Zeitungsanzeigen klagten an. Nachrichten und Kommentare steigerten die schlechte Stimmung in den USA. Es kam zu antideutschen Demonstrationen, verletzenden Fragen, unfreundlichem Verhalten. Offen wurde der Boykott deutscher Waren nicht nur erörtert, er hatte begonnen. Die Lufthansa war bereits betroffen.
So gab es besorgte Gesichter und viel Aufgeregtheit, echte

und angestachelte, als ich am 20. Februar 1965 in New York landete. Vor Monaten schon hatte ich – unterstützt von meinem vielfach bewährten Freund Walther Casper – mit McGeorge Bundy, dem damaligen Sicherheitsberater des Weißen Hauses, diesen »Antrittsbesuch« in den USA verabredet. Unsere Zukunft gründete sich vor allem auf die Verläßlichkeit des Wortes der USA. Und nun warf man uns, dem Verbündeten, Unzuverlässigkeit, schlechten Charakter und Wortbruch vor. Den Vorwurf erhoben zunächst nicht Politiker und Journalisten, sondern Soldaten.
Dieser harte Donner kündigte ein gefährliches Gewitter an. Der Horizont erschien getrübt und vernebelt.

Ich kam direkt aus Bonn, wo sich die Ereignisse überschlugen. Es sah nicht gut aus in unserer Koalition mit der FDP und im Kabinett Erhard. So heißt es im internen Protokoll der CDU/CSU-Bundestags-Fraktion vom 16. Februar 1965: »MdB Dr. Barzel berichtet über die Koalitionsgespräche der vergangenen Woche, von denen eines unter dem Vorsitz des Bundeskanzlers stattgefunden habe. Es sei versucht worden, die personellen Angriffe aufeinander einzustellen. Die Sitzung, die zweieinhalb Stunden gedauert habe, sei aber nicht sehr angenehm verlaufen, und es sei nicht gelungen, ein gemeinsames Kommuniqué zu verabschieden.«
Adenauer – nicht mehr Kanzler, wohl aber Parteivorsitzender – grollte und mahnte; die Herbstwahlen warfen ihre Schatten voraus. Die Spannungen in meiner Partei verschärften sich beim andauernden Streit über die Frage, wem Vorrang gebühre: Frankreich und Europa oder den USA und der atlantischen Gemeinschaft. (Diese Auseinandersetzung war nutzlos und überflüssig. Natürlich war es nötig und für eine halbwegs vernünftige deutsche Politik auch

möglich, zugleich Freund Frankreichs *und* der USA zu sein. Aber es tönte laut hin und her: hie »Atlantiker« – da »Gaullisten«.) Einige Probleme drohten den Verantwortlichen über den Kopf zu wachsen. Keiner schien genug Wasser zu haben, um alle Feuer rechtzeitig und zugleich zu löschen, keiner genug schöpferische Kraft, um andere Feuer entzünden zu können. Demoskopistische Langeweile . . .
Der Staatspräsident Ägyptens, Gamal Abd el Nasser, hatte den Chef der DDR-Regierung, Walter Ulbricht, zum offiziellen Besuch eingeladen. War das die – bisher zäh und teuer verhinderte – Anerkennung der DDR durch die uns doch seit langem freundschaftlich zugeneigte arabische Welt? Würde damit international die deutsche Teilung besiegelt? Wie sollte man darauf reagieren? (Ein spanischer Vermittler hatte sich vergeblich bemüht.)
Die Bundesregierung stoppte die verbindlich verabredeten Waffenlieferungen an Israel. War damit ein Stück vom Erbe Adenauers verworfen? Herr Shinnar, Leiter der israelischen Handelsmission in Köln, war abgereist. Man wolle, so das amtliche Bonn, keine Waffen »in Spannungsgebiete« liefern; auf die deutschen Wissenschaftler und Waffentechniker in Ägypten habe man keinen Einfluß, es seien Privatleute.
Hinzu kam das Problem der »Verjährungsfristen« auch für jenes Unrecht, das Nationalsozialisten verübt hatten. Aus Gründen der Beweisnot, der Erinnerungsfähigkeit der Zeugen, der Fairneß des Prozesses und der Gnade verjähren nach deutschem Recht auch Kapitalverbrechen. Anderswo kennt man das nicht. So faßte sich mancher draußen an den Kopf, weil nun die Deutschen – angeblich – die Massenmörder frei und unbestraft herumlaufen lassen wollten.
In Deutschland gab es heiße Debatten für und gegen die Verjährung. Der Streit ging mitten durch das Regierungs-

lager. (Ludwig Erhard war gegen, die Mehrheit seines Kabinetts für Verjährung.) Unser Botschafter in den USA, Heinrich Knappstein, erklärte sich öffentlich gegen die Verjährung dieses Unrechts: »Ich habe die Ansichten meiner Regierung vertreten, solange es ging; aber es gibt eine Grenze, die von meinem Gewissen gesteckt wird« (DIE WELT vom 5. Februar 1965).
Natürlich spielte diese Frage in den USA eine große Rolle. Nicht nur Böswillige machten wegen dieser Debatte ein Fragezeichen hinter das »neue« Deutschland.

Es war nicht sehr angenehm, nun mit diesem »Gepäck« als Vorsitzender der Fraktion, die den Kanzler stellte und die Regierung trug, in New York zu landen.
Die Flagge gilt draußen so viel, wie zu Hause Verläßlichkeit, Ordnung und Kraft regieren. Man liebt nicht unsere blauen Augen; man schätzt uns, falls überhaupt, als zuverlässigen, stabilen, sozialen Partner. Und wer an ganz Deutschland denkt – ich war im letzten Kabinett Adenauer Bundesminister für Gesamtdeutsche Fragen –, wer um Deutschlands Einheit durch Freiheit und Menschenrechte ringt, wußte und weiß: Da ist Fortschritt, falls überhaupt, nur möglich mit Hilfe von draußen. Die aber gibt es nur, wenn im freien Deutschland auch sozial und humanitär und nachbarschaftlich alles stimmt.
Wir können doch, hieß es in der »Warnung« der früheren US-Soldaten, die Deutschen in ihrer nationalen Frage nur unterstützen, wenn ihre politische Moral und ihre Zuverlässigkeit außer Frage stehen ...
Adenauer hatte den Weg gewiesen und wohl gewußt, warum er Freunde und Sicherheit aus dem Westen und mit dem Westen suchte und fand; warum er die europäische Einordnung, die atlantische Garantie, die Freundschaft mit

Frankreich, die Aussöhnung mit Israel und den Juden sowie die Verständigung mit den Polen und den Russen wollte. Hier in New York hatte Adenauer 1960 mit David Ben Gurion den Grundstein für die Aussöhnung zwischen uns und den Juden sowie mit Israel gelegt. Vor meiner Abreise hatte er mir in langen Gesprächen seine Sorge um unsere Zukunft offenbart: Sein Werk sei gefährdet, hatte er mir gesagt, dann geschwiegen, sich abgewandt und einen langen Blick durch das Fenster geworfen, vor dem der Rhein träge durch das traurige Grau dieses Tages strömte.
Zugleich wußte ich sehr gut, daß Bundeskanzler Ludwig Erhard in diesen Fragen ähnlich fühlte und dachte wie Adenauer. Die beiden verstanden sich nur nicht und redeten wenig miteinander. Ich »konnte« und »mußte« mit beiden.

Schon kurz zuvor hatte ich erfahren, wie dünn das Eis war, das Konrad Adenauers meisterliche Nachkriegspolitik trug. Anfang Februar 1965 war ich zum »Antrittsbesuch« in Frankreich. Bundeskanzler Ludwig Erhard und das Auswärtige Amt hatten mich auf offiziellem Wege bei Präsident de Gaulle angemeldet. Konrad Adenauer gab in einem sehr persönlichen Schreiben an General de Gaulle meinem Besuch besonderes Gewicht.
De Gaulle empfing mich mit ausgesuchter Liebenswürdigkeit am 8. Februar 1965 nachmittags. Nicht auf Erhards, allein auf Adenauers freundschaftliche Empfehlung nahm er Bezug (wohl auch, um mir zu bedeuten, daß er, der normalerweise nur Staats- und Regierungschefs empfange, jetzt einen Freundesdienst erweise). Der Staatspräsident Frankreichs wirkte größer als erwartet. Und sehr viel blasser; sorgenvoll. Alles Laute war fern. Es schien unvorstellbar, daß irgendwo ein Telefon, eine Schreibmaschine, ein Fernschreiber half; daß etwas Eiliges, Unvorhergesehenes oder

gar Aufregendes auch nur bis in den Park gelangen, daß Geschäftigkeit durch die Vorzimmer in die Salons dringen könnte. Die Stille des Gipfels war ein Stilelement seiner Herrschaft. Er sprach im höflichen Tone dessen, der um Verständnis bittet – selbst da, wo seine Worte Plakate waren.

Wenige Tage vorher, am 4. Februar 1965, hatte de Gaulle auf einer seiner großen öffentlichen Darstellungen, die als Pressekonferenz aufgezogen wurden, einige für uns unbefriedigende Sätze gesagt: Die deutsche Wiedervereinigung müsse im Rahmen eines Abkommens erfolgen, an dem alle europäischen Länder vom Atlantik bis zum Ural beteiligt seien und in dem in allseitigem Einvernehmen eine Regelung für die Grenzen und die Rüstung Deutschlands getroffen werde.

Das beunruhigte auf unserer Seite des Rheins – die einen, weil die Beteiligung der USA entfiel; andere wegen der fehlenden Hinweise auf sorgsam gehütete Grundsätze unserer Deutschlandpolitik: Selbstbestimmungsrecht, Deutschlandvertrag und Viermächte-Verantwortung; wieder andere alarmierte der Gedanke an einen Souveränitätsverzicht Deutschlands durch einen auferlegten Status, den nun sogar ein Freund vorgeschlagen hatte; und die »Grenzfrage« galt ohnehin als tabu.

Für die amtliche deutsche Politik in Bonn und Berlin war das alles unbehaglich und ärgerlich. Hinzu kam, daß Konrad Adenauer sich just zur selben Zeit in der NEW YORK TIMES mehr als kritisch zur Politik der USA ausgesprochen hatte. So traf ich de Gaulle in einer innen- wie außenpolitisch delikaten Situation. Wir hielten uns nicht lange bei höflichen Vorreden auf. Es gelang, die nötigen und wichtigen Klärungen zu erreichen.

»De Gaulle sagte volle Unterstützung in der Deutschlandfrage zu. Festhalten an Viermächte-Verantwortung. Zusicherung an Barzel« – so überschrieb die FRANKFURTER ALLGEMEINE ZEITUNG ihren Bericht vom 10. Februar 1965. Am selben Tage konnte Bundeskanzler Ludwig Erhard Entsprechendes öffentlich erklären. Und ich antwortete in der – gegen die Langatmigkeit des Parlaments mühsam durchgesetzten – ersten »aktuellen Stunde« des Deutschen Bundestages auf den einzigartigen Fritz Erler (SPD), damals Oppositionsführer, indem ich mich auf mein Gespräch mit de Gaulle berief: »Frankreich steht mit den anderen und uns in Berlin. Man muß das Selbstverständliche nicht immer betonen. Die französische Regierung ist nach wie vor bereit, eine Initiative gemeinsam mit den drei Westmächten, gerichtet an die Sowjetunion, zur Lösung der deutschen Frage zu unterstützen.« Ich appellierte an die Opposition, »auch im Wahljahr die nationale Substanz nicht unter den Schlitten geraten zu lassen«.

Das Gespräch mit General de Gaulle, von dem hier die Rede ist, hatte schon lange gedauert und längst alle Grenzen des Protokolls gesprengt. Immer neue Fragen stellte mir de Gaulle, weil es ihn interessiere, einen »jungen Deutschen« kennenzulernen, der frei sei von Schuld für Vergangenes, nicht aber frei von Verantwortung für Gegenwart und Zukunft. Meine Spannung war gewichen. Es war eine nützliche Unterhaltung. – Dann spannte sich de Gaulle: Immer größer wuchs er, so schien es, hinter dem Schreibtisch empor, und immer mehr, so wirkte es, schraubte er mir seine Nase wie eine Radar-Antenne für die Ewigkeit entgegen: »Herr Präsident! Lieber Freund, wenn ich so sagen darf, nachdem Konrad Adenauer Sie so sehr empfohlen hat. Ich habe Ihnen keinen Rat zu geben, aber ich möchte Ihnen ans Herz legen, Ihre Pläne freizuhalten von allem, was atomare

Waffen betrifft. Ich sage dies, weil ich es gut mit Ihnen meine. Solche Waffen werden die Deutschen in Ihrer Generation nie bekommen. Frankreich will das nicht. Und auch sonst niemand. Und wenn ein Deutscher das will – man braucht nur mit dem Fingernagel an der dünnen Haut der Gegenwart zu kratzen, und schon wird die Vergangenheit sichtbar . . .« Frankreich hatte gesprochen. Mein Gegenüber entspannte sich. Die Nase war plötzlich irgendwo, unbedeutend; das Gespannt-Große wich dem Gelöst-Normalen.

Wir sprachen dann über Europa. Bonn hatte vorgeschlagen, drei »Weise« einzusetzen und so mit der politischen Vereinigung Europas zu beginnen. De Gaulle wollte das nicht. Seine klassische Antwort war: »Verehrter Herr Präsident! Wer ist schon weiser als die Regierungen? Und wenn es einen gäbe: Wer ist verantwortlicher?« Wieder hatte Frankreich gesprochen.

Präsident de Gaulle bat mich später noch öfter zum Gedankenaustausch. Ich habe ihn mehr verehrt als seine Politik. Er war schon damals eine historische Figur. Er wird es bleiben, wenn er auch, wie ich fürchte, Frankreichs Größe zu sehr da suchte, wo sie wohl nicht mehr zu finden, nicht mehr für die Zukunft neu zu begründen war. Hätte er sein Genie mehr der sozialen Reform Frankreichs zugewendet (wie Adenauer es in Deutschland tat), hätte er die geistige und politische Führung nicht eines imaginären, sondern des sich konkret vereinigenden Europa übernommen – vieles stünde heute und morgen besser für Frankreich und für Europa. Charles de Gaulle gab Frankreich eine neue Verfassung, ohne die soziale Wirklichkeit der Franzosen in eine andere Verfaßtheit zu bringen. Das Dokument paßte für ihn. Für seine Nachfolger wurde es mehr und mehr zu Papier, aber nicht weil dieser Mantel für die Nachfolger zu groß war.

Das Dokument vergilbte, weil die wirkliche Verfassung unseres Nachbarlandes kaum verändert wurde. Die Grundbedingungen der Sozialstruktur, der Wirtschaftskraft und der Bildung blieben. Es entstand keine neue Verfaßtheit Frankreichs in den für die Menschen und den Alltag entscheidenden Wirklichkeiten. Und auf diese Realitäten gründet sich jetzt und künftig politische Macht.
Als Präsident Pompidou das erkannte, war es wohl zu spät.

Das alles wurde lebendig, als ich nun begann, in der Aufgeregtheit New Yorks zu arbeiten, und dabei immer wieder eine auch drüben »unbewältigte Vergangenheit« spürte. Dieser »Fingernagel«! Diese »dünne Haut«! Soll das immer so bleiben? Wie lange? Hatte Carl Zuckmayer recht, der von einem in den USA weit verbreiteten Vorurteil gegen die Deutschen schrieb, das »in gewissen Zügen dem Antisemitismus ähnelt«?
Natürlich, was da hochkam, kam nicht von ungefähr: In unserem Namen waren die Hunde losgelassen worden. Was Wunder, daß dann andere die ihren auch losließen?
Es gibt keine Gegenwart, in der nicht Vergangenes nachwirkt; keine Zukunft, in welcher nicht eine Rolle spielt, was heute ist. Ohne Mutter und ohne Großvater bist du nicht; nicht ohne Namen, nicht ohne Geschichte, nicht ohne dein Land. Wer sich da herausstehlen will, flieht in die Bodenlosigkeit einer Düne aus Wüstensand. Wer das leugnet, ist der »Mann ohne Schatten«, der – wie jener Peter Schlemihl in Chamissos traurigem Märchen – das Grauen der anderen erweckt. Nur: Da ich ja den Schatten sehe und spüre, ihn kenne, nicht leugne – warum reden die anderen immerzu vom Schatten und nicht von dem, der ihn wirft? Nicht von seinem guten Weg, von seinem neuen Gesicht?
Die deutsche Geschichte umfaßt doch mehr als zwölf böse

Jahre. Unsere Gegenwart war ehrenwert, unser Volk gesund, unsere Jugend frei von politischem Extremismus. Niemand sang mehr »Siegreich wollen wir Frankreich schlagen«, und Antisemitismus erlebten junge Deutsche, falls überhaupt, nur jenseits unserer Grenzen . . .
Auch Irrtümer sind politische Tatsachen – wirksam wie Voreingenommenheit, falsche Bilder und unwahre Behauptungen. Immer bleibt etwas hängen. Oft ist in der Politik der Schein mächtiger als das Sein. Und Politiker sind nicht dazu da, Falsches zu beklagen; sie sollen Richtiges tun. Die bessere Tat überwindet den falschen Eindruck nachhaltiger als alle Worte der Aufklärung (oder der Propaganda).

Das Generalkonsulat in New York, die Botschaft bei den Vereinten Nationen wie die in Washington, Freunde, Journalisten, Kaufleute, Professoren – alle bestätigten: Dunkle Wolken ziehen herauf, ein Gewitter ist im Anzug. Die Behörden in Washington, so sagte man mir, seien davon noch frei, die amtlichen Beziehungen auch. Wie lange noch – das sei freilich ungewiß. Keine Administration, auch nicht Präsident Johnson, könne achtlos an der öffentlichen Meinung vorübergehen. Und das Ganze sei keine Sache allein der Ostküste . . . Mir kam zu Hilfe, daß ich mich in New York und in Washington auskannte. Zudem war man neugierig auf den Nachfolger Heinrich von Brentanos, diesen »jungen Majority Leader« – den ersten verantwortlichen Politiker aus dem neuen Deutschland, so sagte man, aus einer Generation, der man Hitler nicht vorwerfen könne und wolle. Freundliche Erwartung und lebhaftes Interesse kamen mir entgegen. Sie machten es den anderen schwer, mir mit der Vergangenheit zu kommen – gar noch in den Schablonen der vorher zitierten »warnenden Botschaft«.

Da meine Mutter jüdischen Freunden in Berlin tatkräftig und mutig geholfen hatte, standen die Angehörigen und Freunde der einst Bedrängten, soweit es sie noch gab, nun mir bei – wie ich damals meiner Mutter, indem ich sie begleitete und ihr »den Rücken frei« hielt, wenn sie diese Freunde besuchte, versorgte und tröstete.

Die Lage war für Eingeweihte doppelt heikel: Im westlichen Bündnis hatte man – und das wirkte nach – über MLF diskutiert. Das meinte: »Multi-Lateral-Force«, und dahinter versteckte sich das Konzept einer multinationalen Atomstreitkraft, die im wesentlichen aus einigen Schiffen mit einer international zusammengestellten Besatzung bestehen sollte. Zwar sollten (und wollten) die Deutschen – wie andere Nachbarn – nicht, wie man damals sagte, an den atomaren Drücker, aber sie sollten »beteiligt« werden. Die meisten in Europa versprachen sich nichts oder wenig von diesem Projekt. In den Amtsstuben des Weißen Hauses, des Pentagons und des Außenministeriums in Washington glaubte man aber – selbst nicht sehr überzeugt –, den deutschen Partnern ein solches »Angebot« aus allgemeinen Gründen machen zu müssen.
In den obersten Etagen gewisser Bonner Ministerien war man sehr interessiert an diesem Projekt. Ich hielt von diesem Schaugeschäft, wie ich es nannte, weniger als nichts. Leider gab es zum Entsetzen vieler Nachbarn aus Bonn verantwortliche Stellungnahmen: Man sei bereit, diesen Plan, notfalls auch allein mit den USA, durchzuführen, hatte Bundeskanzler Erhard am 6. Oktober 1964 in Berlin erklärt. Ich hatte im November in der Fraktion andere Akzente gesetzt. Welche atomaren »Forderungen« ich nun wohl den Verantwortlichen in den USA vortragen würde, fragte man sich gespannt in Washington.

So war trotz der bitteren Februarkälte in Washington (ich hatte heimlich auf eine frühe Kirschblüte gehofft) nicht nur die politische Temperatur für meinen Besuch angestiegen. Es lagen auch mehr heiße Kartoffeln in der glühenden Asche, als mir bekömmlich und lieb war. Ich wollte nicht, daß sie verkohlten; ich wollte aber auch nicht mit verbrannten Händen heimkehren.

Botschafter Knappstein – dieser tapfere und vielfach bewährte Demokrat und Patriot, den ich seit der Zeit der Bizone in Frankfurt (1947–1949) gut kannte – gab in der Residenz ein illustres Herren-Dinner. »Man« war aus Neugier gekommen. Es gab höfliche Tischreden und die – zu lauten – lobenden Worte. Ich habe auch bei diesen Gelegenheiten meistens versucht, nicht nur zu reden, sondern auch etwas zu sagen. So machte ich im Hinblick auf die MLF die scheinbar beiläufige Bemerkung: Mein Selbstgefühl als Mensch unter Menschen sei unabhängig davon, ob ich am Hut ein Abzeichen trage wie andere auch. Ich könne ohne solche Attribute leben . . .
Wie gut man das verstand! Wie schnell sich das herumsprach! (Später gab es eine neue Konzeption, die vernünftig war, lebendig wurde und funktioniert: Die atomare Planungsgruppe.)
Auch zu Hause verstand man später diese Haltung gut. Ein Krampf voller gefährlicher Mißverständnisse war gelöst: »Wir wollen nicht Macht, sondern Sicherheit. Wir drängen nicht zu atomarem Rang. Wir wollen bedeutsam werden durch Werke des Friedens.« So meine Rede auf unserem Parteitag am 31. März 1965 in Düsseldorf. Sie fand außergewöhnliche Zustimmung im Inland und schuf unserer deutschen Sache draußen neue Freunde.

Präsident Johnson empfing mich am 24. Februar 1965. Er sei, so sagte man mir vorher, ein schwieriger Gesprächspartner (wie Robert Kennedy, mit dem ich bald herzlichen Kontakt hatte): trocken, verschlossen, wortkarg, möglicherweise nicht ganz aufrichtig. Gerne weiche er einer präzisen außenpolitischen Unterhaltung aus, indem er von Texas, von seiner Farm erzähle und Fotos seiner Tiere zeige. Auch komme es vor, daß er, statt das verabredete Gespräch zu führen, lediglich einen Händedruck für die Fotografen austausche. Und natürlich könne er sehr spontan und hart sein. Also müsse ich auch damit rechnen, entweder unangemessen kurz abgetan (was dann interessierte Kreise drinnen und draußen als Zeichen der Verstimmung zwischen Bonn und Washington über die Israel-Politik deuten würden) oder in ein Gespräch über Farm-Probleme verwickelt zu werden.

Wie so oft kam alles ganz anders.

Auch in der politischen Welt ist die Papierform nicht das letzte Wort. Und politische Beobachter, auch die besten, sind etwas anderes als Politiker.

Unter Politikern gibt es beruflichen »Stallgeruch« – kaum zu definierende Gemeinsamkeiten der Gefühle, der Erfahrungen und der Absichten. Politiker haben eine Antenne füreinander, die Erkenntnisse vermittelt, welche Journalisten, Beamten, Lobbyisten und Diplomaten meist verborgen bleiben. Und nie verstehen Politiker sich besser als dann, wenn sie in dem unnachahmlich scherzend-besinnlichen Ton, der den Umgang parlamentarisch Verantwortlicher auszeichnet, über gemeinsame Probleme mit »Freunden«, Wahlen, Mehrheiten, Mitarbeitern, Verfahren, Demoskopie plaudern oder sich einfach zublinzeln . . .

Ich hatte vorher einen Tag auf dem Kapitol, dem »Hill«, verbracht – ein Abgeordneter unter Senatoren und Kongreßmännern. Die Allgegenwart Johnsons war zumindest telefonisch auch dort zu spüren. Als langjähriger Fraktionsvorsitzender kannte er sich im Parlament aus wie kaum ein anderer. Als Präsident zog er – damals – überlegen die Fäden vom Weißen Haus zum Kapitol.

Groß, schlank, schlau, besorgt, souverän – mit fixen Augen und großen Ohren begrüßte mich Präsident Johnson. »Sie sind also der neue Majority-Leader aus Deutschland«, begann er. Ich lachte nur. Er: »Ich war gerne Fraktionsvorsitzender. Wollen wir nicht tauschen?« Ich: »Auf keinen Fall. Sie sind ja hier nicht nur Präsident, sondern – wie ich gestern auf dem ›Hill‹ spürte – auch im Parlament führend. Beides – das wäre mir zu viel Arbeit.«

Ein langer, prüfender Blick Johnsons war die Antwort. Dann bestellte er Kaffee, bot Sitze an und begann zu sprechen. Nicht »Hatten Sie eine gute Reise?« oder »Wie geht es Ihrem Kanzler?« Nicht über Israel und Verjährungsfristen. Nicht über Pferde, Hunde, Farm und Texas . . . Über Vietnam!

Der Krieg dort spitzte sich zu. Die Vorgänge verdrängten vieles andere aus den Schlagzeilen. Das Weiße Haus hatte sich offenbar entschieden, das Engagement der USA dort noch zu verstärken, um schneller Frieden, Demokratie und sozialen Fortschritt zu erreichen.

Was ich tun oder raten würde, fragte der Präsident.

Ich sei, was Ostasien betrifft, ohne persönliche Kenntnis, erwiderte ich; sei dort nie gereist und verfügte nur über die öffentlich zugänglichen, allgemeinen Informationen.

Johnson gab sich damit nicht zufrieden. Er wollte meine Meinung hören.

Nun gut: Wenn der Präsident mich gleichwohl dränge, seine Frage zu beantworten, so müsse ich zurückfragen, ob er aus der Geschichte einen Fall kenne, in dem Einwirkung von außen – Krieg und fremde Gewalt also – ein Volk zu Demokratie und sozialem Fortschritt geführt habe? Ob Demokratie nicht nur möglich sei, wo sich hinsichtlich der Bildung und der Sozialordnung eine fortschrittliche Wirklichkeit entwickelt habe?

Johnson nahm diesen kritischen Einwand nicht übel, er nahm ihn nachdenklich auf.

Wir trafen uns später einige Male wieder, um viele Fragen vertrauensvoll miteinander zu besprechen. Sein Wort galt. Aber immer blieb auch Vietnam sein und unser Thema . . .

Johnson hatte sein Konzept der »Great Society«, der großen Gesellschaft, entworfen. Ich regte an, das international zu sehen, das Bündnis um diese soziale Komponente der Innenpolitik vieler Nationen zu erweitern, Arbeitsteilungen vorzunehmen, Umweltschutz auch mit östlichen Ländern zu erörtern, Erfahrungen auszutauschen, in diesen Fragen über die Blöcke hinweg zusammenzuarbeiten. Johnson griff das auf. Die NATO kam später über Verfahrensfragen nicht hinaus. Das war schade. Nun nehmen sich die Kommunisten solcher Gedanken an und bringen sie international ins Spiel.

Ich kam dann, von mir aus, auf die für uns »heißen« Themen. (Unter Freunden und bei enger Zusammenarbeit wird das so erwartet.) Ich sprach von der deutschen Einheit und von Berlin. Johnson sicherte mir zu, er wolle und werde immer Initiativen zur Lösung der deutschen Frage fördern und unterstützen. Für Berlin habe er die Ehre der USA verbürgt. Unsere Haltung und unsere Absichten hinsichtlich der »Verjährungsfristen« nahm Johnson als Information über ein deutsches Problem zur Kenntnis. Über Israel und den Nahen Osten müsse man eben, so meinte auch er, intensiver miteinander sprechen; das Gleichgewicht dort sei sehr wichtig für den Weltfrieden; keiner dürfe es erschüttern.

Über die deutsche Botschaft telegraphierte ich am 24. Februar 1965 verschlüsselt an Bundeskanzler Erhard: »Nach sehr gutem Gespräch mit Präsident Johnson, von dem ich Sie herzlich grüßen darf, hatte ich Zusammenkunft mit führenden jüdischen Herren. Halte Entsendung einer politischen Persönlichkeit nach Israel möglichst noch in dieser Woche für dringend. Ich werde am 4. März in New York die Spitzen der jüdischen Verbände erneut treffen. Alles andere wird später mitgeteilt. Atmosphäre ausgezeichnet, falls dieses Problem zufriedenstellend gelöst wird. Herzlicher Gruß, Ihr Rainer Barzel.«
Auf anderem Wege schlug ich meinen diskreten, bewährten Kollegen Kurt Birrenbach für diese Mission nach Israel vor.

Alle Türen standen offen, und die Neugier auf den Neuen aus Deutschland war noch angewachsen: Senatoren und Abgeordnete, Minister, Offiziere, Professoren, Journalisten, Wirtschaftsführer, Gewerkschaftler, Bankiers, ältere Staatsmänner. Je eindringlicher und vertrauter die Beratungen wurden, desto mehr drängten die »heißen Eisen« sich auf. Ich widersprach und erklärte, warb und entgegnete. Über MLF sprachen wir nun nicht mehr – wohl aber über die zwingende Notwendigkeit, bei der atomaren Planung verantwortlich zusammenzuwirken. Hinsichtlich der »Verjährungsfristen« wies ich auf die noch anstehende parlamentarische Entscheidung hin und warnte, sich da von außen einzumischen; wir wüßten, was wir uns selbst nach innen und nach außen schuldig seien. (Dieser Punkt war bei der Presse der härteste.) Um so deutlicher schälte sich heraus, daß unsere Nahostpolitik folgenreich für alle war – auch für den Frieden der Welt.
Von zu Hause kamen schlimme Nachrichten: Die Koalition war in der Frage der »Verjährungsfristen« weiter zerstrit-

ten. Bundesjustizminister Bucher (FDP) drohte mit Rücktritt. Das Kabinett entwarf Konzeptionen zur Nahostpolitik und verwarf sie wieder. Es tagte und es vertagte sich – tagelang.
Franz Josef Strauß, der mich zu Hause vertrat, forderte öffentlich den Rücktritt des Außenministers Gerhard Schröder.
Israel hatte dem Leiter der israelischen Handelsmission in Deutschland, Botschafter Shinnar, den es zum Bericht nach Hause beordert hatte, die Rückkehr nach Köln untersagt.
Unsere Waffenlieferungen an Israel unterblieben weiterhin.
Der ägyptische Staatspräsident steigerte seine Provokation gegen die Bundesrepublik Deutschland: Er empfing Walter Ulbricht, DDR, wie ein Staatsoberhaupt.
Sollte man deshalb, so erwog man in Bonn, die diplomatischen Beziehungen mit Ägypten abbrechen? Wegen dieses »roten Teppichs«? Würde dies eine verhärtete Haltung aller arabischen Staaten gegen uns zur Folge haben? Welche? Und die Konsequenz? Oder: Sollte man das hinnehmen? Welche weltweiten Folgen würde *das* haben? Und Israel? Und die Wirkung auf unsere Verbündeten?
In New York begann der Boykott, und es kam zu Demonstrationen vor dem deutschen Generalkonsulat in der Park Avenue. Auch im Lande rührte man sich.

Das Kind aus dem Brunnen zu holen, in den es fiel, ist immer schwieriger, als zuvor die gefährliche Lage des Kindes am Brunnen rechtzeitig zu erkennen.
Das Telefon stand nicht still: Ob ich die »harte« oder die »weiche« Haltung einnähme? Welchen Rat ich dem Kanzler gäbe? So fragte man aus Bonn. Bundespräsident Heinrich Lübke rief an. Und aus den USA kamen Anrufe von allen Seiten.

Ich änderte mein Programm und verkürzte es. Im Hotel – nun wieder in New York – empfing ich alle 30 Minuten neue Gesprächspartner: jüdische Delegationen, Geschäftsleute, Lobbyisten, Journalisten, Rabbi Prinz, früher Berlin, war der eindrucksvollste. Sein Leitmotiv: »Die Welt von heute ist zu klein, als daß sie sich Inseln des Hasses erlauben könnte.« Meine Frau öffnete unseren Gästen, begrüßte sie und versorgte sie – so gut es ging. Im Schlafzimmer telefonierte Eduard Ackermann, der Pressechef der Fraktion; antwortete, beschwichtigte, erklärte, wies zurück und beruhigte. Ich sprach mit den Besuchern, telefonierte mit Bonn, empfing deutsche Geschäftsleute, vertröstete Journalisten, beruhigte Konsuln, gab meiner Frau ein gutes Wort, strapazierte Mitarbeiter, Dolmetscher, Konsulat und Botschaft, trank Grapefruitsaft und Kaffee, Kaffee und Grapefruitsaft, empfing Präsidenten besorgter deutscher Organisationen, nahm Telefonate boykotterregter Public-Relations-Leute entgegen, schwitzte, redete, hörte zu – kurzum: Ich tat, was meine Frau »Sich ruinieren für Deutschland« nennt.

Auch Politiker leben nicht nur auf Konferenzen; sie hetzen nicht nur im Streß, wirken nicht nur unter Scheinwerfern, quälen sich nicht nur hinterm Schreibtisch und gehen nicht nur mit Problemen schlafen. Ein freundliches Geschick schenkte uns gerade damals einen interessanten Abend. Lee Radziwill, die Schwester der jungen Witwe des am 22. November 1963 ermordeten Präsidenten John F. Kennedy, hatte uns für den Abend eingeladen. Bei Kerzenschein, französischen Weinen und einem köstlichen Mahl plauderten wir am runden Tisch dieser eleganten Wohnung. Jacky Kennedy war auch gekommen und Sidney Gruson, Außenpolitiker der NEW YORK TIMES. Eduard Ackermann war von der Atmosphäre und der Schönheit der Damen so angetan, daß er – was sonst nie geschah – Fisch aß, und dies, ohne es zu merken. Auf die Frage von Sidney Gruson an meine Frau, warum bei den bevorstehenden Wahlen nicht einmal Willy Brandt drankommen solle, antwortete sie: »It is to expensive to change« (es ist zu teuer, zu wechseln). Dieser ahnungsvolle, spontane Ausspruch wurde einer unserer Wahlkampf-Slogans. Sidney Gruson und ich gerieten später in einen langen Disput über die Oder-Neiße-Grenze. Lee Radziwill – ein liebenswerter Panther in einer weißen Nerzbluse – hörte von der Couch aus interessiert zu; Jacky setzte sich zu uns als Schiedsrichter, verfolgte das Streitgespräch wie einen Tenniswettkampf und entschied schließlich höflich und mit gehauchter Stimme zu meinen Gunsten. Dann ging sie – traurig, einsam, zerbrechlich – mit großen tiefen Augen; eher ausgezehrt als schlank.

Schon in Washington hatte ich die Lage auch mit dem früheren US-General Julius Klein besprochen; er war selbst ein Kriegsveteran. Sein Verdienst am Zustandekommen des Treffens Adenauer – Ben Gurion am 14. März 1960 im Waldorf-Astoria-Hotel zu New York war so unbestreitbar wie seine faire Haltung gegenüber Deutschland. Nun fragte mich Julius Klein, ob ich bereit sei, einen amtlichen Vertreter Israels privat und vertraulich zu treffen. Ich zögerte nicht und sagte zu, nachdem Klarheit über die äußeren Bedingungen geschaffen war.

Später ließ General Klein mich wissen, mein Gesprächspartner werde Herr Harman sein, der israelische Botschafter in den USA und bei den Vereinten Nationen. Dieser dürfe jedoch nur mit Zustimmung seines Ministerpräsidenten und seines Außenministers mit mir zusammentreffen. Die Zustimmung kam bald. Wir verabredeten uns für Donnerstag, den 4. März 1965, um 18.00 Uhr in der New Yor-

ker Wohnung General Kleins, Essex House. Ich nahm Hermann Kusterer, Dolmetscher des Auswärtigen Amtes, als Begleitung mit.
Botschafter Harman legte Wert auf die Feststellung, daß er diese vertrauliche Unterhaltung als Privatmann führe, aber mit Kenntnis seiner Regierung. Ich erwiderte, im wesentlichen ohnehin nur zuhören zu wollen. Der Botschafter sprach leidenschaftlich und leise von der Gefahr für den Frieden im Nahen Osten und den Folgen für die Welt. Gäben die Deutschen Nassers Erpressungen nach, so gefährde das Israel. Nasser wolle Israel vernichten. Ein diplomatisch-politischer Sieg über Deutschland würde ihm das Augenmaß nehmen, als Signal seiner Unwiderstehlichkeit verstanden werden und bald zum Krieg führen. Die deutsche Politik berühre daher das Gleichgewicht im Nahen Osten und die Sicherheit Israels. Tatsachen seien bereits vollzogen. Das Gleichgewicht wanke. Nur Tatsachen könnten alles wieder ins Lot bringen. Er ließ durchblicken, daß es um keinen Einzelpunkt gehe, nicht einmal um die Waffen; nicht um die 15 Millionen Dollar, die sie wert seien. Die großen Fragen seien ausschlaggebend, zumal das Ägypten Nassers weitgehend unter sowjetischem Einfluß stehe (»the Soviet stooge«).
Ich dankte und teilte mit, daß Kurt Birrenbach in Kürze im Auftrage des Kanzlers nach Israel reisen werde. Ich selbst wolle alsbald nach Bonn fliegen, um sofort dem Bundeskanzler zu berichten. »Ich weiß, was der Kanzler fühlt. Ich werde ihm berichten – zur rechten Zeit vor der Entscheidung. Ich stimme Ihnen in einem zu: Nur eine Aktion, die neue Tatsachen schafft, wird die Lage wieder stabilisieren. Vertrauen Sie mir – wie ich Ihnen!«
Genau dies – nicht mehr und nicht weniger – war geschehen. Zwei Männer hatten Vertrauen zueinander gewonnen und

die Lage des anderen wie die eigene verstanden. Das war mehr als ein Protokoll und weniger als das, was Technokraten für Politik halten.
Botschafter Harman und ich fanden freundschaftliche Töne zum Abschied. Er wolle am nächsten Tag nach Israel fliegen, wo er von Ministerpräsident Eschkol und Außenminister Golda Meir erwartet werde. Ich würde sofort Bundeskanzler Ludwig Erhard berichten und mit ihm beraten, was zu tun sei. Wir wünschten einander Glück für ein Wochenende, das versprach, spannend und arbeitsreich zu werden.
In der Frühe des Sonnabends, des 6. März 1965, landete ich in Köln-Bonn. Die FRANKFURTER ALLGEMEINE ZEITUNG hatte als Aufmacher die Schlagzeile: »Das Kabinett vertagt die Entscheidung.«
Die Montagausgabe vom 8. März 1965 berichtete nicht über Sitzungen, sondern über eine neue Tatsache: »Bonn strebt jetzt diplomatische Beziehungen mit Israel an.«
Was war über das Wochenende geschehen?
Noch am Morgen meiner Ankunft besuchte ich Ludwig Erhard. Ich berichtete eingehend und umfassend. Er schilderte die Lage in Bonn. (Ich hatte inzwischen die für die Bundesregierung katastrophalen Umfrageergebnisse gesehen.)
Erhards Mitarbeiter hatten mich zuvor gefragt, ob ich nun zur »harten« oder zur »weichen« Haltung rate. Ich hatte nicht geantwortet – einmal, weil ich nur mit Ludwig Erhard selbst das Wichtige erörtern und keine Barzel-Schlagzeilen oder Indiskretionen wollte, und zum anderen, weil ich bis heute mit diesen Vokabeln nichts anzufangen weiß: Ist die Faust, die auf den Tisch schlägt und sich verletzt, »hart«? Ist der Wassertropfen, der den Stein höhlt, »weich«?
Nach meinem Bericht über die Gespräche und Erlebnisse in den USA schlug ich dem Bundeskanzler vor, auf Nasser und dessen Politik nicht zu reagieren, sondern durch eigenes

Handeln eine neue Lage zu schaffen und die Initiative zurückzugewinnen. Selbst das Richtige zu tun, sei immer besser, als einer Drohung nachzugeben oder nur auf sie zu reagieren. Falls es im Nahen Osten zur weiteren Zuspitzung, gar zum Kriege komme, und man uns vorwerfen könne, wir hätten – zuvor – das Gleichgewicht gestört, so könnten wir das kaum ertragen, ohne dauerhaften Schaden zu nehmen. Wenn wir jetzt wegen des Ulbricht-Besuches mit rotem Teppich in Kairo die diplomatischen Beziehungen zu Ägypten abbrächen, schüfen wir ein folgenschweres Präjudiz, das unsere Deutschlandpolitik einengen und andere zur Erpressung einladen würde. Dies sei der Zeitpunkt, nicht auf einen unfreundlichen Akt unfreundlich zu antworten, sondern uns und unserer Souveränität einen guten Dienst zu erweisen. Deshalb schlüge ich vor, unverzüglich mit Israel diplomatische Beziehungen aufzunehmen. Er (Erhard) habe dies ohnehin immer gewollt. Wir sollten diesen Schritt auch tun mit dem Blick auf unsere Partner im Bündnis. Ein späterer Nahostkrieg sei nicht auszuschließen. Wir gehörten in dasselbe Boot wie unsere Freunde, die alle zu Israel – einem von den Vereinten Nationen anerkannten Staat – Beziehungen unterhielten. Diese Aktion würde die Lage im Nahen Osten wieder stabilisieren, die (problematisch gewordenen) Waffenlieferungen an Israel zugunsten von Wirtschaftshilfe erübrigen, den weltweiten Druck auf Koalition und Parlament in Sachen »Verjährungsfristen« mildern und seine Regierung, falls er noch zum Wochenende entscheide, auch innenpolitisch wieder in Führung bringen. Sollten Ägypten und andere dann ihrerseits die Beziehungen unterbrechen oder beenden, so wäre das zu ertragen. Nasser habe in der arabischen Welt wenig Freunde. Und viele dort würden – früher oder später – den maßvollen Charakter unserer Antwort auf Nassers unfreundliche Aktion erkennen.

Ludwig Erhard stellte einige Fragen und bat mich, falls es mir möglich sei, am Nachmittag zu einer weiteren Besprechung zu kommen. Ich sagte zu.
Zur gleichen Zeit studierte Kurt Birrenbach die amtlichen und vertraulichen Akten. Er sollte am Abend nach Israel fliegen. Da wir in Israel ohne Behörde waren, mußte er das Wichtigste seinem Gedächtnis einprägen. Wir waren da bei ihm ohne Sorge. Er war vielfach bewährt, glänzend in den Argumenten und für hervorragende Leistungen bekannt.
Nachmittags waren Außenminister Gerhard Schröder und Karl Carstens, dessen Staatssekretär, dabei: Wir diskutierten lange, kontrovers und heftig. Ich verlor: Der Kanzler bat Kurt Birrenbach hinzu und verabschiedete ihn mit der Weisung, Israel *zunächst* den Austausch von Generalkonsulaten *(mit der Verabredung, diese nach einem halben Jahr auf jeden Fall in Botschaften umzuwandeln)* sowie eine dem Waffengeschäft entsprechende Wirtschaftshilfe und ein Treffen Erhard–Eschkol an einem dritten Ort vorzuschlagen. Der arme Birrenbach! . . .
Der arme Birrenbach! . . .
Als er am 8. März 1965 in Israel landete, lief über alle Sender die Nachricht, der deutsche Bundeskanzler habe Israel die Aufnahme diplomatischer Beziehungen angeboten.
Felix E. Shinnar, Botschafter Israels und Leiter der Israelischen Handelsmission in Köln, beschreibt in seinen Aufzeichnungen, die er »Bericht eines Beauftragten« nennt, diese einzigartige Situation sehr formal und sehr höflich:
»Dr. Birrenbach war am Sonntag, dem 7. März 1965, morgens nach Israel abgeflogen, nachdem er am Tage vorher in Gesprächen mit Professor Erhard, Dr. Barzel und Professor Carstens seine Instruktionen erhalten hatte. Er war also schon vor der Veröffentlichung der Erhardschen Erklärung und seinem Beschluß bezüglich diplomatischer Beziehungen mit Israel abgereist, kannte also ihren von seinen In-

struktionen im Punkte der Beziehungen abweichenden Inhalt bei seiner Ankunft am Abend noch nicht. – Am nächsten Tag waren wir morgens um 9 Uhr mit Dr. Birrenbach im Büro des damaligen stellvertretenden Verteidigungsministers Peres verabredet, um zu einer Besprechung mit Eschkol und Golda Meir nach Jerusalem zu fahren. In der kurzen Voruntерhaltung ergab sich, daß Dr. Birrenbach den Auftrag hatte, die Eröffnung von Generalkonsulaten vorzuschlagen. Als wir ihm den Wortlaut der Erhardschen Erklärung vorlasen, war die Überraschung groß. Zur Klarstellung sprach er telefonisch mit Staatssekretär Carstens und erhielt den aus der Erklärung Erhards sich ergebenden berichtigten Auftrag.«

Während Birrenbach reiste, gingen die Beratungen in Bonn weiter. Ich hatte am Sonntag Gespräche mit Bundespräsident Lübke, mit dem Bundespressechef Karl-Günther von Hase und nochmals mit dem Kanzler. Man unterstützte nun nachdrücklich meinen Vorschlag.

Ludwig Erhard traf seine Entscheidung allein – ohne auf die angekündigte weitere Beratung des Kabinetts, ohne auf die Sitzungen des Präsidiums der CDU und des Fraktionsvorstandes der CDU/CSU, die für Montag angesetzt waren, zu warten. Über das Presseamt der Bundesregierung ließ er noch am Sonntag, dem 7. März 1965, verkünden: »Die Bundesregierung strebt die Aufnahme diplomatischer Beziehungen zu Israel an. Dieser Schritt ist geeignet, zu einer Normalisierung der Verhältnisse beizutragen. Er richtet sich gegen keinen arabischen Staat.« Die Bundesregierung wolle keine Waffen in Spannungsgebiete liefern.

In Partei und Fraktion war man am Montag überrascht, verwundert, begeistert, beleidigt. Es gelang, Zustimmung zu erreichen.

Das Auswärtige Amt war – höflich gesagt – verhaltener Stimmung. Aus dem Ausland gab es Zustimmung und – von wenigen Interessierten – überraschte Kritik. Die Regierung Erhard, eben noch zerbröselt und wackelnd, war nun stabil. Justizminister Bucher (FDP) trat später zurück. Erhard gewann die Wahl im Herbst.
Danach, im November 1965, reiste ich nach Israel. Unser Botschafter Rolf Pauls hatte es dort zunächst sehr schwer. Man hätte gerne, um das »Besondere« dieser Beziehungen zu betonen, einen Nicht-Diplomaten als Botschafter gesehen, wie man mich über New Yorker Freunde wissen ließ; möglichst einen Sohn Adenauers.
Ich hatte mich für das »Normale«, also für einen Diplomaten, eingesetzt – freilich für einen herausragend begabten. So war Rolf Pauls benannt, ernannt und empfangen worden. Er habe, wie manche in Israel unhöflich sagten, seinen Arm im Kampf für Hitler, also auf der falschen Seite, verloren. Der einarmige Botschafter war nun »der Deutsche«. Zu seinem Schutz, so hieß es, wurde er ständig bewacht: Was er tat, wohin er ging – er war nie allein. Heini, sein Leibwächter, war immer dabei.
So traf ich in Israel auf eine unbefriedigende Situation, als wir im November 1965 in Tel Aviv landeten.
Unsere Stimmung – meine Frau, Ludwig Rehlinger und Eduard Ackermann waren mitgereist – war auch nicht die beste. Vorurteile waren entstanden, seit man uns zugemutet hatte, neben einem Visum-Antrag eine Erklärung über unsere Entnazifizierung zu unterschreiben. Wir weigerten uns. So begann meine offizielle Israel-Akte mit den nichtunterschriebenen Formularen der israelischen Botschaft . . .
Wir waren dann abgereist, ohne diese unwürdigen Vordrucke ausgefüllt zu haben. Das wurde sofort und ebenso gut wie nachhaltig verstanden.

Es gelang in wichtigen Gesprächen mit dem erkrankten Ministerpräsidenten Levi Eschkol (14. November 1965), seinem Stellvertreter Abba Eban und Außenminister Frau Golda Meir, mit Abgeordneten, Beamten, Gewerkschaftlern, Wirtschaftlern, Journalisten und Professoren, die Atmosphäre aufzulockern und klare Konturen für die Entwicklung unserer in die Zukunft gerichteten Beziehungen zu entwickeln. Jugendaustausch und wirtschaftliche Zusammenarbeit sollten die Schwergewichte sein, und alle Hilfe, die möglich und nötig war, sollte mit dem Blick nach vorne, unter für die Bundesrepublik Deutschland normalen Bedingungen erfolgen und nicht mehr mit dem Blick in die Vergangenheit erbeten, gewährt, vereinbart werden. Ministerpräsident Eschkol – auch als Kranker eine kraftvolle und kluge Persönlichkeit – war der erste, der in einer bestimmten Gesprächssituation plötzlich innehielt, verschmitzt, hintergründig lächelte und dann sagte: »Und nun reden wir, bitte, deutsch miteinander . . .« Bei uns hatte man nicht gewußt, daß er unsere Sprache verstand und sprach.
Am Tage zuvor, beim offiziellen Essen, das die israelische Regierung – überaus zahlreich präsent – im King-David-Hotel in Jerusalem gegeben hatte, gab es verhangene Gesichter, betretenes Schweigen und verhaltenen Groll, als ich – auf deutsch – in meiner Tischrede sagte: »Die deutsche Geschichte umfaßt mehr als zwölf böse Jahre. Ein erneuertes Deutschland tritt Ihnen gegenüber. Für jeden Menschen ist es gut, stets eingedenk zu bleiben, woher er kommt und wohin er geht. Für jedes Volk ist es gut, die Geschichte – die ganze Geschichte – nie zu vergessen. Für die Völker miteinander ist es besser, den gemeinsamen Weg in die Zukunft des Friedens zu suchen.«
Bei späteren persönlichen Unterhaltungen und bei den anschließenden Besprechungen fühlte ich, daß der Respekt

und das Verständnis für uns durch diese Offenheit gewachsen waren.
Am Abend löste die Schlagfertigkeit des Botschafters in einer komischen Situation die Spannung: Im Souterrain des King-David-Hotels gab es ein offizielles Abendessen. Man stand plaudernd beisammen und trank Aperitifs. Plötzlich fiel der Strom aus: Schrecksekunde! Vor allem für Leibwächter Heini. Ungewißheit bei den Gastgebern. Das Ganze peinlich und unsympathisch! Russisches Roulett? Bei dieser trüben Stimmung, in absoluter Finsternis, rief Rolf Pauls laut und fröhlich: »Heini, ich bin noch da.« Gelächter, Entspannung, Licht, neuer Anfang – nicht nur für diesen Augenblick!

Frau Golda Meir, damals Außenminister, galt als besonders deutschfeindlich und schwierig. Mit tief klingender Stimme holte sie, so schien es, ihre Worte aus ihrem Herzen. Sie vermittelte das Gefühl aufrechter Ernsthaftigkeit und geballter Kraft. Das alles hatte mit Diplomatie nichts, mit Politik wenig, um so mehr aber mit Menschlichkeit zu tun. Die Zigaretten – und wie sie diese rauchte – verrieten mehr Sensibilität, als ihre äußere Erscheinung ahnen ließ. Ihre Augen blickten fragend, sie suchten, dem Gegenüber auf den Grund zu kommen. Verglichen mit Indira Gandhi, die ich früher zu einem langen Gespräch getroffen hatte, war diese Frau ein Löwe, keine Löwin, so wie Indira den Charme, die Verschlagenheit und die geschmeidige Kraft des Leoparden ausstrahlte. Eins war beiden gemeinsam: Geduld. So fanden auch Frau Meir und ich einen guten Kontakt, der andauerte.

Zum Schluß des Besuches in Israel gab es fröhliches Gedränge und herzliches Abschiednehmen an Bord der »Hanseatic«, die erstmals in Haifa angelegt hatte. Botschafter,

Reeder und Kapitän gaben einen Abschiedsempfang; er wurde mehr: das sichtbare Zeichen der beginnenden offenen und öffentlichen Zusammenarbeit. »Man« scheute sich nicht mehr zu »den Deutschen« zu kommen, da diese wohl doch nicht allesamt Nazis und Mörder waren.
Die »Hanseatic« fuhr in eine klare, schwarze Sternennacht hinaus. In dieser Stille erinnerte meine Frau an die Hektik in New York und an die Spannung in Bonn. Sie fand: »Das lohnte.«
Wir standen auf der Brücke, zufrieden und glücklich, und freuten uns auf unbeschwerte Tage an Bord.

Neun Jahre später, im Februar 1974, besuchten wir Israel erneut. Zwei Kriege, das ägyptische Selbstbewußtsein, die Ungeduld vieler im Westen und die aufgestauten innenpolitischen Probleme Israels hatten das Land verändert. Vieles war wund.
Meiner Frau und mir fiel nichts stärker auf als die freundliche Unbefangenheit, mit der man uns offiziell und privat, im Hotel, im Lande, auf der Straße, überall als verläßliche Freunde empfing. Viel war in diesen Jahren geschehen. Vertrauen war begründet und hatte sich bewährt.
Ministerpräsident Frau Golda Meir nahm sich am 17. Februar 1974 – während langwieriger Koalitionsverhandlungen – viel Zeit zu einem ungewöhnlich offenen Gespräch. Diese großartige, tapfere Frau wollte Frieden. Sie hielt Verträge mit den arabischen Nachbarn für nötig und für möglich. Israelische Freunde ermunterten mich, den Nachbarn ihren guten Willen zu übermitteln . . .
Es war offensichtlich, daß die Zeit der Ministerpräsidentschaft für Golda Meir dem Ende zuging. Auf mich machte von den anderen Politikern damals Shimon Peres den stärksten Eindruck: intelligent, offen, präzise, nervenstark und

voller Spannkraft. Ich fragte auch ihn, was wohl Israels drängendstes Problem sei. Er sprach darauf nicht über Hilfe von draußen. Er nannte innere Probleme und wies auf verkrustete Strukturen in Staat und Gesellschaft hin. Bemerkenswert!

Zu den außenpolitischen Fragen nahm ich diesen Standpunkt ein, der immer noch aktuell ist:
1. Unabhängig von der gegenwärtigen Dramatik und den offenkundigen politischen und materiellen Problemen begreife ich als Christ, als Deutscher, als Europäer die Lage und die Spannung im Nahen Osten nur zu gut: Was haben wir in Deutschland und in Europa nicht alles an Unheil, an Unrecht, an Inhumanität erlebt? Gewalt, Haß und Unversöhnlichkeit im Namen der Religion, der Nation, des Standes, der Klasse, des Geschäftes, des Interesses markieren wichtige Etappen unserer europäischen und deutschen Geschichte.
Wir haben daraus gelernt: »Die Welt von heute ist zu klein und zu gefährdet, als daß sie sich irgendwo Inseln des Hasses erlauben könnte.« Auch sind wir zu sehr aufeinander angewiesen – alle auf alle –, zu sehr sozial, wirtschaftlich und politisch miteinander verflochten – alle mit allen –, zu sehr ist die Wohlfahrt der einzelnen und der Völker abhängig von der Wohlfahrt des Nachbarn, als daß irgendwer sich irgendwo noch – und sei es nur zum Vorteil für sich selbst – Isolierung, Abkapselung, Nationalismus und Egoismus leisten könnte.
Die Wohlfahrt eines jeden und der Frieden für alle hängen ab von der Zusammenarbeit aller. Der Maßstab für Frieden, Entspannung und Wohlfahrt aller, wo auch immer auf der Welt, heißt: Menschenrechte. Und die müssen vom Papier der Verfassungen und der internationalen Dokumente

durch konkrete, vernünftige Politik zur realen Alltagswirklichkeit werden.
Der Weg zum Frieden ist markiert von konkreten Schritten zu mehr Menschenrechten, der Weg zur Freiheit heißt: mehr soziale Gerechtigkeit.
2. Die volle Anerkennung Israels durch Aufnahme normaler, in die Zukunft gerichteter diplomatischer Beziehungen zwischen der Bundesrepublik Deutschland und Israel war ein wichtiger Baustein zum Frieden im Nahen Osten und zur Anerkennung Israels auch seitens seiner Nachbarn. Dieser Schritt führt zur Anerkennung der Lebensrechte Israels in gesicherten Grenzen – einer unerläßlichen Bedingung des Friedens.
Bloßes Beharren und alleiniges Vertrauen in militärische Überlegenheit sind keine Garantien für die Bewältigung der Zukunft. Vielleicht könnte damit sogar alles für alle verspielt werden.
3. Die Erfahrung lehrt, daß Friedensordnungen, Grenzen und Lebensrechte weder durch Verträge noch durch Militär, noch durch internationale Kontrolle allein auf die Dauer gesichert sind.
Ohne die Bereitschaft zu Ausgleich und friedlichem Zusammenleben sind Frieden, Fortschritt und Wohlfahrt nicht zu bewirken. Wir haben gelernt, daß konkrete Zusammenarbeit – human, sozial, kulturell und wirtschaftlich – die Bedingungen des Friedens zum Nutzen aller festigt.
Wir verstehen, daß niemand vom Subjekt der Politik zur Schachfigur der Weltmächte absteigen will. Die Europäer haben Chancen und Pflichten in dieser Weltregion.
Wirtschaftliche Verflechtung durch Zusammenarbeit über gesicherte Grenzen hinaus, gemeinsame Werke von Arabern, Israelis und Europäern gehören zur notwendigen Strategie. Eine Utopie? Wer Frieden und Wohlfahrt will,

muß das heute wollen, damit es morgen möglich wird. Es ist möglich – bei Einsicht und gutem Willen.
Ich glaube, daß auch in diesem Zusammenhang und an die Adresse aller Nachbarn im Nahen Osten der Satz gilt, den Theodor Herzl, der Vater des Staates Israel, an den Schluß seiner utopischen, inzwischen aber weitgehend verwirklichten Beschreibung von »Altneuland« gesetzt hat: »Wenn ihr wollt, ist es kein Märchen.«
Die Völker und Staaten des Nahen Ostens sind aufeinander angewiesen wie die Europäer. Sie haben einander mehr zu geben als Beweise militärischer Tüchtigkeit. Auch sie können der Welt ein Beispiel geben. Und wir Europäer können, wo und wie gewünscht, dabei helfen – zumal wir Ignoranz und Arroganz gegenüber anderen aus bitterer Erfahrung abgelegt haben. Partnerschaft in Freiheit ist auch hier der richtige Wegweiser.

So konnte ich am 16. Februar 1974 auf meiner internationalen Pressekonferenz in Tel Aviv erklären:
»Wir verstehen uns nun besser als vor neun Jahren, als ich zuletzt hier in Israel war. Unsere Beziehungen sind freundschaftlich und gut. Unsere Begegnungen zeichnen sich jetzt – vom Mann auf der Straße bis zu den Mitgliedern Ihrer Regierung – durch Unbefangenheit, Freundlichkeit, Offenheit aus. Diese Beziehungen liegen im Interesse beider Seiten. Es gilt, was so mühsam und schmerzhaft gewachsen ist, zu erhalten, zu vertiefen und auszubauen . . . Diese Beziehungen sind für uns selbst da, sie sind gegen niemanden gerichtet. Ich unterstütze – und ich möchte das als Freund Israels von hier aus freimütig und nicht erst zu Hause sagen – die Zusammenarbeit und bessere Beziehungen zwischen der Bundesrepublik Deutschland und arabischen Ländern, Ihren Nachbarn. Da ist noch viel zu tun. Das wird um so soli-

der möglich werden, als alle Welt sehen kann: Wir suchen nicht neue Freunde auf Kosten bisheriger Freunde, wir entwickeln nicht neue wirtschaftliche Zusammenarbeit zu Lasten bewährter Erfolge. Ich glaube, daß deutsche Politik in dieser Region der Welt um so erfolgreicher sein kann und wird, je verläßlicher, je ferner von Moden unsere Haltung ist. Unser Wort wird unter den Nachbarn Israels besonders zählen, wenn wir in Israel selbst besonderes Gehör und hohe Achtung haben.«
Ich erhielt demonstrativen Beifall der Journalisten – wie ich ihn nie auf einer Pressekonferenz erlebt hatte.

Im Herbst desselben Jahres, vom 31. Oktober bis zum 7. November 1974, reiste ich gemeinsam mit meiner Frau und Herrn Thomas Jansen, der auch nach meinem Rücktritt treu an meiner Seite geblieben war, auf Einladung der ägyptischen Regierung nach Kairo.
Ich traf auf viel Aufmerksamkeit, nicht zuletzt bei der Presse. Die langen und zahlreichen Unterhaltungen waren freimütig und nützlich. Präsident Sadat war leider krank. Zum Abschluß gab es zweierlei: eine Erklärung für die Presse und einen vertraulichen Brief an Henry Kissinger, den Außenminister der USA, der gerade in Kairo auf einer Station seiner Hin-und-her-Diplomatie war.
Vor der Presse konnte ich erklären: »Niemand hat mir nahezubringen versucht, zwischen Israel und Ägypten zu wählen. Niemand hat die Existenz Israels in Frage gestellt. Ich habe kein antisemitisches Wort gehört. Viele haben mich ermuntert zu einer aktiveren Nahostpolitik Europas und besonders der Bundesrepublik Deutschland. Ich teile diese Meinung. Ein stärkeres europäisches Engagement und vermehrte Zusammenarbeit sind im Interesse des Friedens dringend geboten. Ein neuer Krieg hier wäre bei der verän-

derten Lage und allen energiepolitischen Problemen verheerend für alle.« Dann zitierte ich die entscheidenden Sätze der Pressekonferenz in Tel Aviv vom 16. Februar 1974 und schloß: »Ich reise hier ab in dem Bewußtsein, daß es möglich und nötig ist, freundschaftliche Beziehungen hier in Ägypten und in Israel zu haben. Im Interesse einer friedlichen Entwicklung kann die Zusammenarbeit noch wesentlich verbessert werden.«

An Henry Kissinger schrieb ich über meine Eindrücke, und ich teilte ihm mit, daß nach meiner Meinung zwischen Ägypten und Israel nur vorbereitende Maßnahmen durchsetzbar seien. Der Kern des Problems sei Frieden in der gesamten Region durch Lösung der Palästinenserfrage. Schritt für Schritt und bilateral werde man nicht sehr weit kommen . . . Wir sprachen später, nachdem sich das als zutreffend erwiesen hatte, auch in Washington darüber.

3. Osten

Konstruktives Mißtrauensvotum · Adenauers Minister · New York, 17. Juni 1966 · Ostverträge

Konstruktives Mißtrauensvotum

»Er schüttelt den Kopf, als verstehe er die Welt nicht mehr.« So kommentierte der Fernsehsprecher meine Reaktion am 27. April 1972, als der Präsident des Deutschen Bundestages, Kai Uwe von Hassel, das Ergebnis der geheimen Wahl zum Bundeskanzler bekanntgab: »Von den stimmberechtigten Abgeordneten wurden abgegeben 260 Stimmen ... 247 haben für den Antrag – mit Ja – gestimmt, mit Nein 10 Abgeordnete; 3 Stimmen sind Enthaltungen ... Die absolute Mehrheit ... beträgt 249 Stimmen. Ich stelle fest, daß der von der Fraktion der CDU/CSU vorgeschlagene Abgeordnete Dr. Barzel die Stimmen der Mehrheit der Mitglieder des Deutschen Bundestages nicht erreicht hat.«

Vorher, während die Stimmen ausgezählt wurden, hatte ich mich mit Paul Mikat in ruhigere Nebenräume zurückgezogen, um allein zu sein. Wir sprachen über die nächsten Schritte. Paul Mikat – herausragend durch Charakter, Intelligenz und Bildung – sollte mit ins Kanzleramt gehen. Plötzlich war Willi Weyer bei uns. Dieser einflußreiche Mann der FDP hatte uns aufgespürt und gratulierte schon zum gelungenen Regierungswechsel. Wir nahmen uns weitere Gespräche vor ...

Und nun stimmte nichts mehr. Wir hatten keine Mehrheit. Drei Stimmen aus dem eigenen Lager fehlten. Dabei hatten sich alle vorher unmißverständlich erklärt! Es bedeutete keinen Trost, daß jetzt auch Brandt ohne Mehrheit war.
»So nahe kommen wir für lange nicht mehr dran«, sagte ich leise zu Gerhard Schröder.
Die Sozialdemokraten hatten auf Druck Herbert Wehners beschlossen, bei der geheimen Abstimmung zwar anwesend zu sein, aber nicht an der Wahl teilzunehmen. So kontrollierten sie sich selbst: Wer zur Urne ging, stempelte sich zum wahrscheinlichen »Verräter«. Das stellte die Freiheit der Abstimmung wie ihren geheimen Charakter in Frage. – Nun jubelten sie. Einer von ihnen tanzte im Plenarsaal des Bundestages nach der Auszählung der Stimmen wie wild und mit lauter Schadenfreude um mich herum. Meine Kollegen waren verstört: Aus den eigenen Reihen? Ich berief sofort eine Sitzung der Fraktion ein, wurde mit langem, lebhaftem, trotzigem Applaus begrüßt, dankte und empfahl, von einer Untersuchung Abstand zu nehmen: Mit Mißtrauen gegeneinander könnten wir unmöglich in die nun wohl bald anstehenden Wahlen gehen.

Da war nichts Flüchtiges zufällig oder unbedacht geschehen. Von keiner Seite. Da war ein anderer Wille am Werk. Eine andere Überzeugung.
Es war ja auch kein Spiel. Es ging um Deutschland, auch um den Vertrag mit Moskau.
Drei Männer und Frauen hatten Geschichte gemacht. Ein seit langem gefaßter Entschluß und ein wohlberechneter Plan waren – gescheitert.

Es ist schwer, sich die damalige Stimmung über die Ostverträge zutreffend in Erinnerung zu rufen oder sie denen zu schildern, die das alles nicht miterlebt haben. Man muß immer die »Landschaft« kennen, in der eine Handlung stattfindet. Und dazu gehören nicht nur die Tatsachen und die Umstände, sondern mehr noch die Gefühle, die Erwartungen, die Überzeugungen, die da mitwirken, die da ausbrechen, die da verdrängt werden.

Erfahrungen mit »emotionaler Aufladung« hatte ich schon: *Ohne mich*, hatte es geheißen, als Konrad Adenauer die Bundeswehr schuf; *Kampf dem Atomtod*, als die atomare Abschreckung des Bündnisses zur Debatte stand; unvergessen war die psychologisch-politische Schlacht um die *Notstandsgesetze*. Und nun ging es um *Frieden*, den die Befürworter des Vertrages allein für sich in Anspruch nahmen. Diesmal, so schien es, übertraf die Erregung der Gefühle und der Gemüter – auf beiden Seiten – alles, was ich bisher im politischen Kampf erlebt hatte. Stimmungen besiegten zu oft die Gedanken.

Grob skizziert kann man die »Argumente« der Erregung, die damals vorherrschten, so zusammenfassen: Die Gegner der Verträge befürchteten, die Sowjetunion würde durch die Verträge Herr über Deutschland, das aufhöre, als Nation zu existieren; sie wähnten »Verrat« und »Ausverkauf« und offene Türen für einen linksradikalen Umsturz im Innern.

Die Befürworter erwarteten Ausgleich mit den Kommunisten, eine strahlende friedliche Zukunft für alle Deutschen und hatten Angstträume für den Fall des Scheiterns. Das reichte von »Desaster« und »Fiasko« über »Vertrauenskrise« und »Isolation«, über die »Vereinsamung Deutschlands, in der das Leben eiskalt würde« (Willy Brandt) bis zu Moskauer »Repressalien« (Erhard Eppler).

Gibt es wirklich Krieg, wenn die Verträge scheitern? Wie oft wurde ich das damals gefragt!

Heute ist das alles so sehr abgeklungen, daß es nur wenigen gelingt, ihre eigene Gefühlswelt von damals wieder in sich lebendig werden zu lassen.
Wir sind geblieben, was wir waren: Ein freies Land, das um die Einheit Deutschlands ringt. Man kann nun also, man muß von damals sprechen.

Am 3. Oktober 1971 war ich in Saarbrücken mit 344 gegen 174 Stimmen zum Bundesvorsitzenden der CDU Deutschlands gewählt worden. (Sofort wies die SPD in INTERN Nr. 18, 1971, ihre Aktivisten an, wie ich – von Mund zu Mund – persönlich zu verunglimpfen sei.)
Am Tage darauf hielt ich meine erste Rede als Parteivorsitzender. Ich ließ keinen Zweifel daran, daß ich lieber einen Regierungswechsel in Bonn herbeiführen, als die Ostverträge im Parlament scheitern lassen würde: »Der Kern der deutschen Ostpolitik – Selbstbestimmung und Lage der Deutschen in Deutschland – ist noch nicht erreicht. Sollte die Bundesregierung gleichwohl ihr Vertragswerk – einen Torso also – vorlegen, so wird eben eine neue Bundesregierung dafür sorgen müssen, daß durch Geduld und Beharrlichkeit ein Vertragswerk entsteht, das nicht da aufhört, wo das Problem beginnt.« Das Protokoll verzeichnet nachhaltigen Beifall des Parteitages zu dieser verbindlichen Festlegung (Protokoll S. 226).
Hinter unserem Antrag im Deutschen Bundestag, nun den Regierungswechsel herbeizuführen, verbarg sich also weder etwas Geheimnisvolles noch Überraschendes, Plötzliches, Eiliges. Was geschah, war wohlerwogen, lange geplant und verläßlich vorbereitet.
Am 6. März 1972 hatte unser Parteipräsidium wegen der Unsicherheit der Lage vertraulich beschlossen, für den Fall vorzeitiger Neuwahlen einen »Alarmplan« aufzustellen.

Schon am 10. März 1972 hatte ich auf einer Pressekonferenz in Bonn – nach einem Bericht der Deutschen Presse-Agentur – ausdrücklich von der Möglichkeit eines »konstruktiven Mißtrauensvotums« gesprochen. Der SPD-Pressedienst polemisierte am 16. März 1972 gegen »Sandkastenspiele« der Opposition mit einem, wie er es nannte, »Ostvertrags-Mißtrauensvotum«.

Natürlich war das konstruktive Mißtrauensvotum – getreu der Verfassung – eines unserer Kampfmittel.

Nirgends machte ich einen Hehl daraus. So hatte ich am 22. März 1972 bei einem privaten Mittagessen mit den Ministern Giscard d'Estaing und Chirac sowie mit einigen französischen Freunden in Paris auf die Frage, was mit den Verträgen sein werde, geantwortet: »Eine neue deutsche Regierung wird bald bessere Texte aushandeln.«

Ähnliches hatte ich an anderen Stellen erklärt. Ich hatte Anlaß, so zu sprechen. Oft wurde ich – aus allen Himmelsrichtungen – gefragt, ob nun wohl der Zeitpunkt für Brandts Sturz gekommen sei.

Am 23. April 1972 wählte das Land Baden-Württemberg seinen neuen Landtag.

SPD und FDP, die Parteien der Bonner Koalition, machten aus dieser Wahl eine bundespolitische Entscheidung. Brandt (SPD) und Scheel (FDP) rechneten mit Sieg; und hielten sich, so redete man, bereit, in der Wahlnacht gemeinsam in Stuttgart ihren Erfolg zu feiern. Der Bonner Regierungssprecher, Staatssekretär Konrad Ahlers, prophezeite amtlich einen Sieg der Bonner Regierung und betonte, von der Wahl in Stuttgart hänge vieles für das Schicksal der Verträge ab (BULLETIN der Bundesregierung vom 21. März 1972). Man schürte Angst für den Fall des Scheiterns der Verträge. Brandt und Scheel gingen so weit, am 17. März 1972 in Stuttgart – demonstrativ – eine gemeinsame

Pressekonferenz abzuhalten und mit bundespolitischen Aussagen den Rang dieser Landtagswahl zu unterstreichen. Das Gegenteil geschah. Wir gewannen 9,8 Prozent dazu. Ich hatte mich mit mehr als 80 Reden sehr engagiert und erlebte ein außergewöhnliches Maß an Zustimmung und Zuneigung. Zu den Ostverträgen, die durch das Bemühen der Bonner Regierung immer mehr in den Mittelpunkt dieser Landtagswahl rückten, hatte ich – wie im Bundestag – *so nicht* gesagt und für bessere Verträge geworben. Dafür hatte sich auch unser Parteipräsidium am 10. April 1972 einstimmig ausgesprochen. In der großen Fernsehdiskussion mit den Journalisten Feddersen, Gross, Reiser und Schwarzkopf hatte ich am 19. April 1972 auf die Frage von Herrn Feddersen »Trauen Sie sich zu, als ein Bundeskanzler nach Moskau zu fliegen und einen neuen Vertrag mit nach Hause zu bringen?« geantwortet: »Ganz sicherlich die notwendigen Ergänzungen zu dem jetzt vorliegenden Text.«

Seit fast drei Jahren tobte nun der politische Kampf um diese Ostpolitik – seit der Wahl Willy Brandts zum Bundeskanzler am 21. Oktober 1969. Kollegen anderer Fraktionen hatten sehr bald Kontakt gesucht. Sie beschwerte vor allem die Anerkennung der DDR als Staat durch die neue Bundesregierung (also die Hinnahme der Teilung Deutschlands); das war weder im Kabinett noch mit den Westmächten besprochen worden, geschweige denn im Parlament. Im Wahlkampf hatten jene, die sich nun geprellt fühlten, auf das Wort der SPD vertraut, die Anerkennung der DDR als zweiter deutscher Staat komme nicht in Frage. So stand es auch in der gemeinsamen Entschließung des Deutschen Bundestages vom 26. September 1968, welcher die SPD geschlossen zugestimmt hatte. Nun tat Brandt – als Kanzler – das Gegenteil. Viele fühlten sich getäuscht.

Von der FDP kamen zu uns die Kollegen Mende und Starke, von der SPD Hupka und Schulz (Berlin). Die Abgeordneten Zoglmann, Seume und Helms baten um Gastrechte. Müller (München) trat – später – von der SPD in unsere Fraktion über. Die Herren Kienbaum und von Kühlmann-Stumm verließen die FDP und legten ihre Mandate nieder, um später zu uns zu stoßen.
Keinen von ihnen habe ich – weder direkt noch indirekt – »herübergeholt«. Jeder einzelne kam von selbst. Keiner erbat irgendwelche Zusagen. Keinem wurde etwas anderes in Aussicht gestellt als die Kameradschaft in unserer Union.
Wie gesagt, es war kein Spiel. Nicht nur Abgeordnete achteten ihre politische Existenz geringer als ihre ernsthafte Überzeugung. Beamte quälte ihr Gewissen im Dilemma zwischen der Treue zur Verfassung und der Loyalität gegenüber dem Dienstherrn.
Mit seiner letzten physischen Kraft warnte und mahnte der brillante, nun todkranke Kollege von Guttenberg. Er zwang sich zur Abstimmung am 17. Mai. Kurz darauf trat er zurück. Am 4. Oktober starb er.
Mein Kollege Theo Blank erkrankte in diesen Tagen. Nachhaltig hatte er für seine erneute Mitgliedschaft im Deutschen Bundestag gekämpft, freudig das Mandat angenommen. Ebenso gerne wie leidenschaftlich, eigenwillig, poltrig und geradlinig gab er uns seinen Rat aus der Fülle seiner Erfahrungen gegen Hitler, als Arbeiterführer, als Verteidigungs- und als Arbeitsminister. Am 19. April schrieb er mir, sein Gesundheitszustand sei schlecht. Er wolle uns nicht in die Gefahr einer Abstimmungsniederlage bringen. In dieser wichtigen Sache müsse nun ein gesunder Mann an seine Stelle treten. Deshalb trete er zurück. Ich besuchte ihn mehrfach im Johanniter-Krankenhaus. Zuletzt am 14. Mai. Ich klopfte, machte die Türe auf und fand ihn tot.

Wegen der schlechten Erfahrungen in der ersten deutschen Demokratie (1919–1933) bestimmt unser Grundgesetz im Artikel 67: »Der Bundestag kann dem Bundeskanzler das Mißtrauen nur dadurch aussprechen, daß er mit der Mehrheit seiner Mitglieder einen Nachfolger wählt ... Zwischen dem Antrag und der Wahl müssen achtundvierzig Stunden liegen.« Der Kanzlerwechsel durch »konstruktives Mißtrauen« ist also ausdrücklich in der Verfassung vorgesehen. Er ist ein legales Mittel des politischen Kampfes.

Im Lande Nordrhein-Westfalen hatten SPD und FDP den entsprechenden Artikel 61 der Landesverfassung bereits zweimal erfolgreich angewandt: Am 16. Februar 1956 zur Abwahl des CDU-Ministerpräsidenten Karl Arnold und am 6. Dezember 1966 gegen den CDU-Ministerpräsidenten Franz Meyers. Damals hatte niemand – wie wir es nun erlebten – »Manipulation«, »Anschlag«, »Illegalität«, »Dolchstoß« gerufen; niemand »spontane Demonstrationen« begrüßt.

Als wir 1969 – nach gewonnener Bundestagswahl – von SPD und FDP in die Opposition gedrängt wurden, hatte ich als Oppositionsführer nie einen Hehl daraus gemacht, daß wir versuchen würden, auch durch Abwahl des Bundeskanzlers den Regierungswechsel herbeizuführen. Schließlich seien wir von den Wählern zur stärksten Fraktion bestimmt. Eine solche Opposition sei keine abgelöste Wache. Wir würden angreifen; nicht nur bellen, sondern auch beißen.

Am Sonntag, dem 23. April 1972, wurde mir nach einigen Gesprächen und Telefonaten endgültig klar – klar nach bestem Wissen und Gewissen, nicht aus Annahmen und Hoffnungen –, daß im Deutschen Bundestag zwar keine Mehrheit gegen die Verträge, wohl aber eine Mehrheit gegen die Bundesregierung Brandt/Scheel vorhanden war; daß diese Verträge die Koalitionsklammer der Mehrheit aus

SPD und FDP darstellten; daß die FDP sich neuen Gedanken nicht verschließen werde, wenn diese Klammer gelöst sei; daß Verbesserungen des Vertragswerkes für eine neue Bundesregierung noch vor der Schlußabstimmung des Parlaments möglich seien, daß die Union – ohne verbesserte Verträge – in absehbarer Zeit nicht mehr »so bald und so nahe« an die Regierungsverantwortung herankommen werde.
Ich empfand dies als eine drückende Verpflichtung. Mir war bewußt – ich kannte »meine Pappenheimer« –, daß meine politische Existenz auf dem Spiel stand. »Nichts ist so erfolgreich wie der Erfolg«, hatte Konrad Adenauer immer gesagt. Nichts, so wußte ich, hat in der Union für die Führenden so böse Folgen wie ein Mißerfolg; er vernichtet mit einem Schlage alle früheren Triumphe, Leistungen, Anerkennungen.
Erneut erwog ich die Chancen und die Risiken.
Diese Gedanken bestimmten meinen Entschluß, die Kanzlerschaft zu wagen: Für mich selbst kam das alles zu früh, für die Öffentlichkeit zu rasch. Ich war erst einige Monate Parteivorsitzender und Kanzlerkandidat. Es wäre sehr viel besser, mehr Zeit zu haben, um mich noch bekannter zu machen, mein Team zu formen sowie über längere Zeit unsere Politik zu begründen und zu erklären. Aber: Dann wären die Verträge unverändert in Kraft gewesen. Was hätte es genützt, später Bundeskanzler zu werden, aber durch Verträge gebunden zu sein, die eine deutsche Politik, wie ich sie verstehe – also Mühen um Einheit des Vaterlandes und Freiheit für alle Deutschen –, unmöglich machen? Nach dem Vertragswerk, wie es vorlag, hätte die Sowjetunion die bisherige, auf die Wiedervereinigung Deutschlands gerichtete Politik als Vertragsverletzung hinstellen können, mit allen Konsequenzen . . . wäre es nur darum gegangen, an die Re-

gierung zu kommen, dann wäre es natürlich günstiger gewesen, die Verträge, so wie sie waren, mit kraftvoller Gegnerschaft unverändert passieren zu lassen. Durfte ich so egoistisch, so geschichtslos handeln? Ich mußte zuerst an die Sache, dann an die Partei, zuerst an die Verträge, dann an die Wahlen denken. Es galt, Deutschland Schaden zu ersparen und für die Geschichte die Chance der Einheit offenzuhalten. – Innenpolitische Sorgen kamen hinzu: Brandt verwirtschaftete unser soziales und finanzielles Erbe, griff tief in leer gewordene Kassen, versprach mehr, als irgendwer halten konnte. Ich sah Arbeitslosigkeit kommen, soziale Unsicherheit und hohe Verschuldung. Im Parlament hatte ich öffentlich diese Sorgen ausgebreitet. Auch hier galt es, Einhalt zu gebieten, das Ruder herumzuwerfen, Schaden abzuwenden und einen neuen Anfang zu wagen mit einer Politik, die das Mögliche vom Wünschbaren zu unterscheiden vermag. – Sollte es einmal heißen: Da gab es eine Chance, Schaden abzuwehren und Gefahren zu verhindern, aber es gab zugleich einen, der sich versagte? Der also versagte? – Vor inneren Unruhen, von denen für den Fall des Regierungswechsels immer wieder die Rede war, hatte ich keine Angst. Ich wußte: Die deutsche Arbeiterschaft, zu der ich – seit Karl Arnold – immer ein gutes Verhältnis hatte, steht nicht zur Verfügung als Reservearmee für gescheiterte Politiker. – Im Westen wie im Osten kannte ich mich aus. Mit den Verantwortlichen draußen war ich in gutem Kontakt. Ich traute mir zu, ein besseres Vertragswerk zu gestalten. – Auch galt es, für Europa ein Signal zu setzen; denn Brandts Politik lockerte nach Westen und band nach Osten. Ausländische Kommentatoren jener Tage sahen die fundamentale Bedeutung für die Zukunft, wenn jetzt zugleich in Paris, in London und in Bonn Nichtsozialisten regierten und ihre Zusammenarbeit verdichteten. – Schließlich erschien es besser,

die nächsten Wahlen, im Herbst 1973, von der Regierungsverantwortung aus zu führen.
Ich hatte mich entschieden. Partei und Fraktion unterstützten diesen Entschluß – wie üblich: die einen mehr, die anderen weniger. Vor der Fraktion begründete ich ihn am 24. April 1972 nach dem internen Protokoll auch so: »Da ist nun die Erklärung von Bahr, Berlin sei kein Teil der Bundesrepublik Deutschland – schon Anfang 1970. Wenn man sich vorstellt, daß die Basis unseres Zusammenwirkens mit der Regierung auf den Satz gegründet war: Aus Berlin darf kein drittes Deutschland werden, daß der Bundeskanzler dies dem Kollegen Stücklen und mir am 10. September 1970 versicherte, während seine Regierung bereits Monate vorher in diesen Gesprächen und Verhandlungen (in Moskau also) das Gegenteil gesagt hatte, dann ist hier ein solches Stück Vertrauen zerstört, daß ich mich frage: Was alles ist hier noch passiert, ohne daß wir es wissen oder je erfahren werden?« Ich nannte andere Beispiele und forderte: »Wir wollen das Mißtrauen, das die parteipolitische Bandbreite überschritten hat, so zum Ausdruck bringen, wie es das Grundgesetz vorsieht.« Ich erinnerte an unseren Kampf um die Verträge – »vom Angebot auf die Gemeinsamkeit bis zu den Angeboten über die Protokolle bis dann zuletzt, heute vor 14 Tagen, unserem Angebot, nun die Kräfte zusammenzuwerfen, nachdem aus Moskau Zeichen weiteren Entgegenkommens zu sehen sind«. Zugleich machte ich unmißverständlich klar, daß wir für ein *besseres* Vertragswerk seien. »Wer jetzt glaubt, er könne sich durch diese Sache in ein Niemals oder Nein oder in ein Nichts flüchten – nicht mit mir!« rief ich meinen Kollegen zu.
Die Fraktion beschloß am Abend einstimmig, folgenden Antrag im Deutschen Bundestag einzubringen: »Der Bundestag spricht Bundeskanzler Willy Brandt das Mißtrauen

aus und wählt als seinen Nachfolger den Abgeordneten Dr. Rainer Barzel zum Bundeskanzler der Bundesrepublik Deutschland« (Bundestags-Drucksache Nr. VI/3380 vom 24. April 1972).
In den einsamen Tagen bis zur Abstimmung hatte ich Anlaß zu wachsender Zuversicht – durch Zuspruch aus dem Parlament und hoffnungsvolle Signale von draußen ...

Nun war es nicht geglückt. Drei Stimmen fehlten. Sie hatten Geschichte gemacht.
Wer war es? Warum zwei mit Bleistift besonders gekennzeichnete Stimmkarten?
Ich weiß es nicht. Man wird es wohl nie wissen. An dieser Suche habe ich mich nie beteiligt; auch nicht am Untersuchungsausschuß gegen Steiner.

Was sollte nun werden?
Am liebsten wäre ich zurückgetreten. Was hatte alles für einen Sinn, wenn die eigene Mannschaft nicht geschlossen hinter mir stand? Was für einen Denkzettel würden die Wähler meiner Partei – wohl bald – geben, einer Partei, die in dieser geschichtlichen Stunde nicht mit aller Kraft ihren Vorsitzenden stützte? (»Ich kann doch meinen Stuhl nicht räumen zugunsten eines Kollegen, den seine eigene Fraktion nicht geschlossen wählt.« Das sollte Willy Brandt mir bald sagen – am 1. Mai 1972 – bei einer unserer ernsten und vertraulichen Unterhaltungen unter vier Augen.)
Jetzt zurücktreten, so wurde dem kühler werdenden Kopf bald entscheidend, wäre unverantwortlich: Neuwahlen standen bevor. Keiner wußte damals, wann sie stattfinden würden. Noch im Juni? Vor der Olympiade? Über die Verträge? Mit diesem Fiasko und mit einer Personaldiskussion in Wahlen gehen?

Du mußt schon den bitteren Kelch bis zur Neige trinken! Es ist ja nicht mehr sehr lange . . .
Aus dem Parlament kam nichts als das lähmende Patt. In Moskau wie in Washington war man verwirrt.
Was tun?
Zunächst galt es, dem Kanzler zu beweisen, daß er ohne Mehrheit war. Am 28. April 1972 stimmte der Bundestag über Brandts Haushalt ab. Das Ergebnis: 247 zu 247, also abgelehnt.
Trotz allen Streits und aller Kämpfe hatten Willy Brandt und ich nie den Respekt voreinander verloren. (So auch Willy Brandt: Begegnungen und Einsichten, Hamburg 1976, S. 311) Das gleiche gilt für Walter Scheel.
So fuhren Franz Josef Strauß und ich noch am Abend des 28. April 1972 gemeinsam ins Kanzleramt zur Verhandlung mit Brandt und Scheel. Unsere Marschroute war klar: Wir wollten das Vertragswerk zustimmungsfähig machen und bald neu wählen.
Wenig später, am 7. Mai 1972, nannte Strauß in BILD AM SONNTAG öffentlich die Bedingungen, unter denen die Verträge die Zustimmung der Opposition »vom ersten bis zum letzten Mann« finden könnten.

Die damaligen Ereignisse wird nur würdigen, wer weiß, wie sehr mein politisches Leben mit diesen ostpolitischen Fragen verknüpft ist. So richte ich meinen Blick zunächst zurück.

Adenauers Minister

Meine Berufung zum Bundesminister für Gesamtdeutsche Fragen durch Bundeskanzler Konrad Adenauer am 14. Dezember 1962 kam überraschend.
Als Obmann der westfälischen CDU-Abgeordneten war ich auf Vorschlag von Theo Blank zum Mitglied einer Verhandlungskommission gewählt worden, welche – nach der SPIEGEL-Krise – die Koalition mit der FDP erneuern sollte. Zum Abschluß der erfolgreichen Gespräche hatte Konrad Adenauer mich in den »Hallstein-Räumen« beiseite genommen und mir das Amt des Gesamtdeutschen Ministers angetragen. Ich hatte widersprochen; auf die Tradition und die anderen Erwartungen Lemmers und Gradls hingewiesen; es sei für meine Entwicklung organischer, jetzt stellvertretender Fraktionsvorsitzender zu werden. Adenauer ließ das nicht gelten. Er packte mich beim Portepee: Er habe, wie ich sehr wohl wisse, mehr mit mir vor; dies sei sein letztes Kabinett; die »Ostfrage« werde auch künftig auf lange Zeit entscheidend bleiben; er wollte durch die Berufung eines auffallend jungen Ministers der Welt deutlich machen, daß die deutsche Frage auf der Tagesordnung bleibe; es sei seine wohlerwogene Absicht, daß ich auf diesem Felde und in Berlin Erfahrung und Statur gewinne; das sei für heute und für später das Wichtigste.
Mein Vorgänger Ernst Lemmer hatte meine volle politische und menschliche Sympathie. Mit Recht genoß er großes Ansehen in der Öffentlichkeit. Er war ein »gestandener«, volkstümlicher Demokrat, zumal er schon vor 1933 dem Reichstag angehört und unter Hitler seine Überzeugungen bewahrt hatte. Lemmer gehörte zu den Gründern der CDU in der sowjetisch-besetzten Zone Deutschlands und war von den Russen zusammen mit Jakob Kaiser aus dem Par-

teivorsitz hinausgezwungen worden. Liberalität, Bonhomie und ein ungewöhnliches Rednertalent trugen zu seiner Popularität bei. Er bewies erneut seine menschliche Qualität, indem er seine Enttäuschung überwand, freundlich die Geschäfte übergab und mir seinen Rat schenkte.

Auf meine Benennung durch Konrad Adenauer reagierten Fraktion, Partei und Öffentlichkeit erstaunt, verärgert, neugierig. Nur wenige waren erwartungsvoll. Von neuer Hoffnung war nichts zu spüren . . .

Was soll dieser »Benjamin« an diesem Platz? Was will der »Parteiideologe« in Berlin? Warum das »Schoßkind Adenauers« auf diesen Posten voller innen- und außenpolitischer Empfindsamkeiten? Nachdenklich notierte der Berliner TELEGRAF: »Sein rascher politischer Aufstieg gehört zu den kühnsten und steilsten, die es jemals in der Bundesrepublik Deutschland gegeben hat« (15. Dezember 1962). Der SPD-amtliche VORWÄRTS meinte in seiner Weihnachtsnummer: Diese Ernennung sei ein »personalpolitischer Fehlgriff«, weil ich katholisch sei. Dieses unsinnige Argument (das mir zuletzt im Herbst 1976 schadete, als ich auf Bitten Helmut Kohls Bundestagspräsident werden sollte) hatte man aus Kreisen der Berliner CDU übernommen, die lauthals »unfreundlich gemault« hatte: Ich sei nicht evangelisch (SÜDDEUTSCHE ZEITUNG vom 14. Dezember 1962 und BERLINER MONTAGS-ECHO vom 17. Dezember 1962).

Die Exil-CDU hatte in aller Form Kritik erhoben und öffentlich gefordert, es müsse bald ein anderer Minister ernannt werden; einer aus ihren Reihen (FRANKFURTER ALLGEMEINE ZEITUNG vom 17. Dezember 1962).

Schadenfroh stellte das amtliche Organ in Ost-Berlin fest: »Dem Barzel wollen sie loyale Knüppel zwischen die Beine werfen, was uns nur recht sein kann« (NEUES DEUTSCHLAND vom 17. Dezember 1962).

Leider geschah es so. – Anfangs.
Nicht einmal ein Jahr später schied ich aus diesem mir liebgewordenen Amt, weil der neue Kanzler Ludwig Erhard diesen »Platz« für seinen Vizekanzler Erich Mende aus einsichtigen Koalitionsgründen »brauchte«. Ich lehnte – trotz des nachdrücklichen Drängens Erhards – jeden anderen »Posten« im Kabinett ab (Innen, Landwirtschaft, Vertriebene). Auch Erhards Versuch, mich über meine Frau umzustimmen, mißlang. Mir ging es um eine Sache, die ich mit Erfolg angepackt hatte. So kehrte ich zu meiner Arbeit in Fraktion und Partei zurück.
Ich konnte nicht ahnen, daß Heinrich von Brentano wenige Wochen später tödlich erkranken und mich zu seinem Nachfolger als Fraktionsvorsitzender vorschlagen würde . . .
Als ich am 16. Oktober 1963 als Minister ausschied, gaben Bedauern, Respekt und Anerkennung den Ton an – in der Presse wie in der Bevölkerung, bei der Opposition, in Partei und Fraktion. In der evangelischen Kirche. In Berlin.
Dabei hatte man damals keine Ahnung davon, daß ich – geheim – über Anwälte Beziehungen zur DDR hergestellt und Menschen herausgeholt hatte. (Siehe dazu Rainer Barzel: Es ist noch nicht zu spät, München 1976, S. 34ff.)

»Zähe Festigkeit in der Sache wollen wir mit Einfallsreichtum und Wendigkeit in den Methoden verbinden.« Dieses Leitmotiv für meine Arbeit hatte ich am 22. Dezember 1962 in einer der damals üblichen Radio-Ansprachen über den RIAS den »verehrten Hörerinnen und Hörern in Berlin und in Mitteldeutschland« mitgeteilt.
Die »Ostfrage«, wie Adenauer es genannt hatte, und dieses Leitmotiv blieben bestimmend für meinen politischen Weg.

Unsere Deutschland-Politik hatte begonnen, sich festzufahren – drinnen wie draußen. Das damals vorherrschende Bild stimmte nicht mehr. Gleichwohl wähnte man weithin: Das kommunistische Weltreich sei von Moskau aus durch Knopfdruck regierbar; dort glaube man an seine marxistisch-leninistische »Religion« und die sei für alle so einheitlich wie Zwang, Armut, Entbehrung und Rückschritt in diesem kommunistischen »Block«, der ein »Monolith« sei. Es war die Zeit des auslaufenden kalten Krieges, des Röhren-Embargos, der feindseligen Propaganda, des Schwarz-Weiß.

Ich suchte neue Ansätze.

Die Mauer in Berlin war eben nicht nur ein Mittel zur Unterdrückung der Bevölkerung und zur Verteidigung der DDR. Ulbricht nutzte sie offensiv, um sich die Anerkennung seines Staates zu ertrotzen: Wer hier durch oder etwas ändern will, der muß uns voll zur Kenntnis nehmen; ohne das geht nichts mehr. So war Ulbrichts Politik.

Mutige junge Männer – leidenschaftlich überzeugte wie (wenige) geschäftstüchtige – bauten Tunnels unter der Mauer her, um Menschen zu befreien. Andere legten Bomben. Wir mußten das – um des Friedens willen – verhindern . . .

So hielt ich nach neuen Wegen Ausschau – grundsätzlich und in der praktischen Politik, die nun begann, Gefangene aus der DDR freizukaufen, die auf diese Weise nicht nur menschliche Erleichterungen bewirkte, sondern auch die Justiz wie die politische Polizei dort demoralisierte.

Es ging um mehr. Die Wachsamen spitzten die Ohren, weil da jemand in Bonn »die Probleme mit frischen Augen ansah« (BERLINGSKE TIDENDE, 9. Juni 1963).

Ich benutzte den Juni 1963, in dem sich der Aufstand in der DDR zum zehnten Male jährte, um einige Denkanstöße zu geben. Das bereitete ich vor mit einem breit angelegten Re-

ferat vor dem Ausschuß des Deutschen Bundestages für Gesamtdeutsche und Berliner Fragen am 21. Mai 1963 in Berlin. Herbert Wehner saß vor. Wir arbeiteten gut zusammen. Der Ausschuß erkannte einhellig meine Bemühung um konkrete Analyse und propagandafreie Konsequenzen an. Ein neues Klima der Deutschlanddiskussion entstand – zunächst hinter den verschlossenen Türen vertraulicher Ausschußberatungen. Ich drängte, »die Realität Ulbrichts zu erkennen und ihr die stärkere Realität unserer Politik und unseres Willens gegenüberzustellen«. Denn: »Der Kommunismus stößt nicht nur gegenüber Bauern, Künstlern, Wirtschaftsführern und in der Arbeitsproduktivität an Grenzen, welche die Wirklichkeit der menschlichen Natur seiner Ideologie entgegensetzt, sondern stößt wohl auch politisch an die Grenzen seiner Möglichkeiten. Die ökonomische Basis ist zu schwach, um zugleich Raketenwettlauf, die atomare Entwicklung, den Kampf um den Lebensstandard und die Hilfe an die Entwicklungsländer zu gewinnen . . . Innerhalb der kommunistischen Führungsgremien ist der Typ des Ingenieurs im Vormarsch . . . Der Politruk wird mehr und mehr zurückgedrängt. . . Man kann die Investitionen nicht nur befehlen, sondern sie müssen sich rentieren . . . Ich meine, daß (dort) die Planungen und der Aufschwung nicht mehr möglich sind durch zusätzliche Arbeitskräfte oder Ausdehnung der Produktionsbasis, sondern durch Steigerung der Arbeitsproduktivität. Das aber erfordert Kapital und – eine zumindest halbwegs faire Behandlung der Menschen . . . Was ist zu tun?
. . . Man könnte die Wirtschaftskraft der Europäischen Wirtschaftsgemeinschaft in gewisse Relationen auch zu östlichen Dingen setzen . . . Der Westen hat auf die Mauer unter anderem mit Reiseerschwernissen für Funktionäre aus der Zone reagiert. Warum sollte er nicht einmal eine Initia-

tive beziehungsweise eine Bereitschaft prüfen, daß man das alles fallenlassen könnte, wenn die Mauer durchlässig wäre? Gibt es nicht auch . . . die Möglichkeit, über Embargofragen hinaus eine gemeinsame westliche Initiative zu entwikkeln?
Wir wissen, daß der Kommunismus glaubt, Krisen habe nur der Westen, er selbst habe damit nichts zu tun – und nun hat er selbst Krisen. Die Realität ist also anders, als die Ideologie es voraussagte.«
Diese neue Sprache konnte ich – immer am Rande der Kabinettsdisziplin und oft nur im Dunstkreis der »Parteilinie« – führen, weil ich im März 1963 vor dem Verein Berliner Kaufleute eine interne Rede hielt, der Konrad Adenauer hinterher seinen Beifall gezollt hatte. Es war damals fast »sensationell«, mitten im kalten Krieg »ministeriell« und in Berlin zu erklären: »Der Kommunist, der an seine Sache glaubt, ist – wiewohl irrend – ein ernst zu nehmender Mensch.« . . . Im Ringen zwischen Ost und West gibt es keinen Status quo. Hier gilt: Wer rastet, rostet; wer nur beharren will, verliert. So wie der Rost langsam sein Werk tut und oft erst später der Schaden erkennbar wird, so wird die Realität des Status quo minus oft noch lange vom formalen Schein des Status quo verborgen. Kommt aber die Belastung, dann wird die Wirklichkeit schnell sichtbar . . . Zugleich erweist sich, daß der Kommunismus . . . da versagt, wo es um rentablen Fortschritt und Ausbau der Phase nach der Industrialisierung geht – wie auch dort, wo ohne Kommunismus früher wirtschaftliche Blüte war wie z. B. in der Zone und in der Tschechoslowakei . . . Ohne ein Minimum an Freiheit, ohne ein gutes Betriebsklima, ohne persönliches Interesse an der Arbeit und ohne einen gerechten materiellen Anreiz wird der Kommunismus weder die Schwelle der Rentabilität noch die der Arbeitsproduktivität überwinden

– und genau diese Schwelle muß er überwinden, wenn seine ökonomische Basis zu einer Politik der Weltrevolution, ja nur zum Bestehen im weltweiten ökonomischen Wettbewerb ausreichen soll. Zwang kann viel, aber nicht alles. Über die Probleme, vor denen die Kommunisten nun stehen, können sie die Menschen, deren Arbeit ja erforderlich ist, weder hinweg prügeln noch lügen. Ich ging dann auf das neue Bild eines differenzierten Kommunismus ein, den man immer weniger abtun könne mit dem Hinweis auf Not und Elend, die sein Herrschaftsbild kennzeichnen. »Wir müssen auch einräumen«, fuhr ich fort, »daß Chruschtschow eine andere Wirklichkeit ist, als sie Stalin war: Daß das Politbüro in Moskau den Satelliten nicht mehr nur befehlen kann; daß die Sowjets das Entwicklungsland Rußland zu einem machtvollen Staat gemacht haben; daß der Kommunismus heute über ein Drittel der Menschheit beherrscht oder wenigstens kontrolliert.« Ich behandelte meine Vorschläge, die auf ostpolitische Aktivitäten der EWG abzielten (da auf diesem Wege alle »Anerkennungsfragen« sich anders oder gar nicht stellten). Im Zusammenhang damit wies ich hin auf »die ideologische Prophezeiung Lenins, wonach sich die Gegensätze zwischen den nichtkommunistischen Staaten in einem geschichtlich notwendigen Prozeß immer weiter verstärkten«. Die Entwicklung sei gegen die marxistischen Dogmatiker verlaufen: Der Westen sei auf dem Wege zur Einheit; der Kommunismus dagegen bröckele, offenbare Spannungen, zeige Unterschiede und Krisen, die sich zuspitzten. Hier eröffneten sich Möglichkeiten für eine friedliche, ideenreiche *Politik des Einwirkens.*

Die westlichen Ost- und Interzonenhändler, die damals von vielen mit bösen Augen voller finsterer Verdächtigungen angesehen wurden (sie sprachen ja mit Kommunisten), begrüßte ich offiziell und ermunterte sie, den Handel auszuweiten. Das liege im Interesse der künftigen Politik. (Vor der deutschen Gruppe der Internationalen Handelskammer am 13. Juni 1963 in Berlin.)

In der Zeitschrift SOZIALER FORTSCHRITT schrieb ich im Juni 1963 vom sozialen Fortschritt als dem wirksamsten Antikommunismus.

An verschiedenen Stellen betonte ich, der Kommunismus sei kein monolithischer Block mehr; es müsse uns gelingen, eine Diskussion innerhalb des kommunistischen Lagers in Gang zu bringen; nichts dürften wir unversucht lassen (siehe z. B. BERLINGSKE TIDENDE vom 9. Juni 1963). Auch ich sei »der Phrasen überdrüssig« schrieb ich am 29. Juni 1963 in DIE WELT und ging am gleichen Tage auf der Kundgebung der Heimkehrer vor 100000 Menschen in Hamburg noch weiter:

»Deutsche Politik erschöpft sich nicht in der Pflege des westlichen Bündnisses und in der Sicherung des freien Teils des Vaterlandes. Das ist immer nur die Basis, unverzichtbare Basis freilich, für eine Politik, die immer mehr wollen muß: Die Freiheit und Einheit aller Deutschen.

Wer nicht handelt, wird behandelt!

Gesamtdeutsche Politik ist mehr als bloßes Reagieren, Archivieren, Notieren, Protestieren! Wir sind bereit:

1. Schritte zur Abrüstung zu koppeln mit solchen zur Wiedervereinigung und aus dem wiedervereinigten Deutschland niemanden einen einseitigen militärischen Vorteil ziehen zu lassen;

2. unsere Wirtschaftskraft auch östlichen Projekten zuzuwenden;

3. über vieles mit uns reden zu lassen, wenn in der Zone mehr Menschenwürde und Freiheit im Alltag wirksam werden.«

Vor Vertriebenen betonte ich, daß auch den Polen – wie den Vertriebenen und Flüchtlingen – Unrecht geschehen sei; daß man auch darüber miteinander sprechen müsse.
So entstand eine Diskussion. Geistige Bewegung als Voraussetzung politischer Bewegung. Ulbricht nannte meine Forderung, Freizügigkeit zumindest und zuerst für die Westberliner zum Besuch in Ost-Berlin herzustellen, ein »unsittliches Geschäft«. Aber die Arbeiter drüben fragten nun die Funktionäre, und diese fragten weiter oben nach . . .
Im August ging ich weiter: »Wir sagen ja zur Klimaverbesserung, ja zur Entspannung mit schrittweiser Beseitigung der Spannungsursachen . . . Wir haben nichts gegen Sondierungen zwischen Ost und West. Im Gegenteil! Es muß erreicht werden, daß Gespräche und Verhandlungen daraus werden . . .« (So im regierungsamtlichen BULLETIN vom 4. September 1963.)
Auf diese offensive Weise gelang es auch, bei den westlichen Alliierten neues Nachdenken zu bewirken. Man beschäftigte sich wieder mit dem Herter-Plan der letzten Genfer Konferenz. Wir konnten so leichter auch falsche Entwicklungen verhindern – wie die spürbare Verminderung von US-Truppen in West-Berlin, den politischen Angriff auf die Enklave Steinstücken und den »Nichtangriffspakt zwischen NATO und Warschauer Pakt«.

Daß ich mit alledem nicht überall neue Freunde gewann, versteht sich von selbst . . . wie mein Wunsch, diese Arbeit fortsetzen zu können.

Damals kam John F. Kennedy nach Deutschland. Nie wieder habe ich einen Mann getroffen, dessen Ausstrahlung und Charme unter vier Augen, in der Konferenz mit mehreren, im Saal mit vielen und auf dem Markt mit Massen in gleicher Weise wirkte wie bei diesem jugendlichen Präsidenten der USA. Er war imstande, über Grundsätze zu diskutieren wie über die Einzelheiten des »Nagels an der Wand«. Als er am 26. Juni 1963 zu den 400000 Berlinern vor dem Schöneberger Rathaus sein berühmt gewordenes »Ich bin ein Berliner« sagte, gestand ich mir – zwischen Adenauer, Brandt und General Clay – eine, wohl läßliche, Sünde ein: Ein Freund, der Familie Kennedy und dem Präsidenten selbst wohlvertraut, hatte mich aus Washington in meinem Berliner Ministerbüro am Kurfürstendamm angerufen: Man berate drüben den Deutschlandbesuch von JFK; ob ich einen Rat oder eine Bitte hätte. Aber ja, hatte ich geantwortet, Kennedy muß, er muß unbedingt nach Berlin kommen – schon weil bald de Gaulle erneut Deutschland besuchen und dabei natürlich einen großen Auftritt in Berlin haben werde. Das war geflunkert. Aber es paßte; und es wirkte. Beim festlichen Mahl im Berliner Rathaus hatte man das kostbare preußische Porzellan aufgedeckt. Die Tafel war ein Schmaus der Augen. (Sie entzückte das Auge mehr als später den Gaumen.) Sicherheitsberater McGeorge Bundy, mein Tischnachbar, äußerte freudige Bewunderung. Ob er vielleicht eine Zigarette zwischen den Gängen rauchen dürfe? Ich schob ihm den Aschenbecher hin. – Damals Aschenbecher bei diesem Gedeck? Etwas später nahm ich den meinen zur Hand und tat, was die Etikette streng verbietet: Ich sah rasch auf die Unterseite dieser »Kostbarkeit«. Beinahe wäre ich vor Lachen herausgeplatzt: »II. Wahl, DM 0,87« stand da auf einem nicht abgewaschenen Zettel, frisch aus einem Berliner Kaufhaus . . . Man muß sich zu helfen wissen. Moral: Im Glanz des Echten und Guten gibt es manches falsche Stück – unauffällig, im falschen Schein. Bundy hatte alles bemerkt. Ich empfahl ihm, falls er ein Souvenir für Jacky

Kennedy (welche die Berliner lauthals vermißten) suche, diesen Aschenbecher mitzunehmen. Ich übernähme dafür jedwede Verantwortung . . .

Wenige Monate später wurde Konrad Adenauer Ehrenbürger Berlins. Ich begleitete ihn zu seinem letzten Besuch in der deutschen Hauptstadt. Hier hatte er als Präsident des Preußischen Staatsrates gearbeitet. Hier hatte er eine Wohnung gehabt. Nach Berlin fuhr er, als die nationalsozialistische Machtergreifung 1933 Deutschland erschütterte.
Als Willy Brandt einige Zeit Bundeskanzler war, erklärte er öffentlich und ohne Not im Deutschen Bundestag am 27. Mai 1970: »In den letzten Tagen habe ich wieder einmal – nicht zum erstenmal, seit ich Bundeskanzler bin – sowohl in dem Briefwechsel zwischen Konrad Adenauer und sowjetischen Staatsmännern als auch in den Aufzeichnungen, die er über diese Gespräche gemacht hat, geblättert. Meine Damen und Herren, ich war und bin tief beeindruckt von dem Ernst und dem Mut, mit dem Adenauer einen Ausgleich mit der Sowjetunion gesucht hat, nicht nur, indem er die wirkliche Lage sah, wie sie sich durch den Krieg und nachher entwickelt hatte, sondern auch, weil er erkannte, daß das bloße Beharren und das Wiederholen von bekannten Forderungen weder uns noch der Sowjetunion Ruhe schaffen würde. Er wollte – das kann man sehr beeindruckend nachlesen – die Aussöhnung zwischen der Bundesrepublik Deutschland und Frankreich zum Vorbild der Aussöhnung zwischen der Bundesrepublik und der Sowjetunion machen. Ich habe festgestellt, daß von ihm wichtige und wichtigste Anregungen und Vorschläge gemacht worden sind, ohne daß je die Öffentlichkeit davon unterrichtet worden ist.«
Ich habe bereits an anderer Stelle (Rainer Barzel: Gesichtspunkte eines Deutschen, Düsseldorf 1968, S. 276ff.) die un-

voreingenommene Haltung Adenauers zu diesen Fragen ebenso bestätigt wie seinen leidenschaftlichen Willen, das ganze Deutschland – in Freiheit friedlich geeinigt – in das vereinte Europa einzubringen.

New York, 17. Juni 1966

Ludwig Erhard entwickelte als Bundeskanzler bemerkenswerte ostpolitische Bemühungen. Ich förderte sie, wo es nur ging. Aber man kam nicht weiter. Alles drehte sich im Kreise. Viele wurden der deutschen Frage überdrüssig. Deutsche Ämter mußten zu oft bürokratisch in Protesten und in defensiven Strategien erstarren. Sie boten z. B. unseren ganzen Einfluß auf, um jedes Zeichen der DDR für den Fall eines sportlichen Sieges zu verhindern.
Ich erhielt vom American Council on Germany eine Einladung, wieder nach New York zu kommen, um dort eine Rede zum 17. Juni im Waldorf-Astoria-Hotel zu halten. Sofort nahm ich an und zog mich – zumal ich erkrankt war – für einige Zeit von den Tagesgeschäften zurück, um eine Rede zu entwerfen, die über den Anlaß und den Tag hinaus wirken sollte. Ich beriet mich mit sachkundigen Kollegen. Es ging, so spürte ich, um einen ernsthaften Versuch, die deutschen Dinge international ins Spiel zu bringen. Sonst bliebe wohl bald nur der Weg, sich direkt mit der DDR ins Benehmen zu setzen . . .
Es gelang, die Schlagzeilen in der Weltpresse für Tage zu besetzen. (FINANCIAL TIMES: »Barzel hat de Gaulle für seinen Rußlandbesuch einen Donner gestohlen.«) Ob Zustimmung oder Ablehnung meiner Ideen erfolgte – ich glaube, Respekt war allgemein. Nicht allerdings in Bonn, wo man

sich weitgehend – wie ich fand – provinziell verhielt und sogar »meinen Kopf« forderte. (Wie kann man nur wagen, aus Leidenschaft laut zu denken?) Auch der SPD-Opposition (Fritz Erler) fiel nichts Besseres ein. Allein von der FDP (Kühlmann-Stumm) kam verhaltener Zuspruch.
Man hatte mich zu Hause arg zerzaust; die Rede sei »nicht abgestimmt«, richte sich gegen den Kanzler und den Außenminister. Noch während ich in den USA war, distanzierte sich die Partei öffentlich durch Beschluß ihres Präsidiums. Will Rasner, mein guter Freund, stand wie eine Eiche: »Lest erst das Ganze, redet erst mit ihm!« Das alles sei »unvereinbar« mit der Regierungspolitik, ein »Rückfall in das Besatzungsregime« und ein »Reparationsangebot«, hieß es dagegen aus den Kreisen der Regierung. »Eine gefährliche, nichts einbringende laute Spekulation« nannte Gerhard Schröder meine Vorschläge und warnte vor einem »Wettlauf in Ausverkaufsangeboten«.
Ich warb in der Fraktion, die eine spätere Diskussion wollte, weiter. In einem Brief an Bundeskanzler Ludwig Erhard faßte ich das am 15. Juli 1966 so zusammen:

Bisher sind zwei Punkte vor allem Gegenstand der Kritik an meiner Rede in Amerika: Einmal die Frage der wirtschaftlichen Leistungen und zum anderen die Frage der sowjetischen Truppen auf deutschem Boden.

1. Die wirtschaftlichen Leistungen:
Die Bereitschaft zu hohen ökonomischen Leistungen als Preis für die Wiedervereinigung Deutschlands in Freiheit ist Gegenstand unserer amtlichen Politik. Die Erklärungen aller Verantwortlichen und die Grundstimmung des deutschen Volkes sind damit im Einklang. Gelegentlich ist ein Betrag von 100 Mrd. DM genannt worden.

Alle kritischen Anmerkungen zu diesem Punkt meines Diskussionsbeitrages übersehen zweierlei: einmal die Tatsache, daß die Bundesrepublik Deutschland einen stark entwickelten Handel mit der Sowjetunion hat, ohne daraus den geringsten Vorteil für die Lösung der deutschen Frage oder auch nur für menschliche Erleichterungen zu ziehen; zum anderen: Die SBZ wird gegenwärtig von der Sowjetunion wirtschaftlich ausgebeutet. Dies ist nicht mein Vorschlag, sondern die Lage. Die Bezahlung der aus der SBZ an die Sowjetunion gelieferten Waren ist unzureichend. Ohne Wiedervereinigung wird beides so bleiben. Nach meinem Vorschlag würde dies befristet und genützt, um die Wiedervereinigung zu erreichen. Bei allen Rechnungen hierzu ist also nicht nur zu fragen, was mein Vorschlag im Falle der Wiedervereinigung kostet, sondern auch, wie hoch der gegenwärtige Zustand ohne *Wiedervereinigung auf Dauer das ganze deutsche Volk belastet.*
Nur diese Betrachtung wird unserer Pflicht, für alle Deutschen zu sprechen, gerecht.
Meine Rede sollte den Sowjets klarmachen, daß auch ihre ökonomischen Interessen der Spaltung Deutschlands widersprechen. Ich nehme nicht an, daß irgend jemand meine Feststellung bestreitet, daß ein wiedervereinigtes Deutschland mit einer undoktrinären ökonomischen Politik mehr leisten könnte als die SBZ oder das gespaltene Deutschland.

2. Sowjetische Truppen auf deutschem Boden:
Hierzu zunächst den Text: »Dies ist hier zu fragen: Was ist – militärisch – für die Sowjetunion wichtiger: das Gebilde SBZ, das sie ›DDR‹ nennt, oder die Anwesenheit der Roten Armee in Deutschland? Beides gehört nicht notwendig zusammen! – Die Wiedervereinigung Deutschlands hängt nur ab vom Ja der Sowjets zum Selbstbestimmungsrecht des

deutschen Volkes, nicht ab davon, daß auch der letzte sowjetische Soldat deutschen Boden verläßt. Auf dem Boden eines wiedervereinigten Deutschlands könnte doch im Rahmen eines europäischen Sicherheitssystems Platz auch für Truppen der Sowjetunion bleiben.« Dies ist der korrekte Text. Es ist nicht meine Schuld, wenn viele offenkundig die Worte »im Rahmen eines europäischen Sicherheitssystems« übersehen haben. Ich habe nicht zu vertreten, wenn offenkundig weitgehend in Vergessenheit geraten ist, daß die Ziffer 27 des Herter-Planes vom 14. Mai 1959 den Gedanken des Bleibens fremder Truppen in einem wiedervereinigten Deutschland, das sich einem Sicherheitspakt anschließt, vorsieht. Diese Ziffer lautet:

»Sollte die gesamtdeutsche Regierung beschließen, irgendeinem Sicherheitspakt beizutreten,

a) so könnten besondere Maßnahmen getroffen werden in bezug auf die Verteilung militärischer Kräfte und Anlagen in dem Gebiet, das den Grenzen zwischen einem wiedervereinigten Deutschland und Mitgliedstaaten eines anderen Sicherheitspaktes am nächsten liegt;

b) wären die Vier Mächte bereit, gemeinsam mit anderen Parteien europäischer Sicherheitsabmachungen zusätzliche gegenseitige Verpflichtungen zu übernehmen, insbesondere die Verpflichtung zum Einschreiten gegenüber einem Angriff;

c) wären die Vier Mächte bereit, gemeinsam mit anderen Parteien der genannten europäischen Sicherheitsabmachungen die Zusicherung abzugeben, daß sie ihre Streitkräfte nicht über die frühere Demarkationslinie zwischen den beiden Teilen Deutschlands hinaus vorrücken lassen würden.«

Hätte man mich aus Bonn in Amerika angerufen, wozu rechtzeitig Gelegenheit bestand, so hätte ich den Hinweis

auf den Herter-Plan, der mir selbstverständlich war, ausdrücklich in den Text aufgenommen.
Auf der Außenministerkonferenz 1959 hatte der französische Außenminister am 21. Mai in Genf zur Verteidigung des Herter-Planes ausgeführt: Die Anwesenheit der fremden Truppen auf deutschem Territorium habe in der Nachkriegszeit das prekäre Gleichgewicht der Kräfte in Europa gestützt. Aus dieser bedeutsamen Funktion der fremden Truppen auf deutschem Territorium folgere, daß beim Abschluß eines Friedensvertrages mit dem wiedervereinigten Deutschland nicht so sehr die Frage des Abzugs dieser Truppen im Vordergrund stehe, sondern daß für einen dauerhaften Frieden die Schaffung und Gewährleistung eines Gleichgewichts der Kräfte in Europa das wesentliche Moment sei.
Es ist eingewandt worden, mein Vorschlag enthalte keine Befristung. Dieser Einwand ist unverständlich; denn der Hinweis auf ein europäisches Sicherheitssystem beinhaltet doch selbstverständlich den Abschluß eines Vertrages, der natürlich Fristen, Kündigungsklauseln usw. enthielte.
Ich halte es im Augenblick für überflüssig, erneut darauf hinzuweisen, welche Voraussetzungen und Bedingungen im übrigen in meiner Rede enthalten sind. Den ausdrücklichen Wunsch auf Verbleib von Truppen der USA kann niemand übersehen wie auch die Förderung des Fortbestandes des US-Engagements in Europa durch mein Konzept.
Ich weise aber darauf hin, daß wir gegenwärtig die Rote Armee im Lande haben. Wir haben auch im Westen Deutschlands Stützpunkte der Roten Armee.
Gegenwärtig haben wir
a) die Spaltung Deutschlands,
b) keine Menschenrechte in der Zone,
c) die Herrschaft Ulbrichts und
d) die Rote Armee im Lande.

Wer glaubt, alle vier Punkte auf einmal in unserem Sinne positiv lösen zu können, wird diese Dinge nie beseitigen. Weder lade ich in meiner Rede die Sowjets ein, Besatzungsmacht zu bleiben, noch die Rote Armee, hierherzukommen, noch ermuntere ich die Sowjetunion, die SBZ auszubeuten, noch die KPD, sich in ganz Deutschland zu betätigen. Alles dies geschieht nämlich ohnehin.
Eben dies zu ändern muß unsere Politik sein. Wenn es uns nicht gelingt, dem eigenen Volk wie der Welt gegenüber glaubhaft und immer wieder um Menschenrechte für alle Deutschen zu ringen, dann werden andere Kräfte in Deutschland über uns hinweggehen, und die Welt wird an Deutschland vorbei und um Deutschland herum Politik machen. Es genügt nicht mehr, nur nein zu sagen und unsere Prinzipien zu beschwören.
In einem als freiheitlichen Rechtsstaat wiedervereinigten Deutschland zu leben, in dem – zum Beispiel – in der Nähe der Westgrenze westliche und in der Nähe der Ostgrenze östliche Truppen stehen, wäre ich gern bereit. Ich bin sicher, eben dies gilt für die ganz überwiegende Mehrheit der Deutschen.

Das Institut für Demoskopie in Allensbach untersuchte derweil die Meinung der Bevölkerung: 65% der Bevölkerung kannten meine Vorschläge und 56% stimmten ihnen zu.

Noch heute werde ich im Deutschen Bundestag und von außenpolitischen Planern vieler Hauptstädte auf diese Rede angesprochen. Ihr Kern ist:
»... Unseren nationalen Ehrgeiz sehen wir darin, bedeutsam zu werden für die Menschheit durch Werke des Friedens. Unsere Gefechtsbereitschaft gilt den Schlachten gegen

Hunger, Armut, Not – für Gerechtigkeit, Fortschritt und Bildung überall in der Welt und für jedermann, der Menschenantlitz trägt. Wir können hierfür noch nicht voll wirksam werden, weil wir vor den Toren der UNO warten müssen, weil die Spaltung Deutschlands ungeheure Kräfte verzehrt, die für Werke des Friedens in der Welt frei würden durch Selbstbestimmung aller Deutschen ...
Die Spaltung Deutschlands ist politisch, ökonomisch und militärisch für alle zu teuer – allen voran für die USA, für die Sowjetunion und für Deutschland ...
Wenn ich es recht sehe, ist Berlin – also Deutschland – zur Zeit der einzige sichtbare Punkt, an dem die USA und die Sowjetunion so konfrontiert sind, daß sie stetig vor dem möglichen Risiko einer schließlich nuklearen Auseinandersetzung stehen. Niemand in der Welt – am wenigsten die Amerikaner, die Russen und die Deutschen – niemand hat ein Interesse, diese Gefahrenlage zu erhalten. Wir ermutigen jeden, der Entspannung will und konkret betreibt. Nur so werden wir auch in Deutschland weiterkommen. Unser Interesse an Entspannung ist vital ...
Dem aufmerksamen Beobachter entgehen die Anzeichen nicht, die dafür sprechen, daß die Sowjets die Lage in Europa nach kommunistischer Theorie neu beurteilen. Sie glauben, daß verschiedene nationale Gesellschaften in Europa – etwa Italien, Frankreich und Westdeutschland – im Wandel begriffen und reif sind für eine allmähliche Veränderung des politischen Bewußtseins wie schließlich der gesellschaftlichen Verhältnisse. Was Moskau gegenüber diesen Ländern inszeniert, ist atemberaubend. Die Kommunisten sahen im Antikommunismus eine Gegen-Volksfront. Sie glaubten, das auflösen zu müssen. Also propagierten sie – mit großem Erfolg – Anti-Antikommunismus als allein fortschrittlich und intelligent ... Kurzum: Moskau wird

erneut aktiv in Europa! Der Westen ist gefragt, wo seine Initiative, wo seine – friedliche – Offensive ist. Wer nicht handelt, wird behandelt ...

Wir wissen zugleich, daß auf die Dauer die Herrschaft über Mauern und Räume nicht genügt. Die Menschen – auf die kommt es an ...

Ein gespaltenes Volk kann nicht bequem sein ...

Moskau unterhält 400000 Soldaten der Roten Armee auf deutschem Boden. Gestützt auf diese Bajonette amtiert eine kleine Minderheit von Kommunisten gegen den Willen der Bevölkerung, wie auch der 17. Juni beweist. Moskau betrachtet diese Sowjetisch-Besetzte-Zone als Faustpfand, als vorgeschobenen Platz in Mitteleuropa und als Potenz für weitere Fortschritte des Kommunismus in ganz Deutschland und in ganz Europa.

Moskau glaubt, aus wesentlichen, militärischen, ökonomischen und ideologischen Interessen die SBZ erhalten, ja möglichst als kommunistischen deutschen Staat in die Weltpolitik einführen zu müssen. Ich glaube, daß die Moskauer Deutschlandpolitik auf Irrtümern aufgebaut ist und daß auch die genannten Moskauer Interessen anders besser gewahrt sein könnten.

1. Das militärische Interesse der Sowjetunion

Dieses Interesse ist offenkundig, es ist auch irgendwo legitim.

Die westlichen Pläne und Erklärungen zur Deutschlandfrage enthalten immer das Element der Sicherheitsvorkehrungen. Sie wollen nicht, ›aus der Wiedervereinigung Deutschlands einen einseitigen militärischen Vorteil ziehen‹. Wir Deutschen fügen verbindlich hinzu: Ein wiedervereinigtes Deutschland würde aus sich und gerne allen

Nachbarn dauerhaft Sicherheit geben. Auch wäre ein besonderer militärischer Status denkbar – vor allem zusammen mit anderen Ländern.
Dies ist hier zu fragen: Was ist – militärisch – für die Sowjetunion wichtiger: Das Gebilde SBZ, das sie DDR nennt, oder die Anwesenheit der Roten Armee in Deutschland? Beides gehört nicht notwendig zusammen! Die Wiedervereinigung Deutschlands hängt nur ab vom Ja der Sowjets zum Selbstbestimmungsrecht des deutschen Volkes, nicht aber davon, daß auch der letzte sowjetische Soldat deutschen Boden verläßt. Auf dem Boden eines wiedervereinigten Deutschland könnte doch im Rahmen eines europäischen Sicherheitssystems Platz auch für Truppen der Sowjetunion bleiben. Was eine soche, neue, durch Selbstbestimmung in Deutschland geschaffene Lage zugleich für die Auflockerung zwischen Ost und West, die Verringerung der Kriegsgefahr, die Minderung der Rüstungslast, das Zusammenwachsen ganz Europas bedeuten würde, ist offenkundig. Alle Welt sollte die Chancen, die in der Lösung der deutschen Frage für die Festigung des Friedens liegen, neu durchdenken. Die Sowjetunion empfängt nicht Sicherheit durch die SBZ, sondern durch sich selbst, nämlich durch die Rote Armee auf deutschem Boden. Und darüber muß man reden.

2. Das ökonomische Interesse der Sowjetunion

. . . Die SBZ hat das zweitgrößte Industrie-Potential der Länder des Warschauer Paktes und ist der größte Handelspartner der UdSSR. Die SBZ ist ein Zuliefererbetrieb für die Sowjets. Moskau meint, ebendies sei unersetzlich. Auch dies ist irrig.
Gewiß, die SBZ leistet Beachtliches. Aber dies scheint

weltweit vergessen: Im Jahre 1939 betrug die industrielle Leistung je Einwohner im Durchschnitt des Deutschen Reiches 600 RM; im Gebiet der heutigen SBZ 725 RM; im Gebiet der heutigen Bundesrepublik Deutschland 609 RM. Die SBZ umfaßt also das früher industriell entwickeltere Gebiet Deutschlands.
Inzwischen wächst der Rückstand der Zone gegenüber der Bundesrepublik in der industriellen Entwicklung von Jahr zu Jahr. Er beträgt zur Zeit über 40 Prozent! Ein wiedervereinigtes Deutschland mit einer undoktrinären ökonomischen Politik könnte mehr leisten. Also: Wir kennen die hohen und für die UdSSR besonders günstigen Lieferungen aus der SBZ. Wir kennen auch unseren Handel mit der Sowjetunion. Wenn dies das Interesse ist – hier ist unser Wort: Beides bleibt für zwanzig Jahre mit einer jährlichen Steigerung um 5 Prozent, wenn ebendies hilft, die Einheit Deutschlands zu erreichen. Auch ökonomisch hat die Sowjetunion keinen Grund, Deutschland gespalten zu lassen.

3. Das ideologische Interesse der Sowjetunion

Dieses Interesse ist, wie mir scheint, zweifacher Art.
Zum einen spricht – kommunistisch betrachtet – für die deutsche Spaltung das vulgär-marxistische – von der ›höheren‹ Kenntnis der Strategie und Taktik Lenins noch unberührte – Argument: Wo die Kommunisten ihre Heilslehre hinbrachten, bleiben sie.
Zum zweiten ist die SBZ für den internationalen Kommunismus ein ideologisches Experiment von hohen Graden: Ulbricht soll beweisen, daß Kommunismus auch für hochindustrialisierte Länder und sehr entwickelte Gesellschaften ›paßt‹. Insoweit hat die SBZ aus kommunistischer Sicht eine bedeutende weltweite Offensiv-Funktion.

Soweit, so gut, marxistisch gesehen. Aber die Wirklichkeit ist doch so, daß die kommunistischen Parteien der Welt Ulbrichts Experiment als Fehlschlag und seine Mauer als Belastung für alle Kommunisten empfinden. Weiter: Mauer, Stacheldraht, Schießbefehl und Reiseverbot sind nicht nur Zeichen der Unfähigkeit, sondern – marxistisch gesehen – Symbole der Ungläubigkeit. Der echte Marxist glaubt an die Überlegenheit seiner Sache, an den dialektischen Prozeß der Geschichte, an die Zwangsläufigkeit des kommunistischen Endsieges; der gläubige Kommunist schließt sich nicht ein, sondern arbeitet offensiv. Wer Mauern baut, ist ein ideologisches Hasenherz.
In Moskau sollte man abwägen, ob nicht – aus größerem Blick – die Agitation der Kommunisten in einem wiedervereinigten Deutschland einige interessantere Perspektiven ergäbe als die gegenwärtige Lage. Hierbei soll auch eine kommunistische Partei im ganzen Deutschland ihre Chance haben. – Sollten die Kommunisten Angst davor haben, weil sie nicht mehr glauben an ihre Sache?«

Diesen Versuch, die deutsche Frage öffentlich ins internationale Gespräch zu bringen, wollte ich wagen. De Gaulle, Johnson, Wilson, Fanfani und viele, viele andere reagierten mit lebhaftem Interesse wie der Generalsekretär der UNO, U Thant, wie unsere Bevölkerung . . .
Armes Deutschland! Arme Deutsche! Warum müssen Deutsche in Dresden anders leben als in Köln? Können wir nicht die Großmachtinteressen und die menschlichen Wünsche der Deutschen erfüllen?
In meinem Buch »Gesichtspunkte eines Deutschen« griff ich 1968 diese Gedanken wieder auf. Es gab eine gute Auflage, aber keinen Protest – weder aus meiner noch aus anderen Parteien . . .

Was hatte Eugen Gerstenmaier, damals Präsident des Deutschen Bundestages, in der Sitzung des Fraktionsvorstandes der CDU/CSU-Bundestagsfraktion am 20. Juni 1966 erklärt, als das Scherbengericht – angeführt von Gerhard Schröder – über meinen »New Yorker Ausflug« stattfand? So hatte Gerstenmaier die Meinung der Mehrheit gegen mich artikuliert: »Ja, wenn Sie im Osten ein positives Echo gefunden hätten, dann wären Sie eine historische Figur mit Ihrem Vorschlag. So müssen wir Sie nach herkömmlichen Kriterien beurteilen. Also: Erstens ... zweitens ...«
Beurteilen hieß: verurteilen.
Es war schlimm. Man akzeptierte meinen angebotenen Rücktritt nicht – Wahlen in Nordrhein-Westfalen standen bevor.
Das Ungewohnte traf mich voll und tat weh: Konrad Adenauer und Gerhard Schröder kämpften dieses einzige Mal Seite an Seite gegen mich.
Am Tage darauf besuchte ich Adenauer zu einem langen Gedankenaustausch. Endlich mußte ich nicht mehr gegen eine Woge von Emotionen und Feindseligkeiten anstehen, sondern konnte Argumente austauschen und Hinweise auf die Genfer Verhandlungen im Jahre 1959 geben. Einen Tag später (22. Juni 1966) schrieb mir Adenauer: Er wolle zum Ausdruck bringen, »daß der Wirbel, der durch Ihre Rede in Washington entstanden ist, nach meiner Meinung und nach dem gesamten Eindruck, den ich habe, als erledigt zu betrachten ist. Ich empfehle Ihnen dringend, ebenfalls einen Strich darunter zu machen und sich in Ihrer für unsere Fraktion und Partei so notwendigen Arbeit nicht weiter stören zu lassen.«

Nun blieb nur noch das »innerdeutsche Gespräch«.
Ludwig Erhard konnte sich nicht halten. Kurt Georg Kie-

singer und die »Große Koalition« begannen das »Gespräch« mit den »Verantwortlichen« im »anderen Teil Deutschlands«. Später machte Brandt daraus seine »Ostpolitik«. Und diese – wieder die »Ostfrage«, wie Adenauer es genannt hatte – wurde mir zum politischen Schicksal.
Immerhin: Vor der Geschichte ist auch durch das Wagnis in New York bewiesen, daß es – entgegen bösem Gerede und vielen Illusionen – keinen Preis gab, zu dem die Sowjetunion der Einheit Deutschlands zugestimmt hätte. Die Fortdauer der Spaltung Deutschlands beruht auf dem Willen der Sowjetunion.

Ostverträge

Zur Zeit der »Großen Koalition« aus CDU/CSU und SPD unter Bundeskanzler Kiesinger (1966–1969) arbeiteten Helmut Schmidt und ich als Fraktionsvorsitzende eng zusammen. Uns oblag mehr als die parlamentarische Gestaltung der deutschen Politik jener Jahre – mehr als Gesetze, Debatten, Termine. Durch Arbeit, Zutrauen und Vertrauen wurden wir (und blieben wir bis heute) gute Kameraden ohne »Du« und Kumpanei.
Wieder einmal hatten wir – im November 1968 – die Tagesgeschäfte »durch«. Wir rauchten und spürten keine Eile auseinanderzugehen. Seit langem empfanden wir – unausgesprochen –, daß es mehr gab als die »Tagesordnung«: Wie sollte diese große gemeinsame Anstrengung vor der Geschichte bestehen? Allein als Instrument, die Finanzen zu ordnen, die Wirtschaft zu neuer Blüte zu bringen, die SPD »regierungsfähig« zu machen, die Notstandsgesetze durchzubringen? Und Deutschland? Und Europa?

Die Bundestagswahl 1969 stand bevor und reizte die Nerven. Die Zeit war – in Tagesgeschäften – verbraucht. Die beiden Parteien und Fraktionen strebten – verständlicherweise – auseinander, neuen Fronten und anderen Koalitionen zu – wie ich es bald im Bundestag, am 22. Januar 1969, auch öffentlich aussprach.
Trotzdem fragten wir uns: Wie wäre es mit einer gemeinsamen, der »Großen Koalition« würdigen Anstrengung in der »Ostfrage«, für Deutschland, für die Zukunft?
Nichts ging mehr. Die Zeit lief ab.
Du kannst allein und tapfer gegen den Strom schwimmen. Parlamentarisch kannst du nur mit dem trägen Strom zu neuen Ufern gelangen. Und dieser Strom versiegte nun. Er trug nichts mehr. Von der »vague du profondeur«, der Grundwelle für das Mögliche in der Politik, hatte Pompidou nachdenklich zu mir gesprochen. Vom »Zeitgeist« hatte ich geredet.

Weichenstellung

Walter Scheel und seine – neue – F.D.P. machten Willy Brandt nach der Wahl 1969 zum Bundeskanzler. Er erhielt am 21. Oktober 251 Stimmen, 2 mehr als er brauchte. So wurde ich erster Oppositionsführer in der Geschichte meiner Partei. Ich hatte das weder gewollt noch gelernt.
Man erwartete weithin, daß nun die Union jenes Schicksal ereilen werde, das ähnliche europäische Nachkriegsparteien inzwischen getroffen hatte: Spaltung, Schwäche und Siechtum. Es gelang, das zu verhindern. Eine angriffslustige, einflußreiche Opposition belebte das Parlament wie den Staat und die internationale Politik.
Der Hauptzweck der neuen Koalition, die uns nach zwanzig Regierungsjahren als stärkste Fraktion in die Opposition

zwang, war die »Neue Ostpolitik«. Schon vor der Regierungserklärung im Deutschen Bundestag ließ Brandt durch den Regierungssprecher erklären: Die DDR sei natürlich ein zweiter deutscher Staat.

Im Deutschen Bundestag bezog ich so unsere Ausgangsposition:

»Für uns ist Fortschritt, wo Menschenrechte und ihre gesellschaftliche Basis mehr zur Alltagswirklichkeit werden. Für uns ist Rückschritt, wo Menschenrechte nicht gelten, wo Strukturen sich etablieren, welche sie unterdrücken oder ihre wirksame Entfaltung hemmen« (29. Oktober 1969). Das sei der zentrale Maßstab unserer Politik. Wenn es gälte, in Deutschland, in Europa, in der Welt mehr Menschenrechte zu besiegeln, dann »fragen wir nicht nach der Farbe der Tinte, ob sie rot oder grün oder schwarz ist, und wir fragen nicht danach, ob das Unterschriftsformular quergestreift oder längs angelegt ist« (16. Januar 1970).

Ich schlug vor, »allen Ländern Europas den Entwurf einer Charta der Freizügigkeit, des Volksgruppenrechtes und der Nichtdiskriminierung vorzulegen«; man müsse, wenn man Grenzfragen regeln wolle, diese Grenzen für die Menschen erträglicher und durchlässiger machen; man solle »nicht den staatlichen Status quo, sondern die Sicherheit menschlichen Lebens in den Mittelpunkt stellen« (29. Oktober 1969). Wir brauchten nicht Formeln, sondern Lösungen; nicht kurzfristige, klimatische »Erfolge«, sondern dauerhafte Regelungen im Interesse der Menschen, die auch von kommenden Generationen anerkannt würden. Ich verwies auf die von Helmut Schmidt und mir eingebrachte Entschließung des Deutschen Bundestages vom 26. September 1968, zu der die Abgeordneten der CDU/CSU wie die der SPD einstimmig ja gesagt hatten. In diesem Dokument hatten wir unser gemeinsames Ziel so bezeichnet: »Ein wiedervereinigtes

Deutschland, das eine freiheitliche, demokratische Verfassung besitzt und in die Gemeinschaft der europäischen Völker eingebettet ist.« Deshalb, so hieß es weiter, werden wir »alle Verhandlungen und Maßnahmen unterstützen, die zum Wohle der Menschen im gespaltenen Deutschland und im Interesse des Zusammenhalts der Nation möglich sind«. Niemand dürfe sich um die Wahrheit herumdrücken, Schmerzhaftigkeiten aus dem Wege gehen und Opfer scheuen (23. Februar 1970). Die Frage sei aber, wofür Leistungen erbracht würden. Eine neue, bessere Ordnung für die Menschen und für Europa sei viel wert. Dazu gehöre eine Übereinkunft, welche die Grenzen öffnet, Informationen erleichtert, Freizügigkeit stärkt und den Austausch der Meinungen belebt. Auch müsse erreicht werden, daß die Minderheiten geschützt und die Diskriminierungen nach Nation, Sprache, Religion und Meinung gemildert werden, um sie ganz zu überwinden.

In einer grundsätzlichen Rede vor dem Kuratorium Unteilbares Deutschland nahm ich am 7. Dezember 1969 in Berlin zu den Problemen einer »Europäischen Sicherheitskonferenz« Stellung. Neben den Europäischen Christlichen Demokraten druckte auch das BULLETIN der Bundesregierung (17. Dezember 1969) diesen Text, in dem es unter anderem hieß: »Karl Marx und seine Epigonen, aber auch andere haben den Blick freier gemacht für die Unterscheidung der formalen von der realen Freiheit, für die zwischen formaler und realer Demokratie. Was nützen, so kann man das wohl zusammenfassen, Freiheitsrechte, die in Verfassungen stehen, wenn wegen der sozialen Wirklichkeit diese Rechte doch nur wenigen zuteil werden? Mit dem Blick auf unser Problem heißt das: Was nützt eine europäische Sicherheitskonferenz, die – ohne die Realitäten der Spannung abzubauen – nur Sicherheit formal, auf dem Papier allein, zustande bringt? . . . Uns genügt nicht, daß Menschenrechte in der Verfassung stehen und einklagbar sind. Wir suchen die soziale Basis zu schaffen, in der sie für alle Wirklichkeit werden. Von diesem Ansatz her haben wir von den deutlicher werdenden Grenzen militärischer Macht, vom Rang der geistigen und gesellschaftspolitischen Probleme mit dem Blick auf das ganze Europa gesprochen (Mainz, 18. November 1969) . . . Vor Jahren schon habe ich hierfür auf das Modell des Regensburger Reichstages hingewiesen, in dem Europäer verschiedener Sprachen, feindlicher Konfessionen, getrennter Stände und unterschiedlicher Staatsformen pragmatisch – und gelegentlich erfolgreich – zusammenwirkten. Wir haben auch vorgeschlagen, für den Waren- und Zahlungsverkehr aller europäischen Länder eine gemeinsame Institution zu schaffen. Das alles gilt fort, weil wir nicht formal, sondern real Frieden und Sicherheit für ganz Europa suchen. Aus dieser Sicht sind deshalb nicht nur der Stand der innerdeutschen Entwicklung, sondern die Verständigung zwischen Deutschen und Polen unerläßlich für ganz Europa. Deutsche und Polen wollen in gesicherten Grenzen leben, die frei vereinbart werden und die Zustimmung beider Völker finden. Gespräche hierüber sind auch vor einem Friedensvertrag sinnvoll. Endgültige Regelungen bedürfen der Zustimmung des deutschen Volkes.

Wer Grenzfragen lösen oder entschärfen will, muß – außer dem Verzicht auf Gewalt – der Grenze, um die es geht, etwas von ihrer Totalität nehmen. In der Zeit der Raumfahrt gilt es – anstatt in Formelbüchern des 19. Jahrhunderts zu suchen –, die Grenzen zu überwinden, sie durchlässig und den Menschen erträglicher zu machen. Bei Freizügigkeit, bei europäischem Volksgruppenrecht, bei Abbau aller Diskriminierungen nach Herkunft, Stand, Religion und Meinung überall in Europa erschienen Grenzfragen in anderem Licht . . . Ein europäisches Sicherheitssystem, und noch mehr eine europäische Friedensordnung brauchen gemeinsame Normen zur inneren Festigung der europäischen Lage. In den Gesprächen mit Polen muß also, wie wir meinen, auch behandelt werden die Lage der einen Million Deutsche, die im Verantwortungsbereich der polnischen Regierung leben . . . Wir Europäer sollten durch gerechte Ordnung unserer Probleme, durch endgültigen Abschied von Gewalt als Mittel der Politik, durch das bleibende Entfernen aller Reste der Unwissenheit, der Armut und der sozialen Unsicherheit, durch friedliches Neben- und Miteinander von Völkern, Sprachen, politischen Methoden und staatlichen Ordnungen der Welt ein Beispiel geben. Wir können beweisen, daß Frieden eine Sache der Menschenrechte ist. Diese europäische Idee glaubhaft vorzuleben und so die europäische Funktion in der Weltpolitik voll auszufüllen, ist die künftige Aufgabe Europas. Wenn wir so handeln – jenseits jeder Ausbeutung und Unterdrückung, jenseits jeder Form des Kolonialismus und des Rassismus, jenseits jeder Usurpation, Bevormundung und Arroganz –, leisten wir uns und der Welt einen guten Dienst.«

Bruch der Gemeinsamkeit

Im Januar 1970 gab es eine gemeinsame Beratung zwischen Regierung und Opposition im Kanzleramt, bevor die Regierung den pflichtgemäßen »Bericht zur Lage der Nation im gespaltenen Deutschland« dem Parlament vorlegte. Wir wurden nicht nur über die Absichten der Bundesregierung unterrichtet; wir trugen unsere Meinungen vor; einige unserer Anregungen fanden Eingang in die Überlegungen der Regierung und Niederschlag in deren Papieren.

Ich wollte die jetzt notwendige ostpolitische Phase der Politik der Bundesrepublik Deutschland zur gemeinsamen Sache von Regierung und Opposition machen. So hätten wir – nach draußen – wirksamer auftreten können und mehr erreicht. So wäre nicht – nach drinnen – im Interesse einer »Friedenspolitik« der innere Frieden aufs Spiel gesetzt worden! Ich glaubte, anfangs bei Kanzler Brandt dieselbe Grundeinstellung feststellen zu können.

Herbert Wehner wollte es nicht. Mir wurde das klar, bevor er am 26. Januar im SPIEGEL öffentlich sagte: »Ich brauche die Opposition nicht.« Bei dem Gespräch am 13. Januar 1970 beim Kanzler erwiderte Wehner auf meine Anregung, die gemeinsame Entschließung des Deutschen Bundestages vom 25. September 1968 neu zu beraten und einzubringen: Man solle und wolle nicht den politischen Handlungsspielraum der Bundesregierung durch parlamentarische Beschlüsse einengen . . .

Nach dem Bruch der Gemeinsamkeit wurde die Tonlage im Parlament schriller, die Gangart rauher. Die meisten persönlichen Beziehungen aus der Zeit der »Großen Koalition« erwiesen sich als Eintagsfliegen. Die Fronten versteiften sich. Unversöhnlichkeit kam auf und Erregung. Die Gräben durch das Parlament verlängerten sich bald ins Volk und zerteilten es. Sie wurden breiter und tiefer. Gefühle luden sich auf, wurden geweckt und drängten zur Explosion.

Erfurt

Am 19. März 1970 besuchte der Bundeskanzler den Vorsitzenden des Ministerrates der DDR, Stoph, in Erfurt. Zwei Staaten in Deutschland zeigten der Welt und dem eigenen Volk diese unerwünschte Wirklichkeit. Dieses Treffen war voller Risiken. Am Vorabend traf ich Willy Brandt im Parlament und versicherte ihm, daß er weder unter Zeitdruck noch unter Erfolgszwang stehe: »Bitte fühlen Sie sich morgen völlig frei. Wenn Sie wegen Unzumutbarem nicht weiterkommen sollten, so können Sie schon heute gewiß sein, daß die Opposition Sie übermorgen nicht mit Schadenfreude oder Rechthaberei empfangen wird.«

Das Gespräch von Erfurt bewirkte eine neue Welle emotionaler Erregung – überall in Deutschland. Alsbald nach seiner Rückkehr berichtete Brandt dem Deutschen Bundestag – mit verhaltener Genugtuung.

Die Deutschen hatten in Erfurt die strenge Absperrung der Polizei durchbrochen und dem deutschen Kanzler mit geradezu eruptiven Kundgebungen ihren Willen gezeigt – welche Legitimation, welcher Auftrag 17 Jahre nach Trennung und Unterdrückung!

Ich hatte, wie Joachim Sobotta in der RHEINISCHEN POST vom 21. März 1970 feststellte, »die undankbare Rolle« auf mich genommen, »Wasser in den Wein zu schütten«: »Die Bundestagsfraktion der CDU/CSU hat das Treffen des Bundeskanzlers mit dem Vorsitzenden des Ministerrates unterstützt und alles unterlassen, was etwa dieses Treffen hätte verhindern oder seinen Erfolg beeinträchtigen können.

Wir haben den Bericht des Herrn Bundeskanzlers und seine gestrigen Einlassungen mit großer Aufmerksamkeit gehört. Wir haben auch die anderen Ereignisse vermerkt. Der Beifall von Erfurt spricht für sich selbst und beweist nach 25 Jahren der Teilung, daß die Deutschen sich als ein Volk empfinden . . . Wir wollen Frieden nicht auf dem Papier, sondern in der Wirklichkeit. Wir sind gegen Formeln und für Lösungen . . . Am Weg der deutschen Geschichte stehen die Toten von Buchenwald, denen der Bundeskanzler Ehre erwies. – Tote durch Hitler, ebenso Tote durch Stalin. Aber da stehen auch die Toten der Mauer und des Stacheldrahtes – Tote durch Ulbricht. Und an diesem Wege stehen Vertriebene und Flüchtlinge, gefallene Soldaten und Hinterbliebene. Alle diese Opfer der Gewalt wären das nicht geworden, wenn statt Gewalt Recht und Selbstbestimmung geherrscht hätten. Ihre gestrige Grundsatzrede in Erfurt, Herr Bundeskanzler, findet an einigen Stellen unsere Zustimmung, zu anderen Stellen haben wir Fragen oder Kritik anzumelden . . . Aus dem Bereich, der auf unsere Kritik stößt, möchten wir in dieser Erklärung heute nur einen Punkt ansprechen. Sie sagen: ›Deutsche Politik nach 1945 war . . . nicht zuletzt eine Funktion der Politik der Mächte, die Deutschland besiegt und besetzt hatten.‹

Wahr ist, daß die Menschen hier in der Bundesrepublik Deutschland in sechs Bundestagswahlen diese Politik billigen oder verwerfen konnten, daß hier ein frei gewähltes Parlament den Verträgen zustimmte, welche die Basis unserer Außenpolitik sind; daß unsere Gesellschaftsordnung auf dem frei geäußerten Willen der Deutschen hier beruht. Davon kann drüben keine Rede sein. Die Menschen drüben haben noch nicht frei ihre Meinung sagen dürfen.

Selbstbestimmung hier und Fremdbestimmung drüben, das sind – leider – die fundamentalen Unterschiede. Wir haben hier nie abgestimmt im Interesse oder auf Druck fremder Mächte, sondern frei, im deutschen Interesse, nach unserem Gewissen.«

Es war wohl die für mich schwerste Parlamentsrede. Brandts Politik war populär, wurde vom Ausland überwiegend bejubelt und weckte Hoffnungen im deutschen Volk. Da ich wußte, daß diese Erwartungen sich nicht erfüllen würden, daß die Laune des Auslandes ein wetterwendischer Begleiter ist und die Popularität im Nu vom »hosianna« zum »crucifige« umschlagen kann, trat ich gegen die Welle aufkommender Träume und Wünsche an und dämpfte die

voreiligen Hoffnungen, indem ich auf die wirkliche Lage und die ernsthaften Probleme kritisch und nüchtern hinwies: Wir seien für Gespräche und Verhandlungen und würden nach den realen Ergebnissen urteilen. »Gelingt es, wirkliche Fortschritte für die Menschen und für eine europäische Friedensordnung zu erreichen, so würden wir das begrüßen. Dagegen würde etwa ein Gewaltverzichtsabkommen zwischen Bonn und Ost-Berlin, das lediglich in den Archiven verstaubt, während an der Mauer in Berlin und entlang der Demarkationslinie weiter geschossen wird, von uns bekämpft werden.« (So kam es leider. Deshalb lehnten wir später den innerdeutschen Vertrag ab.) Weil wir Frieden nicht auf dem Papier, sondern in den Wirklichkeiten des Alltags wollten, käme es vor allem darauf an, daß die Menschen in Deutschland den Nutzen dieser Politik greifen könnten. Wir seien, wie gesagt, gegen Formeln und für Lösungen und zu schmerzhaften Opfern bereit; nur: »Von Gegenleistungen, von Minderheitenschutz, von europäischen Ansätzen, von Durchlässigkeit der Grenzen und von Freizügigkeit für Menschen, Informationen und Meinungen sehen wir bisher leider nichts . . . Eine Nation, die aufhört, ihre Einheit zu wollen, gibt sich selbst auf.«
Viele haben mich damals kritisiert. Einige fanden inzwischen die Größe, mir ihren Irrtum einzuräumen.

Zusehen oder einwirken?

Immer mehr kam ich in eine schwierige Lage: Brandt, Scheel und Bahr wollten mit mir im Gespräch bleiben, um mich möglichst auf dem laufenden zu halten und meine Meinung einzuholen. Die westlichen Botschafter hielten es auch so. Sollte ich das ablehnen, um – ohne Information – freier zur Kritik zu sein? Oder: Sollte ich das annehmen, um einwirken zu können? Das ist eine grundsätzliche Frage für die Strategie jeder Opposition.

Ich entschied mich für das Einwirken, weil mir klar war: Man muß bei internationalen Verträgen möglichst vor der Unterschrift Einfluß auf den Inhalt nehmen. »Unterzeichnete Verträge macht keiner ungeschehen – auch nicht durch Ablehnung«, sagte ich im stürmischen Mai 1972 vor meiner Fraktion.

Allen taktischen Erwägungen voran war meine Hauptsorge, nachdem ich die Umrisse dieser Ostpolitik zu erkennen glaubte, daß Brandt erklärte, nun nicht mehr von »Wiedervereinigung« sprechen zu wollen; er erkannte die DDR als Staat an und suchte von daher ein Vertragswerk mit der Sowjetunion, mit Polen, der Tschechoslowakei und der DDR abzuschließen. Hier galt es aufzupassen: Die deutsche Frage mußte in der Substanz offen bleiben; hinter Gewaltverzicht durften sich – bei aller Notwendigkeit, zur Entspannung beizutragen – keine endgültigen Regelungen z. B. von Grenzfragen ohne Friedensvertrag verbergen. Die Zuerkennung des Staatscharakters an die DDR erschwerte die Lage Berlins und zwang die Westmächte, auch mit der DDR in Beziehungen zu treten. Schließlich argwöhnte ich: Eine solche Politik führt uns ins außenpolitische Niemandsland – weg vom Westen.

Diese Sorgen untermauerten meinen Entschluß, nicht zuzusehen, sondern einzuwirken – intern wie öffentlich. Meine Kolleginnen und Kollegen unterstützten das.

Meine zahlreichen öffentlichen Fragen, Hinweise und Stellungnahmen während der Verhandlungen bekamen so besonderes Gewicht: Die interessierte Öffentlichkeit, die Ämter in Ost und West hörten genau zu, was wohl die Opposition zu sagen habe, was sie frage, warum sie frage und wie die Regierung antworte. Auf diesem Wege gelang es z. B., dem Gesichtspunkt der nötigen Verfassungstreue in den Verhandlungen entscheidendes Gewicht zu geben (was naturgemäß die Stellung der deutschen Unterhändler in Moskau stärkte), auf mehr Eindeutigkeit der Texte zu drängen und den Brief zur deutschen Einheit als ein wichtiges Dokument zur Auslegung und Anwendung des Vertrages zu einem Teil des Vertragswerkes zu machen.

Als ich im Frühjahr 1970 begann, die Politik des Einwirkens systematisch zu betreiben, mußte ich leider bald merken, daß ich – höflich gesagt – unvollständig unterrichtet wurde: Ich wußte, daß Bahr in Moskau schon über schriftlich vorliegende Texte verhandelte, mir aber sagte man: Er sondiere nur, und Texte gebe es noch keine. Seither bestand ich öffentlich darauf, die Protokolle der Verhandlungen als Geheimsache einsehen zu dürfen. Diese immer wiederholte Forderung – meine Antwort auf den Versuch, mich an der Nase herumzuführen – erwies sich als gewichtige Waffe hinsichtlich der öffentlichen Meinung. Der Eindruck setzte sich fest, die Bundesregierung habe etwas zu verbergen. Und das war ja auch so. Berechtigtes Mißtrauen entstand.

In der Defensive

Am 12. August 1970 unterschrieb der Kanzler in Moskau den Vertrag. Der Regierungspropaganda gelang es, in vielen, ja in sehr vielen Deutschen ein Gefühl der Erleichterung und neue Hoffnung zu erwecken. Dem stand gallige Bitterkeit der anderen gegenüber. Ich war traurig über die vertane Chance: Ein Vertrag mit dem Blick nach hinten; ein Vertrag, der Gräben im Volk aufriß und alte Narben zu frischen Wunden machte; ein Vertrag ohne mehr Hoffnung für alle Deutschen.

Wie sollten auch die Deutschen nicht bewegt sein, wenn ihnen der Bundeskanzler aus Moskau über das Fernsehen sagte: »Morgen sind es neun Jahre her, daß die Mauer gebaut wurde. Heute haben wir, so hoffe ich zuversichtlich, einen Anfang gesetzt, damit der Zerklüftung entgegengewirkt wird, damit Menschen nicht mehr im Stacheldraht sterben müssen, bis die Teilung unseres Volkes eines Tages hoffentlich überwunden werden kann . . . Wir haben den Mut, ein neues Blatt in der Geschichte aufzuschlagen.« Vor der Presse weckte Brandt viel weitergehende Hoffnungen, als er erklärte, »daß . . . nämlich dieser Vertrag auch auf dieses Problem, an dem wir ein vitales Interesse haben, einen günstigen Einfluß ausüben wird. Ich habe meine Gründe dafür«. Wer nahm das nicht in der Hoffnung auf Einheit des Vaterlandes auf? Auf Frieden mit dem Osten – nicht nur für unsere Zeit? Auf eine Ära ohne drückende Rüstungslasten?

Es war kein Zweifel: Sofort befragt, hätten Parlament und Wähler zugestimmt. Wäre das geschehen, so wäre das Interesse Moskaus an einem befriedigenden Berlin-Abkommen wie an innerdeutschen Fortschritten vorbei gewesen. Deshalb mußten wir, meinte ich, Zeit gewinnen. Und Einfluß. Nun war die Opposition in der Defensive, aber am Zuge. Sie war in keiner leichten Lage. Zwar war der Text des Vertrages jetzt besser als das »Bahr-Papier«, aber entscheidende Bedenken gegen diese Gesamtpolitik blieben.

Es kam hinzu, daß das Nebeneinander von Partei- und Fraktionsvorsitz sich für die praktische Politik der Opposition störend auswirkte. Jede Äußerung von Kurt Georg Kiesinger, damals Parteivorsitzender, wurde – von einer interessierten Presse, die überwiegend Willy Brandt unterstützte – gegen meine Erklärungen ausgedeutet; und umgekehrt. Außerdem waren wir mitten in einer Personaldiskus-

sion: Wer hat bei der Union zu sagen? Wer wird künftig Nummer eins? Außer Kiesinger waren auch Schröder und Kohl im Rennen. Ich erklärte mich zur Führung bereit, falls – für diese Zeit! – alles in einer Hand vereint würde.
Starke Kräfte der Opposition wollten sofort und ohne Vorbehalt das Nein beschließen. Ich wollte das nicht. »Ein Ja oder ein Nein heute würde die deutsche Position insgesamt schwächen und zudem uns unglaubwürdig machen oder ausmanövrieren«, erklärte ich vor dem Vorstand. Mein Gedankengang war: Wir wollen weiter Einfluß nehmen – vor allem auf die Verhandlungen über Berlin. Zum Ganzen gehört auch ein Vertrag mit der DDR, der Freizügigkeit herbeiführt. Am Schluß erst soll das *gesamte* Vertragswerk dem Parlament zur Würdigung und Abstimmung vorgelegt werden. Würde jetzt und sofort über den Moskauer Vertrag gegen uns entschieden, so säßen wir – nackt und allein – auf feuchtkaltem Boden zwischen allen Stühlen; denn diese Ostpolitik war auch im westlichen Ausland überwiegend populär und im Inland mehrheitsfähig. Wir mußten mit dem Westen und über den Westen weiter einwirken.
Nach harten Beratungen konnte ich diese Politik durchsetzen. Ich schrieb – mit Zustimmung meiner Kolleginnen und Kollegen – am 10. August 1970 einen Brief an den Bundeskanzler, in dem es hieß:
Von Anfang an haben wir die Bemühungen um die schnellere und vollständigere Vereinigung des freien Europa und die um Ausgleich mit den Staaten Mittel- und Osteuropas als Einheit angesehen. Auch die Bemühungen der Bundesregierung um die Festigung des freien Berlin, die Verbesserung der Lage in ganz Deutschland, die beabsichtigten Verträge mit der Sowjetunion, mit Polen und der Tschechoslowakei haben wir immer im Zusammenhang beurteilt. Auch daran halten wir fest.

Deshalb hatten wir der Bundesregierung empfohlen, die Unterschrift unter einen paraphierten deutsch-sowjetischen Vertrag erst zu leisten, wenn in den anderen Bereichen, vor allem hinsichtlich Berlins und der innerdeutschen Probleme, befriedigende Lösungen vorliegen.
Wir sind bereit, in vertraulichen Gesprächen mit der Bundesregierung im einzelnen darzulegen, was nach Meinung der CDU/CSU-Bundestagsfraktion unter befriedigenden Lösungen dieser Fragen zu verstehen ist, und eine Verständigung darüber herbeizuführen.
Der deutsch-sowjetische Vertragsentwurf erfüllt zwar einige Erwartungen der CDU/CSU-Bundestagsfraktion, läßt aber entscheidende Bedenken fortbestehen.
Die CDU/CSU-Bundestagsfraktion vermag ein ausgewogenes Verhältnis von Leistung der Bundesrepublik Deutschland und Gegenleistung der Sowjetunion bisher nicht zu erkennen. Sie sieht für die Menschen im gespaltenen Deutschland noch keinen Vorteil. Anders als bei der Politik früherer Bundesregierungen, die z. B. zur Aussöhnung mit Frankreich führten und dabei die Grundlage für die Schaffung der europäischen Gemeinschaften legten, vermögen wir in dem deutsch-sowjetischen Vertragsentwurf konstruktive, in die Zukunft gerichtete Elemente und Prinzipien einer besseren, friedlichen Ordnung für alle Europäer nicht zu erkennen.
Dieser Vertragsentwurf, sein Text, seine Interpretationen, seine Folgewirkungen und die Zusammenhänge bedürfen sorgfältiger Prüfung. Das erfordert die vertrauliche Kenntnis der Vorgänge und der Protokolle. Der Vertrag kann abschließend erst beurteilt werden, wenn diese Prüfung erfolgt ist und Ergebnisse auch hinsichtlich Berlins, hinsichtlich der innerdeutschen Fragen, Polens und der Tschechoslowakei vorliegen . . .
Die CDU/CSU-Bundestagsfraktion jedenfalls wird alle

Einzelheiten aus den Zusammenhängen beurteilen und sieht auch deshalb den Zeitpunkt eines endgültigen Votums zum Entwurf eines deutsch-sowjetischen Vertrages nicht gekommen.
Unser Urteil wird, wie wir immer wieder betont haben, sich danach richten, ob die deutsche Frage in der Substanz offen bleibt, ob eine Verbesserung der Beziehungen, eine Minderung bestehender Spannungen und Verbesserungen für die Menschen erreicht werden.
Ausdrücklich betonen wir nochmals, daß die Vereinigung des freien Europa und die Pflege der atlantischen Allianz für uns die Basis jeder Ostpolitik ist und bleibt. Unser Gesamturteil wird auch davon bestimmt sein, ob Fortschritte in diesen Bereichen möglich werden.

Westreise

Nun wurde es dringlich, persönlich und direkt mit den Westmächten zu sprechen. Sie hatten – und haben – entscheidende »Rechte und Verantwortlichkeiten in bezug auf Deutschland als Ganzes und für Berlin«. Ich wollte – vor nun unvermeidlichen Reisen nach Warschau und nach Moskau – ein eigenes Bild von der Politik in Washington, Paris und London hinsichtlich dieser Ostpolitik und des Moskauer Vertrages gewinnen, unseren Einfluß auf die bevorstehenden Berlin-Verhandlungen sichern und der deutschen Öffentlichkeit zeigen, daß die Opposition auch außenpolitisch weder »geschockt« noch »isoliert« noch »weg vom Fenster« war.
Ich strebte eine übereinstimmende Haltung des Westens für die Berlin-Verhandlungen an und schlug vor, diese aus dem so laut beschworenen »Geist« des Moskauer Vertrages zu gestalten: Die Sowjetunion müsse in Berlin zeigen, daß sie –

im Interesse der Entspannung – bereit sei, die Berliner Wirklichkeiten – auch die für sie unangenehmen wie die Zusammengehörigkeit Berlins mit dem Bund im Innern und nach außen – hinzunehmen und den freien Zugang zu sichern. Eine befriedigende Berlin-Lösung sei die unerläßliche Hürde, die man auf jeden Fall vor dem Moskauer Vertrag aufbauen müsse – so hoch, wie der »Geist« dieses Vertrages sie lege.

Zugleich ging es mir darum auszuloten, ob man im Westen bereit sei, einen weiteren Schritt zur Vereinigung des freien Europa zu tun. Mir war das angesichts der Gesamtpolitik Willy Brandts besonders wichtig; denn Brandt begann, nach Osten Bindungen einzugehen und nach Westen zu lockern. Meine Sorge hatte sich verstärkt, die Bundesrepublik Deutschland könne, falls diese Politik anhalte, zum politischen Niemandsland zwischen Ost und West werden – politisch schutzlos im Sog Moskaus.

In wenigen Tagen waren die notwendigen Terminvereinbarungen getroffen. Vom 31. August bis zum 4. September 1970 reiste ich über Paris nach London und von dort nach Washington und San Clemente. Ich wurde herzlich und vertrauensvoll, interessiert und mit großer Gesprächsbereitschaft aufgenommen.

In Paris (31. August) war man – wieder – bereit, den »Bau Europas zu beschleunigen« und auf deutsche Anregungen einzugehen. Eigene Initiativen wollte man nicht ergreifen. Zur Ostpolitik verhehlte man – bei aller Höflichkeit – einem alten Freund gegenüber nicht die verhaltene Sympathie für eine Politik, wie Brandt sie trieb. Natürlich sei das alles Sache der Deutschen selbst; man könne nicht deutscher sein als die Deutschen; man wolle sich da nicht einmischen, werde aber die eigenen Rechte in Berlin und für Deutschland als Ganzes zu wahren wissen. Es sei gut, wenn man sich in den beginnenden Berlin-Verhandlungen gegenseitig unterrichte, unterstütze und zusammenwirke. Meine Vorschläge hätten »raison«.

In London (2. September) verstand Premierminister Heath meine Sorgen sehr gut. Man müsse alles tun, um deutlich zu machen, »daß die Bundesrepublik Deutschland eine westliche Macht bleibt«. Die Europa-Frage und der britische Beitritt zur Europäischen Gemeinschaft standen im Vordergrund seines Interesses. Er gab – mit der ihm eigenen offenen und liebenswürdigen Selbstverständlichkeit – das nun schon gewohnte (übrigens sehr gute) Essen in Downing Street Number 10. Heath war wohlinformiert und begründete lebhaft das britische Interesse an einer möglichst gemeinsamen Position der Deutschen in den »Ostfragen«, auf jeden Fall hinsichtlich Berlins. Er verstand den Standpunkt der Regierung wie den der Opposition und hielt sich aus dieser Entscheidung, die allein die Deutschen selbst treffen könnten, völlig heraus. Für Berlin sagte er Zusammenwirken zu. Auch nach diesem Besuch blieb er völlig frei von jeder Einmischung wie auch von allen Illusionen über Entspannung.

In Washington (3. September) und San Clemente, Nixons Sommersitz (4. September), war (damals) von einer Unterstützung Brandts wenig zu spüren. Man war interessiert, die Berlin-Verhandlungen, welche man selbst angeregt hatte, bald beginnen und zügig zum Abschluß bringen zu können. Dabei könne und solle man gut zusammenarbeiten. Ja, in Berlin könne und werde man feststellen, ob die Sowjetunion Entspannung wolle. Sie müsse dort beweisen, daß sie bereit sei, auch solche Realitäten anzuerkennen, die für die Kommunisten ungünstig seien. Berlin gebe die gute Möglichkeit, »hinter den Sinn der Moskauer Worte« zu sehen.

Präsident Nixon wirkte schlau und verhalten, war »relaxed and well informed« und sehr höflich; wohltuend bedächtig sprach er und nahm dabei seine unruhigen Hände zur Hilfe. Ich fragte ihn direkt, ob die USA in Deutschland eine Demokratie oder ein Territorium schützten, ob also die USA jede demokratische Entscheidung hinnehmen und unbeeinflußt davon Schutz und Freundschaft geben würden. (Die Frage war – leider – notwendig, weil zu Hause hinter vorgehaltener Hand von schlimmen Verwicklungen für den Fall der Ablehnung der Verträge gesprochen und behauptet wurde, die USA verlangten kategorisch diese Politik.) Nixon erklärte: Es sei allein Sache der Deutschen, das alles zu entscheiden. Anders als hinsichtlich Berlins, wo die Vier Mächte zuständig seien, gehe es hier um eine deutsche Politik. Wie immer sie verlaufe, die USA stünden fest und treu zu Deutschland. Er habe, falls ich ihm erlaube, das zu sagen, in diesem Zusammenhang nur eine freundschaftliche Bitte: Für die USA, für den Westen, für das Bündnis und damit für den Frieden der Welt sei eine stabile Bundesrepublik Deutschland das Wichtigste. Er sehe den Kampf um die Verträge als innenpolitischen, deutschen Vorgang. Die Verantwortlichen sollten, falls er raten dürfe, bei allem Streit das Wichtigere nicht aus dem Auge verlieren: den stabilen Bündnispartner Deutschland. – Ich würde alles, was in meinen Kräften stehe, tun, antwortete ich dem Präsidenten, um diesem wichtigen Gesichtspunkt zu entsprechen. Er könne helfen, indem er auf jedwede Einflußnahme zugunsten oder zuungunsten der Verträge verzichte, unsere stetige Mitwirkung beim Ausarbeiten der westlichen Verhandlungsposition für Berlin ermögliche und sicherstelle sowie jedweden Zeitdruck von uns fernhalte und die Verbindung von Pro-

blemen vermeide. Er sagte dies zu und hielt sich daran. In einer bestimmten Situation hat er später auf meine Bitte in den Berlin-Verhandlungen etwas durchgesetzt, das die Bonner Regierung schon aufgegeben hatte.
Zuvor hatte Henry Kissinger sich viel Zeit für mich genommen. Da war – unter dem Gehabe, dem Anzug und der Stimme der Behäbigkeit – ein »fixer Junge« am Werk! Ein blitzschneller Verstand hinter hellwachen, harten Augen. Ein Computer-Gehirn. Seine präzisen Fragen bewiesen seine Kenntnis der Einzelheiten.
Um so wohltuender empfand ich diese kleine Geste zum Abschluß: Kissinger begleitete mich nach dem Gespräch mit Nixon bis vor die Türe, ließ sich meine Tochter und meine Mitarbeiter vorstellen und fragte, was wir jetzt tun würden. »Ins Hotel gehen und uns in den Swimming-pool stürzen«, antwortete ich. Es war sehr heiß, und die kalifornische Sonne dörrte das Land aus. »Nein«, sagte er. Wenn wir schon einmal hier seien, sollten wir auch im Pazifik baden. Er bat zwei seiner Kriminalbeamten, uns den Weg zu zeigen, eine ungefährliche Stelle am Strand auszusuchen und auf uns aufzupassen wegen der ungewöhnlich harten Brandung.
Hinter allem ein Mensch? Ein Mensch! Ich habe es noch oft erfahren.

Auf dieser strapaziösen Reise begleitete mich auch meine Tochter Claudia. Sie versah den Telefondienst, einen Teil des Kontaktes mit den Journalisten und half bei der Organisation. Sie war das fröhliche Herz unserer »Truppe«. Heath, der Junggeselle, war völlig überrascht, plötzlich eine junge blonde Dame zu sehen, als ich ihm meine Mitarbeiter vorstellte. Durch sie erhielt unser gehetztes Unternehmen Charme.

Ich habe Claudia über alles geliebt. In drei Wahlkämpfen hat sie mir geholfen. In Siegen bekam sie für mich böse Fausthiebe, oft verschmierten geworfene Eier ihr Haar, beschmutzten Tomaten und Farbbeutel, die mir galten, ihre Kleider. Sie blieb fröhlich dabei. Das steckte uns alle an. – Im Wahlkampf 1969 in Heidelberg hatten alle wegen einer Kanonade aus Geschrei, Tumult und Wurfgeschossen die Tribüne verlassen, von der aus ich sprach. Nur zwei hielten es neben mir beim Rednerpult aus: Claudia und ein Kriminalbeamter. Beide fingen mit Schirmen möglichst auf, was mir an Farbbeuteln, Tomaten, Äpfeln und Eiern galt. – Jahre später holte sie mich ab. Ich mäkelte über den dreckigen Schirm. Sie weinte. Es war der Schirm von Heidelberg. Verzeih!
Nie wieder wird sie zur Tür hereinkommen . . .

Diese Westreise über Ostpolitik fand zu Hause außergewöhnliche Beachtung. Vor der Bundespressekonferenz erklärte ich am 7. September 1970: »Die deutsche Politik wäre gut beraten, einen weiteren Schritt auf die Vereinigung des freien Europa hin zu tun . . . Ich fordere die Bundesregierung auf, Entspannung nicht auf dem Papier, sondern in der Wirklichkeit für die Menschen in Berlin und in ganz Deutschland zu erreichen; sich nicht mit Formeln zu begnügen, sondern Lösungen zu suchen und den Zusammenhang aller dieser Bemühungen – Sowjetunion, Berlin, DDR, Polen, CSSR – zu wahren.
Unsere für ganz Deutschland besonders verantwortlichen Partner des Deutschlandvertrages mischen sich in die inneren Angelegenheiten der Bundesrepublik Deutschland nicht ein. Sie wollen uns nicht bevormunden. Sie wahren – auch im Zusammenhang mit internationalen Verträgen – ihre eigenen Rechte, Pflichten und Verantwortlichkeiten. Die

deutschen Interessen zu formulieren und zu vertreten, ist, so meinen sie zu Recht, Sache der jeweiligen Bundesregierung und der jeweiligen Parlamentsmehrheit.«

Die Opposition war nicht mehr in der Defensive. Die Ziele dieser Reise waren erreicht. Der Parteivorstand, dem ich am folgenden Tage ausführlich berichtete, stimmte mir zu.

Am 14. und 15. September berichtete ich der Bundestagsfraktion. Auch dort fand ich Zustimmung. Zu Beginn sagte ich zu meinen Kollegen: »Ich glaube, daß ohne den weiten Blick auf die Zusammenhänge sich unser Urteil und unser Blick verengen. Zu diesen Zusammenhängen gehört: der 17. Juni 1953, der Bau der Mauer 1961, die Ereignisse in Ungarn und in der Tschechoslowakei weisen – weltpolitisch und deutschlandpolitisch relevant – für uns aus: Dieses Europa, und das schließt ein dieses Deutschland und dieses Berlin, ist – unausgesprochen, aber machtpolitisch wirksam – in zwei Einflußsphären zerteilt. Die Weltmächte gehen – z. B. in ihren atomaren Bemühungen – von dieser Lage aus, die sie entweder wollen oder hinnehmen. Sie gehen von dieser machtpolitischen Polarisierung und ihrer Unveränderbarkeit wie von ihrer Fortdauer aus. Auf dem Gebiet der Verteidigung ist ein Gleichstand eingetreten. In dieser weltpolitischen Lage findet unsere Ostpolitik statt.«

In den nächsten Monaten setzte ich die Arbeit im Ausland fort. Die Gefahr, daß selbst unsere Freunde uns nicht verstanden, lebte immer wieder auf. Ich führte Gespräche in Wien und in Zürich, in Rom und Paris, in London und Washington. Auf Einladung von Leo Tindemans sprach ich in Brüssel vor dem »Königlichen Institut für Auswärtige Angelegenheiten« (8. März 1971), und meine Freunde in New York baten mich, erneut vor dem »Council on Foreign Relations« meine Gedanken vorzutragen und zu diskutieren (15. April 1971).

Berlin

Das schwierigste Stück der ganzen Ostpolitik wurden die Berlin-Verhandlungen.

Am Verhandlungstisch saßen die Vier Mächte: Frankreich, Großbritannien, Sowjetunion, Vereinigte Staaten von Amerika. Um den westlichen Beratungstisch saßen auch die Bonner Regierung und der Berliner Senat. Nach meiner Westreise legten die Westmächte, vor allem die USA, wie auch der Bundeskanzler Wert auf die stetige, interne Beratung mit der Opposition in Bonn und in Berlin (Peter Lorenz). Es ist fast ein Wunder, daß alles das ohne Pannen und ohne Indiskretionen funktionierte, zumal die Opposition nicht über den »Apparat« für solche Aktionen verfügt – von den roten Stempeln bis zum abhörsicheren Telefon nach Berlin. Es gelang.

Da ich mit den Verantwortlichen der Westmächte selbst über Berlin gesprochen hatte, konnte ich auch in Bonn besser Einfluß auf den Inhalt der westlichen Verhandlungsposition nehmen. Am 11. September 1970 faßte ich in einem Brief an den Bundeskanzler und den Außenminister die Berlin-Vorstellungen der Opposition – mit Zustimmung sachkundiger Kollegen und der engeren Führung – so zusammen:

Eine gemeinsame, vertraulich erarbeitete Berlin-Position der drei Westmächte, der Bundesregierung, der CDU/CSU und des Berliner Senats wäre von großem Wert. Sie ist erreichbar. Sie muß berücksichtigen den Geist des Vertrages mit der Sowjetunion, wie ihn die Bundesregierung darstellt, nachdem ja »von der bestehenden wirklichen Lage« ausgegangen wird (Art. 1) und alle »Verträge und Vereinbarungen« mit Dritten (Art. 4) unberührt bleiben. Zu den Realitäten und zu den Vereinbarungen gehören – übrigens entspre-

chend dem Willen der Berliner – die Zusammengehörigkeit West-Berlins und der Bundesrepublik Deutschland – also zum Beispiel auch die Finanzhilfe des Bundes, die Anwesenheit des Bundes und die Tatsache, daß West-Berlin im Auftrag der Westmächte von der Bundesregierung nach außen vertreten wird. Diese gewachsenen politischen, rechtlichen, finanziellen, wirtschaftlichen und kulturellen Bindungen müssen erhalten, der Zugang muß störfrei und die Reisemöglichkeiten der Berliner müssen besser und von Diskriminierungen frei werden. Aus Berlin darf kein drittes Deutschland werden. Die Sowjetunion darf nicht nur Realitäten anerkennen und gelten lassen, die für sie günstig sind.

In Bonn und in Berlin war man – schon zu Beginn – sehr viel milder und entgegenkommender. Klaus Schütz – Freund und Mitarbeiter Willy Brandts, damals Regierender Bürgermeister von Berlin, in der Öffentlichkeit oft politischer Vorreiter der Gedanken seines Freundes – hatte am 17. August 1970 in DIE WELT die Katze aus dem Sack gelassen: Er sei bereit, Bundespräsenz in Berlin gegen die Sicherheit der Zugangswege einzutauschen. Von politischer Zusammengehörigkeit mit dem übrigen Bundesgebiet war nicht die Rede. Der Regierungssprecher in Bonn ließ durchblicken, daß dieses Interview Gedanken der Bundesregierung wiedergebe. Ich protestierte energisch.

Wie wäre wohl das Verhandlungsergebnis über Berlin am Schluß gewesen, wenn aus Bonn und Berlin zu Beginn allein diese Stellungnahme erfolgt wäre? Schon an dieser Stelle zahlte sich die mühsame Politik des Einwirkens wieder aus. Für mich war die Bundespräsenz in Berlin Zeichen und Garant unserer bleibenden Zusammengehörigkeit. Im März 1971 spitzte sich diese Auseinandersetzung weiter zu. Jürgen Echternach, Vorsitzender der Jungen Union, mußte sich in Moskau sagen lassen: Es gibt keine Berlin-Regelung

ohne Abbau der Bundespräsenz. Und Walter Scheel fand, die derzeitige Form der Bundespräsenz sei »unnormal«.
In den konkreten Punkten drängte ich sehr, die Zusammengehörigkeit Berlins mit der Bundesrepublik Deutschland zu wahren. Wenn schon der Bundestag sich nicht mehr als Plenum in Berlin versammeln durfte, so sollten wenigstens die Fraktionen und Ausschüsse im Reichstag arbeiten dürfen. Natürlich wurde und wird Berlin nicht von Bonn regiert. Um so mehr müssen dort unsere Währung und unsere Gesetze gelten; müssen die Parteien dort Teile, Landesverbände der Bundesparteien, sein; muß dort die Anwesenheit des Bundes auch durch Behörden mit Sitz in Berlin ihren Ausdruck finden; müssen die Parteien des Bundes auch dort tagen und unbehindert arbeiten dürfen.
Manches davon war der Bundesregierung lästig. Sie war bereit, unser Recht, in Berlin zu tagen, aufzugeben zugunsten der Formel: »Gremien der Parteien können auf Einladung und als Gäste in West-Berlin tagen.«
Das mußte abgewehrt werden. Deshalb meldete ich mich in Washington an und ging mit meinen Sorgen in die Öffentlichkeit (vgl. S. 93).
Der Besuch in San Clemente bei Präsident Nixon im September 1970 trug Früchte. Im Frühjahr 1971, am 14. April, besuchte ich ihn nochmals, diesmal in Washington. Es ging vor allem um Berlin. Ich hatte um dieses Gespräch gebeten, das im Weißen Haus stattfand. Henry Kissinger war dabei und unser Botschafter Rolf Pauls. Ich knüpfte an unsere Unterhaltung von San Clemente an. Wir sprachen wieder klar, offen und deutlich – und nicht, vor lauter Streß und Höflichkeit, um die Probleme herum. Die geheime Gesprächsaufzeichnung hielt fest, was ich betonte: »Was Berlin anbetreffe, so habe er (Rainer Barzel) die drei Punkte, die in der Kongreßbotschaft des Präsidenten enthalten gewesen

seien, noch sehr wohl im Ohr. Er bitte ihn, den Präsidenten, aber, noch einen weiteren Punkt in seine Überlegungen einzubeziehen: Eine Berlin-Lösung müsse eine Lösung sein, welche die Berliner akzeptierten und bei der sie nicht die Koffer packten. Wenn er (Rainer Barzel) morgen sagte, die Lösung sei schlecht, dann würde jener Teil der Berliner Bevölkerung, der für seine Partei gestimmt habe, zusammenpacken. Berlin sei nur lebensfähig, weil jedes Jahr 25000 junge Leute dorthin kämen, um dort zu arbeiten. Daher müsse diese Lebensader erhalten bleiben. – Und er, der Präsident, und die NATO wollten ja nicht ein Territorium erhalten und schützen, sondern die Demokratie dort. Es dürfe auch dort keine administrative Bundespräsenz ohne parlamentarische Kontrolle geben. Daher müßten für Berlin auch die Sitzungen der Bundestagsausschüsse und -fraktionen, die ja Realitäten seien, erhalten bleiben.« Es gelang, das durchzusetzen.

Was immer andere mit Nixon erlebt haben – ich habe nur seine Verläßlichkeit erfahren. Er nahm, nach Abschluß der Verhandlungen, mehrere Gelegenheiten wahr, uns laut und sichtbar für Rat und Zusammenarbeit zu danken.

Das Jahr 1970 war schon spannend genug, wie ich Ende November dachte, und ich freute mich auf den Weihnachtsurlaub in Garmisch-Partenkirchen. Der Parteivorstand tagte an der Ahr hinter verschlossenen Türen und beriet wichtige Programmpunkte wie die Mitbestimmung. Ich konnte daran nur flüchtig teilnehmen, weil zur gleichen Zeit ein Gefecht im Kampf um Berlin stattfand, das es zu gewinnen galt.

Ich hatte die Bundestagsfraktion für Anfang Dezember – wie üblich – in den Reichstag nach Berlin einberufen. Daraufhin wurde unser Botschafter in Moskau, Helmut Allardt, dort ins Außenministerium gebeten, wie mir die Bundesregierung durch Horst Ehmke, damals Bundesminister im Bundeskanzleramt, am Vormittag des 27. November mitteilte. Dem Botschafter sei durch Herrn Falin, Abteilungsleiter im Außenministerium der UdSSR, eröffnet worden: Diese vorgesehene Sitzung im Reichstag zu Berlin gebe der Sowjetunion »Anlaß zu Besorgnis und zu Konsequenzen«; sie störe die Verhandlungen der Vier Mächte über Berlin. – Ich war da ganz anderer Meinung: Zu den Wirklichkeiten Berlins gehörte unser Recht, dort zu tagen; das zeigte unsere lebendige Zusammengehörigkeit; würde ich jetzt diese Sitzung in Berlin absagen oder hätte ich vorher auf sie verzichtet, so wäre dies ein Signal der Schwäche und des Nachgebens.

Also beschied ich Herrn Ehmke: Wenn die Bundesregierung ihre Meinung ändere, müsse sie mir einen Brief schreiben, den ich mit meinen Kollegen erörtern würde. Ehmke meinte: Diese Information sei doch wohl deutlich genug, um uns zu veranlassen, unsere Entscheidung zu überprüfen. Ich empfahl, diese Information den zuständigen Westmächten zuzuleiten; ich müsse in den Parteivorstand; sollte der Bundeskanzler mich zu sprechen wünschen, so würde ich seine Einladung natürlich nicht ausschlagen.

Meine Freunde, die in der »Lochmühle« an der Ahr in Klausur tagten, billigten meine Haltung, nachdem ich berichtet hatte.

Am Abend erhielt ich eine weitere Nachricht der Bundesregierung. Diesmal teilte Staatssekretär Egon Bahr mir telefonisch mit, Herr Kohl, DDR, habe heute mehrfach erklärt: Die vorgesehene Sitzung unserer Bundestagsfraktion würde eine ernste Situation schaffen, auch für die Sowjetunion; es sei kein Zweifel erlaubt, daß es zu Konsequenzen auf dem Rücken der Westberliner kommen werde. – Ich fürchtete schlimmere Konsequenzen bei einem Nachgeben: Die langfristige Abtrennung Berlins vom Bund. Das müsse man durchstehen. Man solle die Westmächte einschalten, und dem Kanzler stünde ich, wenn es nötig sei, jederzeit zum Gespräch zur Verfügung. Im übrigen hätte ich dem Kanzler schon am 23. November mitgeteilt, daß wir Anfang Dezember in Berlin tagen würden; und Brandt habe nur geantwortet: Die SPD werde im Januar mit ihrem Parteivorstand nach Berlin gehen.

Am nächsten Tage, dem 28. November, ging es weiter: Die Sowjetunion habe, wie mir Herr Bahr nun mitteilte, einen Schritt bei den Westmächten gegen unsere Sitzung unternommen. Diese berieten jetzt. Auch der Kanzler erörtere die Lage mit Ministern und Mitarbeitern.

Gegen Mittag wurde ich für 17.00 Uhr zum Kanzler in sein Haus auf dem Venusberg gebeten. Ich ließ meine Kollegen Kiesinger, Heck, Strauß und Stücklen vertraulich unterrichten und bat Will Rasner, meinen guten Freund und parlamentarischen Geschäftsführer, sofort zur Vorbereitung unserer Sitzung nach Berlin zu fliegen, und zwar so, daß seine Ankunft zu diesem Zweck auch von der Presse bemerkt werde. Auch mit den Herren Scheel und Genscher nahm ich Kontakt auf. Und natürlich mit den Westmächten.

Unsere Haltung: Wir blasen die Sitzung nur ab, wenn die drei Westmächte sie verbieten.

Zu einem kurzen Spaziergang am Rhein traf ich einen befreundeten Diplomaten aus den USA. Er kannte meine Sorgen: »Lachen Sie«, sagte er, »und tun Sie, was Sie für richtig halten.« Von britischer Seite, an die ich mich dann wandte, hörte ich: Es sei schwer, die Beratung in Berlin abzusagen, zumal genau das Gegenstand der Verhandlungen sei; aber natürlich sei das – wie immer – unsere Sache. Unsere franzö-

sischen Freunde runzelten die Stirn, aber natürlich seien sie immer unsere Freunde.
Der Kanzler hatte Außenminister Scheel und Egon Bahr bezugezogen, während ich mich von Eduard Ackermann begleiten ließ, da meine Kollegen so schnell nicht verfügbar waren. Willy Brandt trug ernst vor: Die Westmächte hätten Bedenken; in Helmstedt begännen nun verschärfte Kontrollen. Im Laufe des Gespräches erhielt er die Nachricht, die er sogleich aufnahm: »Die Autobahn ist zu.« Auch, so eine andere von ihm übermittelte Nachricht, versteife sich der Widerstand Frankreichs gegen unsere Sitzung. – Ich erinnerte an frühere, gemeinsame Erfahrungen. Es sei besser, eine Krise von Stunden oder Tagen zu ertragen, als Rechte zu verspielen, von denen die Zukunft abhänge. Es ging hin und her. Ich ließ mich nicht beeindrucken. Ich erinnerte Brandt an 1969: Damals sei er Außenminister gewesen; heftig und im Streit gegen Wehner hätte er sich dafür eingesetzt, trotz aller Proteste die Bundesversammlung in Berlin abzuhalten. – In der neuen Lage gebe er einen anderen Rat als damals, erwiderte er. Ob diese Verschlechterung die Folge des Moskauer Vertrages sei, antwortete ich. So ging es weiter hin und her. – Schließlich war der Kanzler bereit, jede Entscheidung öffentlich »abzudecken«, die ich nun träfe – die Absage der Sitzung wie ihre Durchführung. Ich erklärte: Die Sitzung findet statt. Die Westmächte haben sie nicht verboten.
Dann feilten wir an einem »Kommuniqué«. Schließlich konnte Rüdiger von Wechmar, damals Regierungssprecher, erklären: »Das Presse- und Informationsamt der Bundesregierung teilt mit: Bundeskanzler Willy Brandt und sein Stellvertreter Außenminister Walter Scheel haben am 28. November 1970 den Vorsitzenden der CDU/CSU-Fraktion, Rainer Barzel, zu einem Gespräch empfangen und ihn

über alle Vorgänge informiert, die im Zusammenhang mit der beabsichtigten Sitzung der Oppositionsfraktion in Berlin (West) am 30. November von Belang sind. Die Bundesregierung vertritt gemeinsam mit den drei Westmächten die Auffassung, daß Sitzungen des Deutschen Bundestages und seiner Organe sowie der Fraktionen in Berlin (West) stattfinden können. Der Vorsitzende der CDU/CSU-Fraktion hat zum Ausdruck gebracht, daß diese Sitzung als normale Arbeitstagung abgehalten werden soll und nicht beabsichtigt ist, eine Störung der im Gang befindlichen Verhandlungen der Vier Mächte über Berlin herbeizuführen.«

Die Sowjetunion und die DDR machten ihre Drohungen wahr: Kilometerlange Autoschlangen, Wartezeiten von mehreren Stunden und schikanöse Kontrollen wurden wieder einmal zur traurigen Wirklichkeit.

Bei meiner Ankunft in Berlin gab ich eine Erklärung ab, welche die Deutsche Presse-Agentur so verbreitete:

»Berlin, 29. November 70 dpa – Mit Entschiedenheit hat sich der Vorsitzende der CDU/CSU-Bundestagsfraktion, Rainer Barzel, am Sonntag in Berlin gegen Drohungen und Schikanemaßnahmen der DDR auf den Interzonenwegen von und nach Berlin gewandt. Er betonte, daß die Sitzung der CDU/CSU-Bundestagsfraktion am Montag in Berlin eine ganz normale Arbeitssitzung sei, von der die westalliierten Mächte und die Bundesregierung vorher unterrichtet worden seien. ›Wir bedauern, daß von Gewaltverzicht und neuem Klima in Berlin nichts zu merken ist. Wir werden uns nicht davon abhalten lassen, unsere Pflicht zu tun.‹ Barzel verwies auf die Bundesversammlung und die Wahl Dr. Gustav Heinemanns zum Bundespräsidenten im März 1969 in West-Berlin und knüpfte daran die Feststellung, daß jetzt schon gegen eine Fraktionssitzung mit größerem Aufwand vorgegangen werde. Dies sei kein Fortschritt in der

Deutschland- und Berlin-Situation. ›Wer die Realitäten in Frage stellt, so wie sie am 12. August dieses Jahres beim Abschluß des deutsch-sowjetischen Vertrages bestanden haben, stellt diesen Vertrag in Frage.‹«
Am Tage darauf, während wir im Reichstag arbeiteten, wiesen die drei Westmächte – gemeinsam und nun auch öffentlich – den Protest aus Moskau zurück, weil »Fraktionssitzungen eine der Realitäten des Status von Berlin seien«.

Diese – leider – wahre Geschichte erzähle ich nicht nur, weil es um Berlin geht. Sie steht stellvertretend für viele ähnliche Begebenheiten. Nur den Anlaß und die Worte und die Namen müßte man auswechseln. Druck und Drohung, Einflußnahme und Einsamkeit allen Interessenten gegenüber sind ein Preis für politische Führung. Die Mächtigen wirken leise und still. Der Widerstand muß manchmal entsprechend sein!
Politische Führung – das ist auch Einsamkeit, schnelle Entscheidung, Kurshalten ohne Hoffnung auf Lob und ohne Furcht vor Tadel, ohne Mehrheitsbeschluß vorher wie ohne volle Information hinterher. Politische Führung beruht auf Vertrauen; sie bleibt, solange das anhält.
Immer noch fallen wichtige Entscheidungen jenseits der Scheinwerfer, fernab der Schlagzeilen und außerhalb von Gremien, Konferenzen, Kompetenzen und Debatten. Ich habe gelernt, daß die Menschen wichtiger sind als Programme und Zuständigkeiten.
Schaut euch die Verantwortlichen an, bevor ihr ihnen traut und ihnen euer Schicksal anvertraut – nicht nur ihre Krawatten! Ihr Können, ihre Erfahrung, ihre Verläßlichkeit.

Eines Tages werden die Akten auch über Berlin mehr erzählen. (An keiner Stelle dieses Buches gefährde ich Entwicklungen durch Indiskretion.) So weit kann ich aber hier gehen: Wenn heute die Fraktionen des Deutschen Bundestages weiterhin im Reichstag arbeiten; wenn sie dabei alle Fragen erörtern; wenn die Bundesparteien in Berlin tagen dürfen – und zwar aus eigenem Recht, nicht auf »Einladung« ihrer Berliner Freunde; wenn die in Berlin tätigen Parteien und Gewerkschaften als Landesorganisationen in (und nicht neben) den Bundesorganisationen leben und wirken, dann sind das wichtige Ergebnisse, die sich die damalige Opposition getrost als Erfolg anrechnen darf.

Wir haben gleichwohl bei der Gesamtwürdigung am Schluß das Berlin-Abkommen, das – als Sache der Vier Mächte – nicht der Zustimmung des Deutschen Bundestages bedurfte, als nicht voll befriedigend bezeichnet. Es sei auch keine hinlängliche Gegenleistung für den Moskauer Vertrag. »Ob sich Ihre Hoffnungen, Herr Bundeskanzler, in diesem Zusammenhang bestätigen werden«, sagte ich am 23. Februar 1972 im Deutschen Bundestag, »wird man sehen. Dies ist auch die Einstellung der Berliner.«

Auf einer Wahlversammlung in Berlin habe ich am 17. Februar 1975 mit dem Blick auf diese Vorgänge erklärt: »Das Berlin-Abkommen vom 3. September 1971 hat, wie nicht anders zu erwarten, den Kampf um Berlin nicht beendet. Jetzt wird um die Auslegung und die Anwendung des Vertrages gerungen. Und der Streit um die Staatsbürgerschaft zielt darauf, die Berliner zu treffen und die Zusammengehörigkeit mit dem Bund zu schwächen. Darauf sagen wir: Wir wollen zusammenbleiben, weil wir zusammengehören!

Wir sind vertragstreu: Wir haben nichts zu verschenken. Für weitere Kompromisse ist kein Raum. Geduld, Friedfertigkeit und Festigkeit – darauf kommt es jetzt an.

Als wir vor vier Jahren im Sportpalast den letzten Berliner Wahlkampf begannen, es war Montag, der 15. Februar

1971, waren die geheimen Verhandlungen über das Berlin-Abkommen in einer entscheidenden Phase. Ich habe diese machtvolle Kundgebung damals benutzt, um mit meinen Berlin-Sorgen in die Öffentlichkeit zu gehen. Die Zustimmung der Berliner im Sportpalast und das herausragend gute Ergebnis der Wahl 1971, das wir Schulter an Schulter erkämpft haben – das wirkte auf die Verhandlungen ein. Nichts ist so entscheidend wie der ungebrochene Wille der Berliner und die Verläßlichkeit der Freunde.

Ich will die Sätze von 1971 in Erinnerung rufen. Ich habe nämlich in keiner Himmelsrichtung und für keinen Tag meiner besonderen Verantwortung etwas zu verbergen:

›Zu einer befriedigenden Berlin-Regelung gehört allem anderen voran, daß die Berliner in gesicherter Freiheit ohne fremde Einmischung oder Bevormundung so leben können, wie sie es selber wollen.

Und die Berliner wollen – wer das nicht glaubt, soll eine Volksabstimmung herbeiführen! –, daß die Schutzmächte hierbleiben, daß es also nicht zu einer Oberaufsicht der Sowjetunion über West-Berlin kommt, daß die Zusammengehörigkeit mit dem freien Deutschland erhalten bleibt.

Wir alle wollen den ungehinderten stör- und schikanefreien Zugang von und nach Berlin. Der freie Zugang allein ist aber noch keine befriedigende Berlin-Regelung. Es ist zu fragen: Freier Zugang wozu?

Darauf antworten wir: Zu einem lebensfähigen freiheitlichen Berlin. Nicht zu einer sterbenden, bevormundeten oder unfreien Stadt. West-Berlin ist frei und lebensfähig durch

a) die Anwesenheit und die ungeschmälerten Rechte der Alliierten sowie
b) durch die Zusammengehörigkeit mit dem freien Deutschland.

Wer etwa diese Lebensader durchschneidet, der läßt Berlin verdorren, auch wenn er den freien Zugang verspricht. Zwischen dem freien Berlin und dem freien Deutschland sind Bindungen entstanden, die für die Freiheit und Lebensfähigkeit Berlins unverzichtbar sind.

Der Kampf der Kommunisten gegen die Bundespräsenz ist in Wahrheit ein Kampf gegen die Freiheit und Lebensfähigkeit Berlins. Wie wir wissen und wie man jederzeit durch Befragung feststellen könnte, wollen die freien Berliner, daß ihre Zusammengehörigkeit mit uns bestehenbleibt und weiterhin ihren sichtbaren Ausdruck findet. Würde etwa die Versammlungsfreiheit und die Meinungsfreiheit in West-Berlin zum Beispiel dadurch manipuliert, bevormundet oder eingeschränkt, daß der RIAS oder eine Bundesbehörde gehen müßte, oder dadurch, daß Abgeordnete des Deutschen Bundestages sich nicht mehr in West-Berlin versammeln dürften, dann käme damit ein Stück Bevormundung und Abhängigkeit herein nach West-Berlin und ein Stück Freiheit ginge weg von West-Berlin. Und dann würde anderes und würden andere folgen. Hierzu sagt die CDU/CSU-Bundestagsfraktion nicht nur heute, sondern auch morgen: nein. Mehr Bevormundung statt mehr Freiheit für das freie Berlin, das wäre ein böser ›neuer Anfang‹ zugunsten eines noch stärkeren Würgegriffs der Mauerbauer. Hier ist kein Platz für würdevolles Kopfnicken oder für ein fragwürdiges Vielleicht. Hier ist nur Platz für ein rechtzeitiges, unmißverständliches Nein, für ein Nein ohne Hintertür.

Wir wollen mit allen, auch mit der Sowjetunion, Ausgleich, Verständigung und Zusammenarbeit. Dazu gehört aber, wie wir sehr gut wissen, Geben und Nehmen. Auch mit den Verantwortlichen in Ost-Berlin wollen wir einen Modus vivendi. Dazu gehören zwei. Von drüben aber hören wir

nicht Worte des Ausgleichs, der Verständigung und der Zusammenarbeit, sondern Schüsse an der Mauer, explodierende Minen und Worte des Hasses. Wer daraufhin nachgibt, sichert nicht den Frieden, sondern macht die stärker, welche es abgesehen haben auf unser höchstes Gut: unsere Freiheit.
Durch die Zustimmung der Berliner zu diesen Sätzen wurde Einfluß auf die Verhandlungen genommen und meine Einflußmöglichkeit im Westen gestärkt. Die Zusammengehörigkeit blieb, Fraktionen und Ausschüsse des Deutschen Bundestages können im Reichstag arbeiten, die Berliner CDU ist Teil der CDU Deutschlands, der RIAS sendet und die Behörden des Bundes sind da.‹«

Handlungsfähigkeit

Diese ganze Politik des Einwirkens aus der Opposition war nur möglich durch Vertrauen und Diskretion – das Vertrauen meiner Partei und meiner Fraktion und die Diskretion der Mitglieder des »Elferrates«, wie wir damals den engsten Führungskreis nannten, in dem alles – pardon: fast alles – besprochen wurde. Ihm gehörten an: Richard Stücklen, Annemarie Griesinger, Hans Katzer, Dr. Gerhard Stoltenberg (bis Juni 1971), Detlef Struve, Heinrich Windelen, Dr. Manfred Wörner, Will Rasner (bis September 1971), Leo Wagner, Josef Rösing, Heinrich Köppler (bis März 1970), Olaf von Wrangel, Wilhelm Rawe (ab November 1971), Rudolf Seiters (ab November 1971), Ernst Benda (bis Dezember 1971), Friedrich Vogel (ab Dezember 1971), Dr. Ernst Müller-Hermann, Dr. Wolfgang Pohle (bis August 1971), Hermann Höcherl (ab August 1971), Dr. Hermann Götz, Dr. Werner Marx, Dr. Berthold Martin. Zutrittsberechtigt waren: Dr. Kurt Georg Kiesinger, Dr. Franz Josef

Strauß, Dr. Bruno Heck (bis September 1971), Dr. Konrad Kraske (ab September 1971), Dr. Kurt Schmücker (bis September 1971), Walther Leisler Kiep (ab September 1971), Albert Leicht und Prof. Dr. Paul Mikat (ab April 1970).
Eine »Ostkommission« unter dem Vorsitz von Werner Marx arbeitete sachkundig und ebenso positiv wie lautlos. Sie trug zur Konzeption unserer Politik und zur Integration der Fraktion wesentlich bei.
Es war nicht nötig, die Bundestagsfraktion im Sommer 1970 aus der Pause nach Bonn zu rufen. Wir vertrauten einander. Und der Vorstand war einig. Am 24. August 1970 schrieb ich unter »Persönlich! Vertraulich!« einen Brief an meine Kollegen. In diesem Brief legte ich meine Ansicht zu den verschiedenen ostpolitischen Fragen dar. Zum Moskauer Vertrag hieß es: »Außer Gewaltverzicht, verstärktem Handel (mit einem multilateralen Zahlungssystem) und Kulturaustausch forderten wir die Durchlässigkeit der Grenzen für Menschen, Informationen und Meinungen und den Schutz von Minderheiten als wesentliche weitere Bauelemente und Inhalte einer europäischen Friedensordnung . . . Von alledem ist im deutsch-sowjetischen Vertrag nichts zu finden. Im Gegenteil: Er verfestigt eine Hegemonie, sucht Grenzen zu zementieren und ist konzipiert mit dem rückwärts gerichteten Blick auf Potsdam, den verlorenen Krieg und die allein auf Macht gegründeten unnormalen Realitäten.«

Polen

Konrad Adenauers Gefühl für Geschichte und sein Sinn für Wirklichkeiten hatten ihm immer nahegelegt, sich – nächst unserer Sicherheit, dem Zusammenhalt des Vaterlandes und der Vereinigung Europas – besonders um die Freundschaft mit Frankreich, den Ausgleich mit Israel und den Juden sowie um die Aussöhnung mit Polen zu bemühen. Zum zwanzigsten Jahrestag des Einmarsches der deutschen Wehrmacht in Polen, am 1. September 1959, erklärte er feierlich: »Die Aufgabe aller Menschen, gleich welchen Glaubens, gleich welcher Farbe, gleich welcher politischen Auffassung, muß sein, den Zustand der Friedlosigkeit und der bewaffneten Angst zu beenden, den gesicherten Frieden in die von Angst erfüllte Welt zurückzuführen, damit sich alle Völker dem wahren inneren und äußeren Fortschritt widmen können.

Ein besonderes Wort aber muß heute dem Volke gelten, das durch den Einfall der Truppen Hitlerdeutschlands und der Sowjetunion das erste Opfer des Krieges geworden ist, ich meine das polnische Volk. Weit länger als ein Jahrhundert hat dieses sympathische Volk, ohne daß es irgendeine Schuld traf, unter den politischen und kriegerischen Auseinandersetzungen in Europa gelitten; dreimal wurde es zerrissen und geteilt, und vor zwanzig Jahren wurde es das erste Opfer dieses letzten Krieges, als Hitlerdeutschland und die Sowjetunion in das Land einfielen und es grausam zerstörten. Das heutige Deutschland ist ein anderes Deutschland als jenes unter Hitler. Der triumphale Einzug, der vor wenigen Tagen vom deutschen Volke dem siegreichen Heerführer gegen Hitlerdeutschland bereitet worden ist, beweist schlagender als Worte es können, welch tiefer Gesinnungswechsel gegenüber dem Nationalsozialismus, seiner Doktrin und seinen Taten bei den Deutschen stattgefunden hat. Darum sage ich aus innerer Überzeugung, daß dieses Deutschland, das neue Deutschland, einmal ein guter Nachbar Polens werden wird.

Im Konzentrationslager im Zweiten Weltkrieg war ich mit polnischen Soldaten und Offizieren zusammen. Uns verband mehr als die Schicksalsgemeinschaft des Konzentra-

tionslagers, zwischen uns entstand im Lager eine Gemeinschaft, die auf dem Fundament einer tiefen geistigen Übereinstimmung beruhte.
In den vergangenen zehn Jahren habe ich als Bundeskanzler der Bundesrepublik Deutschland öfters erklärt und wiederhole diese Erklärung heute: ›Unser Bestreben wird es sein, Verständnis, Achtung und Sympathie zwischen dem heutigen Deutschland und dem polnischen Volk zu begründen, damit auf diesem Boden dereinst eine wahre Freundschaft erwachse.‹«
Sein Nachfolger Ludwig Erhard schrieb am 25. März 1966 in seiner »Friedensnote«: »Das deutsche Volk wünscht in einem guten Verhältnis zu allen seinen Nachbarn, also auch den osteuropäischen, zu leben . . . Wenn zu gegebener Zeit die Polen und die Deutschen über die Grenze in dem gleichen Geiste sprechen, der den Ausgleich zwischen Deutschland und seinen westlichen Nachbarn herbeigeführt hat, dann werden auch Polen und Deutsche sich einigen. Denn in dieser Frage darf weder die Leidenschaft noch allein die Macht des Siegers entscheiden, hier muß die Vernunft siegen.«
Die bedächtige Politik des Außenministers Gerhard Schröder führte dazu, daß die Bundesrepublik Deutschland auch in Polen eine Handelsmission errichten durfte. In den Jahren von 1950 bis 1969 gelang es auf geduldige und stille Weise, für 402799 Deutsche die Auswanderung aus Polen und aus polnisch-besetzten Gebieten zu erreichen.
Am 4. Dezember 1970 beschloß meine Fraktion – nach monatelangem Ringen, dessen Niveau zu den schönsten Erlebnissen meines parlamentarischen Lebens gehört:
»Der Deutsche Bundestag möge beschließen: Der Deutsche Bundestag bekräftigt, daß ein wichtiges Ziel der deutschen Politik die Verständigung und Aussöhnung mit Polen ist. Er

sieht in der Erreichung dieses Zieles eine wesentliche Voraussetzung zur Sicherung eines dauerhaften Friedens in Europa. Verständigung und Aussöhnung müssen sich auf beiden Seiten moralisch, rechtlich und historisch auf Wahrheit und politischen Wirklichkeitssinn gründen.
In einer gesicherten und auf der Selbstbestimmung der Völker beruhenden europäischen Friedensordnung ist Raum für einen dauerhaften Ausgleich und enge Zusammenarbeit zwischen Deutschen und Polen bei freier Entfaltung beider Völker.
Wer diesen Ausgleich wünscht, muß den Weg offenhalten für zukünftige europäische Lösungen. Er muß zugleich bereit sein, die schrecklichen Lasten abzutragen, die durch die Verbrechen des Hitler-Regimes und die Vertreibung der Deutschen beiden Völkern auferlegt wurden.
Der Deutsche Bundestag bittet das polnische Volk und alle europäischen Nachbarn um Verständnis für seine Pflicht und Entschlossenheit, uneingeschränkt an dem Recht des deutschen Volkes auf freie Selbstbestimmung und auf eine frei vereinbarte friedensvertragliche Regelung für ganz Deutschland festzuhalten.
Die endgültige Festlegung der deutschen Grenzen kann nur im Zusammenhang mit dieser friedensvertraglichen Regelung geschehen. Ihre Grundlage muß das Recht der Polen auf gesicherte Grenzen und das Recht der Deutschen auf gesicherte Freiheit und Einheit sein.
Diese Regelung darf das Rad der Geschichte weder zurückdrehen noch aufhalten. Sie muß der historischen und politischen Lage beider Völker gerecht werden. Sie muß dem Aufbau eines Europas dienen, in dem Grenzen die Völker nicht mehr scheiden, sondern ihr friedliches Neben- und Miteinander möglich machen.«

In Warschau, wo meine Frau und ich zusammen mit meinen Mitarbeitern Ackermann, Hennig und Müller-Seils vom 20. bis zum 23. Januar 1971 mit der größten Zuvorkommenheit aufgenommen wurden, ist es wie in Jerusalem: Eine böse deutsche Vergangenheit wird lebendig. Wer das nicht fühlt, ist ohne Herz. Wer dem anders als mit dem Blick nach vorne entspricht, hat keinen Verstand. Ich legte Blumen nieder am Denkmal der Nike, dem Zeichen des Strebens nach vorne, zu neuen Ufern. Im gleichen Sinne sprach und verhandelte ich.

Wir wollten Aussöhnung – mit Polen wie mit Frankreich, den Juden und Israel. Verträge hätten wir dort erst geschlossen als Dach über dem Fundament einer neuen Wirklichkeit. Verträge seien schlecht als Basis oder als Anfang. Vertrag käme von vertragen, von sich vertragen. Es sei falsch, mit feierlichem Papier anzufangen. Besser wäre es, sofort mit dem Sichvertragen zu beginnen – durch ein Jugendwerk, durch Familienzusammenführung, durch mehr kulturellen, sportlichen, wissenschaftlichen und wirtschaftlichen Austausch, durch eine deutsch-polnische Industrie- und Handelskammer. Was nütze ein Vertrag über »Normalisierung«, wenn alles unnormal bliebe? Ich wolle für Verständigung und Ausgleich mit Polen werben – nach dem Vorbild der deutsch-französischen und deutsch-israelischen Aussöhnung. Wir könnten miteinander wesentliche Bauelemente einer gesamteuropäischen Friedensordnung schaffen und so einen neuen Abschnitt des Friedens und der Verständigung für alle Europäer begründen. Mir gehe es immer um die Lage der Menschen, die zusammen und miteinander leben, die nicht gegeneinander gestellt und so sterben wollten. Grenzfragen könne man lösen – wenn man sich vertrage, wenn Grenzen keine Barrieren, sondern durchlässig seien für Menschen, Informationen und Meinungen,

wenn Minderheiten des Glaubens, der Sprache, der Volkszugehörigkeit geachtet würden.
Da ich das alles nicht nur hinter den verschlossenen Türen des politischen Meinungsaustausches und bei Mahlzeiten, die der polnischen Küche alle Ehre machten, sondern in einem weithin, nämlich bis Moskau, beachteten Vortrag – für dortige Verhältnisse also »öffentlich« – sagte, geriet einiges in Bewegung.
Parteichef Gierek standen die Sorgen im Gesicht. Er war erst kurz im Amt, und ich war der erste westliche Politiker, der ihn nun in einem langen, schwierigen und spannenden Gespräch im entscheidenden Amt erlebte. Er machte den Eindruck eines offenen und geraden Mannes. Groß und dynamisch und diszipliniert war er. Mehr ein Ingenieur als ein Politruk, mehr ein Organisator als ein »Ideologe«. Wohl zuverlässig, so wirkte er auf mich. – Er brauche den Vertrag, erklärte er in unserem mehrstündigen Gespräch immer wieder. Dies sei ein Fehler, erwiderte ich ebenso immer wieder und erläuterte meine Meinung. Vertrag komme von sich vertragen. Wer mit Papier beginne, werde mit den Realitäten nicht weit kommen . . .
Ein wenig ungeschlacht und sehr direkt bat Gierek plötzlich, ich könne doch zugunsten des Vertrages »ein paar Stimmen« im Parlament dirigieren oder freistellen. – Das könne ich nicht, und das wolle ich nicht, erwiderte ich. Er werde als Parteiführer doch sehr gut verstehen, daß gerade in wichtigen Dingen Geschlossenheit ein hohes Gut sei; in dieser sehr wichtigen Sache ein sehr hohes Gut sogar.
Hinsichtlich der Familienzusammenführung, des Reiseverkehrs, des wirtschaftlichen, wissenschaftlichen und künstlerischen Austausches und in anderen Fragen – wie Jugendaustausch und Gründung einer Industrie- und Handelskammer – kamen wir ein gutes Stück weiter. Im gegenseiti-

gen Einvernehmen konnte ich das öffentlich feststellen. Meine beabsichtigte Erklärung wurde besprochen und fand – nach zwei kleinen Änderungen – Zustimmung.
Keine Verständigung erzielten wir über den Vertrag. Und über Minderheitenrechte zu sprechen, war wegen der hierfür tauben Ohren fast nicht möglich. Auch der Hinweis auf deutschsprachige Zeitschriften und Schulen in anderen kommunistischen Ländern bewegte nichts – auch nicht die ungestörte Lage der polnischen Minderheiten in der Bundesrepublik Deutschland.
Ich wiederholte meinen Satz aus dem Bundestag, wo ich für meine Kolleginnen und Kollegen am 29. Oktober 1969 die Leitlinie für unsere ostpolitischen Entscheidungen so formuliert hatte: »Uns geht es – auch hier – um die Frage der Menschenrechte. Wenn es das zu besiegeln gilt, fragen wir nicht nach der Farbe der Tinte und der Form eines Unterschriftsformulars. Uns geht es um die Menschenrechte.«

Die offizielle Presse Polens würdigte meine Reise als sinnvoll und meine Einlassungen mit Respekt. Sie unterschlug nicht unsere Meinungsverschiedenheiten. »Wir stimmen«, schrieb aber die Regierungszeitung, »mit Herrn Dr. Barzel überein, wenn er die historische Bedeutung der Änderung der Beziehungen zwischen unseren Ländern zum Besseren hervorhebt. Wir sind gemeinsam für die Schaffung eines solchen Zustandes verantwortlich, sowohl unserem Volke als auch ganz Europa gegenüber, in dem die Beziehung zwischen Polen und der Bundesrepublik Deutschland zu einer der Säulen der europäischen, friedlichen Ordnung wird.«
Der Besuch und dieses Echo taten uns wohl – im Inland wie im Ausland. Wegen seines Gehaltes war die Gefahr moralischer Isolierung, auch gegenüber den Kirchen, gebannt; der Druck aus dem Ausland, der in dieser Frage nachhaltig auf

uns einwirkte, milderte sich erheblich; unsere Vertriebenen verstanden das alles – in ihrer großen Mehrheit – sehr gut. Wenig später hielt ich die Rede von Warschau vor Vertriebenen in Stuttgart nochmals.

Mancher meiner Gesprächspartner hätte wohl gerne meine Gedanken aufgenommen. Später, als sich die deutsch-polnischen Dinge immer mehr in einem Gestrüpp aus Geld und Kleinigkeiten verhedderten, weil die Perspektive der Aussöhnung wie die der Bausteine für eine Friedensordnung verloren war, hat sich so mancher – auch in Polen – (und dieser oder jener auch mich) daran erinnert: Kommt nicht Vertrag vielleicht doch von sich vertragen? Was nützt nun das Papier?
Irgendwann wird einer kommen und diesen Faden wieder aufnehmen. Deutsche und Polen sind durch viel wechselseitig zugefügtes Leid von der Geschichte aneinandergekettet und von der Geographie zum Miteinander bestimmt. Wenn ganz Europa seinen Frieden finden soll, müssen Deutsche und Polen ein Beispiel geben.
Wann beginnt das? Wer beginnt das? Es ist schon spät. Aber noch ist es Zeit zum Handeln – für die Menschen und für den Frieden. Wer seinen Kopf gebraucht und ein Herz hat, zweifelt nicht, daß die beiden Völker bereit sind.

Friedensnobelpreis und innerer Frieden

Am 20. Oktober 1971 unterbrach der Präsident des Deutschen Bundestages die Haushaltsberatungen, um dem Parlament mitzuteilen: »Ich erhalte soeben die Nachricht, daß die Nobelpreiskommission des norwegischen Parlaments heute dem Herrn Bundeskanzler der Bundesrepublik Deutschland den Friedensnobelpreis verliehen hat.«

Ich stand auf und gratulierte. Das haben mir manche, die Politik allein von rechtsaußen her betrachten, nie verziehen. Sie werden das, wie ich weiß, nie vergeben oder vergessen. Durch diese hohe Auszeichnung für den Kanzler wurde unser Kampf als Opposition noch schwerer. Nun war Willy Brandt auf ein Podest gehoben. In jeder Kneipe wie in kirchlichen Akademien, in den Fabriken und in den Redaktionsstuben kam diese Stimmung auf. »Wie können Sie den kritisieren, gar angreifen, wo doch die ganze Welt . . .«, so entgegnete man nun, wenn meine Freunde und ich aus anderer Überzeugung für unsere Meinung warben.
Die Welt der Gefühle trug ihn. Das alles war nun nicht mehr rational. An diesem Wall aus Gemüt zerschellten Informationen und Argumente, Fragen, Hinweise, Meinungen. Und Warnungen? Wie könnt ihr das wagen, wo doch die Welt . . . Ich sah ein örtliches Plakat: »Die Welt ehrt ihn« – und man schrieb es göttlich: IHN.
Das ist vorbei.
Konrad Adenauer hat Herzlichkeit erlebt. Dank und Ehre, Jubel und Respekt. Zu seinen Lebzeiten trug ihn aber nie eine solche Emotion. Die Geschichte rückt die Gewichte zurecht. Die Wahrheit braucht Zeit. Aber sie ist stärker als noch so kunstvolle Bemühung.

Ich nutzte die Debatte des nächsten Tages (21. Oktober 1971), um den »inneren Frieden« zu fordern. Ich fragte: »Kann oder soll aus dem notwendigen sachlichen Gegeneinander von Regierung und Opposition Unversöhnlichkeit und Feindschaft werden?« Darauf antwortete ich: »Aus unserer Sicht ist die demokratische Kontroverse so notwendig wie die gemeinsame Basis in der Verfassung, die Solidarität der Demokraten. Nichts braucht der innere Friede mehr.« Ich wandte mich dann dem politischen Druck zu (es gab nicht nur Drohungen gegen oppositionelle Abgeordnete und nachdrückliche, unerbetene »Hausbesuche« bei zahlreichen Kollegen). Die parlamentarische Entscheidung über die Ostverträge war zunehmend dem Druck ausgesetzt. Ich forderte: »Das Wichtigste, für das alle Demokraten stehen müssen, ist doch nicht dieser oder jener Paragraph, dieser oder jener Vertragsartikel, nicht einmal diese oder jene Opposition oder Regierung, das Wichtigste, für das alle Demokraten stehen müssen, ist doch die Freiheit der Entscheidung. Jeder muß frei – ohne Druck, ohne Drohung – nach seinem Gewissen entscheiden können, jeder Wähler, jeder Abgeordnete.«

Die Antwort war dürftig: Nur die Worte »innerer Friede« und »Solidarität der Demokraten« wurden übernommen, des Inhalts entleert und so als gefällige Phrasen und gängige Worthülsen mißbraucht.

Kanzlerkandidat

Am 29. November 1971 wurde ich in einer gemeinsamen Sitzung der Führung der CDU und der CSU zum Kanzlerkandidaten der CDU/CSU benannt. Im CSU-Entwurf des gemeinsamen Beschlusses gab es einen Satz, der die Ablehnung der Ostverträge vorsah. Ich bat, ihn zu streichen, weil ich sonst besser die vorgesehene Reise nach Moskau gar nicht erst anträte. Auch würde dieser Beschluß unsere bisherige Linie verlassen, nach der wir erst ganz am Schluß, wenn das gesamte Vertragswerk vorliege, endgültig entscheiden wollten; es wäre ein Fehler, jetzt zu votieren. Meine Meinung sei klar: So nicht – das heiße, wenn *jetzt* zu dem vorliegenden, unvollständigen Vertragswerk entschieden werden müßte: Nein. Daraufhin verzichtete auch die CSU auf diesen Satz.

Aus Moskau hörte ich so manches – direkt wie über einige Ecken. Man war dort unsicher geworden über die Aussichten des deutsch-sowjetischen Vertrages im Deutschen Bundestag. Fühler wurden ausgestreckt. Ich bekam eine geziemende Einladung zum politischen Besuch mit verantwortlichen Gesprächen.
Ohne Hast ging ich ans Werk, zumal es noch dieses Problem gab: Die Sowjetunion hatte sich 1969 in unseren Wahlkampf eingemischt. Gezielt und bewußt waren die beiden anderen Fraktionen, SPD und FDP, vor der Wahl zu Gesprächen nach Moskau eingeladen worden. Uns überging man – öffentlich sichtbar. War also die neue, die »ostpolitische Koalition« in Moskau gezeugt? So fragte damals mancher – nicht nur zu Hause.
Die Lage legte es nahe, nun nicht noch länger abzuwarten. Es war in unserem Interesse, jetzt die Führer der Sowjetunion zu treffen. Da ich vorher – im Frühjahr und Sommer 1971 – erneut Nixon, Pompidou und Heath besucht hatte, war dieser Besuch in Moskau nun richtig und wichtig.
Vor der Abreise berief ich die Fraktion nach Berlin in den Reichstag ein (6. und 7. Dezember 1971). Kurze Zeit vorher hatte ich in der »Hasenheide« auf einer eindrucksvollen Parteiversammlung gesprochen (12. November 1971). Ich werde bald nach Moskau reisen, sagte ich. Deshalb sei ich vorher in Berlin, um von hier aus grundsätzlich und verbindlich zu erklären: »Wir wünschen Frieden mit der Sowjetunion. Eine politische Verständigung zwischen Deutschland und der Sowjetunion wird dann dauerhaft sein, wenn sie auf der gegenseitigen Achtung der elementaren Rechte und Sicherheitsbedürfnisse aufbaut und frei ist vom Streben nach Hegemonie.«

Das wurde in allen Himmelsrichtungen stark beachtet und brachte Schlagzeilen.
Am Tage darauf (13. November 1971) traf ich mit den führenden Parteifreunden Norddeutschlands in Bremen zusammen. Sie muckten zwar nicht auf, aber sie schlichen murrend herum. Ich stellte sie zur Rede und fragte, was sie denn hätten. Die Antwort: Früher sei ich kollegialer gewesen. Meine Berliner Erklärung sei ja ganz prima, und das gute Echo tue uns wohl. Nur – warum hätte ich das nicht, wie früher, vorher mit ihnen besprochen? Weil, so antwortete ich, diese Sätze bereits ihre Zustimmung gefunden hätten. Sie seien nämlich »nur« die verbindlichen Festlegungen aus unserem geltenden Parteiprogramm . . .
Mein bevorstehender Besuch in Moskau erweckte in der Öffentlichkeit naturgemäß Aufmerksamkeit. Aus guten Gründen legte ich Wert darauf, meine Gedanken vor der Reise öffentlich darzulegen.
DIE ZEIT fragte sich, ob es nur ein Schlagabtausch werde – mich fragte sie in dem am 10. Dezember 1971 veröffentlichten Interview, ob ich davon ausgehe, daß die Sowjets wirkliches Interesse an Entspannung und Frieden haben. Ich wolle mir ein Bild machen, erklärte ich, wie weit dieses Interesse reiche und wie konkret es sei. Vielleicht verberge sich hinter der Einladung »die Hoffnung, eine Politik machen zu können, die nicht nur von einer Seite des Parlaments im freien Teil Deutschlands getragen wird«. Entspannungspolitik in Europa müßte, von der Sowjetunion aus, die Anerkennung der EWG einschließen. »Die Frage ist, ob die Sowjets sich zu der Auffassung verstehen, daß innerhalb dieses Gesamteuropa das sich zusammenschließende freie Europa seinen Platz hat.« Die Verträge sparten das Wichtigste, den Willen zur Zusammengehörigkeit der Deutschen, ebenso aus wie die Menschenrechte.

Schließlich erklärte ich auf die Frage der ZEIT, wie ich eine »Wendemarke« der sowjetischen Politik definieren würde: »Die Sowjetunion sollte zeigen, daß sie mit ihren Nachbarn Beziehungen haben möchte, die sich nicht auf die Angst der Nachbarn, sondern auf Vertrauen gründen.«

In dem Text, den ich der Fraktion am 18. November 1971 vertraulich zur Verfügung stellte und der durch eine Indiskretion in der FRANKFURTER ALLGEMEINEN ZEITUNG veröffentlicht worden war, hatte ich politische Grundsätze niedergelegt, auf denen unsere Ostpolitik langfristig beruhen muß und an denen die konkrete Situation zu messen war. Sein wesentlicher Inhalt läßt sich in folgenden Zitaten gerafft darstellen:

Wir sehen in einem aufrichtigen und umfassenden Interessenausgleich zwischen dem deutschen Volk und der Sowjetunion, insbesondere dem russischen Volk, eine unerläßliche Voraussetzung für eine dauerhafte Friedensordnung in Europa . . . Wir halten eine deutsch-sowjetische Verständigung, die den Namen Normalisierung verdient, für durchaus möglich und wappnen uns mit der dafür erforderlichen Geduld.

Die Einsicht in die europäische Bedingtheit jeder vernünftigen deutschen Politik ist uns nicht neu. Aus dieser gesamteuropäischen Verantwortung hat die CDU/CSU seit 1945 jeder rein nationalstaatlichen Deutschlandpolitik eine Absage erteilt – auch dann, wenn sie neutralistisch oder pazifistisch war . . . Wir haben mit dem Vorrang der Europapolitik und der Einordnung unserer Interessen in eine größere Gemeinschaft – allen Verleumdungen und Widerständen zum Trotz – eine geschichtliche Wende in Deutschland vollzogen. Und wir bleiben dabei: Nie wieder darf sich nationales Interesse gesamteuropäischen Notwendigkeiten entgegenstellen.

Noch sehe und erzwinge Moskau die russischen Interessen

in Deutschland in einer Weise, die unserem Recht auf Freiheit und Einheit in einer europäischen Friedensordnung zuwiderlaufe.

Wir schulden unseren Partnern im Osten, daß wir ihre Überzeugungen ernst nehmen . . . Aber auch wir haben Überzeugungen. Auch wir haben nationale und europäische Perspektiven künftiger Friedensgestaltung . . . Wir rechnen damit, daß die sowjetischen Führer es in Zukunft einmal vorziehen werden, ihre Interessen in Europa mehr auf das Vertrauen als auf die Furcht der Nachbarvölker zu gründen.

Der Wille zu Freiheit und Recht gehöre zu jenen geistigen Kräften in der europäischen Geschichte, die allen Widerständen zum Trotz zuletzt den Sieg davontragen.

Die sowjetischen Führer, die doch zu langfristigen Kalkulationen in besonderer Weise befähigt sind, sollten diese Kraft in Rechnung stellen. Sie sollten erkennen, daß ihre Deutschlandpolitik auf die Dauer natur- und geschichtswidrig ist. Fortschritt ist in der europäischen Geschichte stets an der Ausweitung der Menschenrechte gemessen worden.

Wir sagen dem Westen und dem Osten: Die ausschlaggebende Wiedergutmachung Deutschlands lag und liegt in der klaren Entschlossenheit, sich einer erneuten Außerkraftsetzung von Recht und Freiheit auf deutschem Boden zu widersetzen. Dies gilt ebenso klar wie die Forderung, daß vom deutschen Boden kein Krieg mehr ausgehen darf.

Man könne den Verantwortlichen in Moskau nicht den Vorwurf mangelnder Klarheit und Offenheit machen.

Es ist ein Gebot der Wahrhaftigkeit, daß wir angesichts dieser offenen Sprache ebenso offen darlegen, was wir als Normen unseres Verhaltens meinen . . . Es wäre unverantwortlich, die Sowjetunion mit dem Trick der Zweideutigkeit überlisten zu wollen. Verbale Annäherung ist trügerische Annäherung. Sie ist der günstigste Nährboden künftiger

Auseinandersetzungen und Konflikte, die wir nicht wollen. . . . Eindeutige Vertragstreue setzt eindeutige Vertragsinhalte voraus.
Wenn auch nach sowjetischer Auffassung der deutsch-sowjetische Vertrag den gesamtdeutschen Friedensvertrag nicht präjudiziert und die deutsche Frage offenhält, wenn er die Verantwortung der Vier Mächte für Berlin und Deutschland als Ganzes nicht berührt, so frage ich: Warum steht das dann nicht im Vertragstext selbst?
So wie die kommunistischen Parteien ihre Zielvorstellungen von einer »friedlichen« und »sozialistischen« Umgestaltung Deutschlands – mit ausdrücklicher Unterstützung der Sowjetunion – aktiv vertreten, genauso muß auch unser Wille zu einer friedlichen und demokratischen Überwindung der Spaltung Deutschlands sich weiterhin aktiv äußern können. *Wenn nicht, so würde jenes Gleichgewicht in Europa gefährdet, das – vor allem Gleichgewicht der Macht – eine Gleichberechtigung der politischen Überzeugung und des politischen Willens voraussetzt!*
Die CDU/CSU erstrebt mit der Sowjetunion und ihren Verbündeten zweifelsfreie Gewaltverzichtsabmachungen. Es erscheint mir völlig aussichtslos, die Beziehungen zur Sowjetunion nachhaltig und in der Substanz entspannen, normalisieren, verbessern zu wollen, während von Ost-Berlin aus eine Politik der Abgrenzung, des Gegensatzes, der Feindschaft betrieben wird . . . Da wir aber Entspannung und mehr Menschlichkeit auch in unserem eigenen Vaterland wünschen, bejahen wir eine Politik, die mit Zustimmung und Hilfe der Sowjetunion auf innerdeutsche Übergangsregelungen abzielt . . . Hier verlangen wir nicht mehr und nicht weniger, als von den Europäern für Europa gefordert wird: Freizügigkeit für Informationen, Menschen und Meinungen.

Ludwig Rehlinger, Eduard Ackermann und Ingrid Müller-Seils waren nach Moskau vorausgereist. Meine Frau, Ottfried Hennig und Eggert Hartmann, Dolmetscher des Auswärtigen Amtes, und ich landeten am 10. Dezember 1971 in Moskau. Leider waren wir verspätet, weil bei der Zwischenlandung in Warschau, wo der russische »Lotse« zustieg, alles nicht so ganz geklappt hatte. Es gab in Moskau einen »großen Bahnhof«, wie man das nennt. Der Präsident des Obersten Sowjet, Herr Schitikov, empfing uns mit einer Delegation; Minister Samjatin wurde mein Ehrenbegleiter; Nadja betreute meine Frau. Man hatte uns weder im Hotel untergebracht noch uns eine Datscha zur Verfügung gestellt. Wir wohnten im Staatsgästehaus Sovjetskaja und bekamen die Suite, die 1955 Konrad Adenauer gehabt hatte. Beim ersten Gespräch im Kreml brachte ich meine »Planer« ziemlich durcheinander, weil ich die vorgeschlagenen Besuche in Leningrad und Sibirien vom Entwurf des Programms strich, um mehr Zeit für Gespräche in Moskau zu haben; auch mit Astronauten wollte ich mich unterhalten. Dann fuhr ich an der Kremlmauer vorbei, um die Toten zu ehren. Es geschah spontan, ohne öffentliches Aufheben. Die Stadt war im Griff der Kälte. Noch bevor die Gespräche frostig wurden, herrschte Eiseskälte. Überall. Allgegenwärtig.
Moskau imponierte und wirkte auf mich wie ein Wechselbad: Freundliche, graue Gesichter; Menschen, deren Sprache ich hörte, ohne sie zu verstehen; deren Schrift ich sah, ohne sie lesen zu können. Fremd unter Menschen! Trostlos viele Straßenzüge, erbärmlich manche Ecke, gewaltig die Prunkgebäude. Brutal und eilig die Staatskarossen mit Rotlicht. Von berauschender Schönheit die Kirchen. Mosaiken der Anmut, der Freude und des Glaubens. Fromme und gläubige Menschen – alte und junge. Machtvoll der Rote Platz.

Pompös wirkte der orthodoxe Würdenträger, der mir im Kloster Sagorsk eine russische Bibel schenkte. Auf theologische Fragen gab er politische Antworten. Er war als Gastgeber unübertreffbar; großzügig, liebenswert, aufmerksam, unterhaltend. Ein sympathischer Zecher, der ahnen ließ, wozu Mütterchen Rußlands stattliche Söhne auch begabt sind: Gemüt und Seele nicht nur zu haben, sondern zu zeigen; von Bekundungen menschlicher Zuneigung überzufließen.

Es gab den ersten Angriff mit Wodka. Wir hielten nicht nur gut stand, sondern nahmen den Gastgebern die Lust zum späteren neuen Versuch.

Zum ersten Prost: »Leider steht der wie ein Stock im Hals.« Zum zweiten, schnell danach: »Passen Sie auf, der singt wie eine Nachtigall.« Zum dritten sagte man mir: »Gott liebt die Dreieinigkeit.« Zum vierten: »Das Haus hat vier Ecken.« Zum fünften: »Es ist ja nur eine Handvoll.« Zum sechsten: »Es gibt kein Dutzend ohne die Hälfte.« Zum siebenten darf ein vertrauter Gast dem Herrn der Tafel ins Wort fallen und zum Nachbarn sagen: »Brüderchen, komm, wir gehen. Hier wird gezählt.«

Wer mag (und kann), zählt leise weiter. Wir tranken schließlich auf »den 21. Parteitag«.

Von solchen Freundlichkeiten war bei unseren politischen Gesprächen wenig zu spüren. Sie erreichten Temperaturen weit unterhalb derer des Frostes draußen.

Jedes Gespräch mit einem der sowjetischen Führer dauerte drei Stunden (vgl. auch Rainer Barzel: Es ist noch nicht zu spät, München 1976, S. 174ff.). Botschafter Allardt und Dolmetscher Hartmann begleiteten mich. Es ging nie laut zu oder heftig. Härte auf leisen Sohlen, Gegensätze in Piano, Unüberbrückbares über den Verhandlungstisch. Formale Freundlichkeit, menschliches (und berufliches) Interesse für den anderen. Wachsender Respekt – Sympathie kommt nicht aus der Kälte.

Ich traf keinen Amateur. Das waren alles Profis. Gromyko zeigte seine Weltklasse.

Man kannte meine Reden und Erklärungen, unsere Beschlüsse wie das Interview in DIE ZEIT und die Veröffentlichung in der FRANKFURTER ALLGEMEINEN ZEITUNG. Gromyko machte das auch deutlich, indem er Konrad Adenauers Angebot auf »Burgfrieden«, das ich in meinem Brief an die Fraktion in Erinnerung gebracht hatte, positiv würdigte.

Man wußte, daß ich eine gute Havanna-Zigarre zu schätzen weiß; daß ich mich für Religion interessiere und für Kunst. Ihre Blicke waren nicht urtümlich neugierig; sie suchten mehr nach Bestätigung meiner ihnen bekannten Papierform durch Augenschein.

Es wurde bald offenkundig, daß man mir in der Sache nicht entgegenkommen wollte. Man meinte wohl, mir keinen Millimeter *mehr* geben zu können, als man Willy Brandt gewährt hatte. Ebenso klar war, daß hier die deutschen Möglichkeiten nicht bis an den Rand ausgeschöpft worden waren. Es gab noch – bisher ungenutzte – Möglichkeiten für Moskauer Entgegenkommen. – Die spätere Entwicklung bewies, daß dieser Eindruck richtig war.

Man interessierte sich nachhaltig und genau für unsere Meinung und für meine Argumente. Später kam man darauf zurück, als man begann, sich positiv zur Europäischen Gemeinschaft einzustellen (ebenda, S. 174 ff.) und bereit war, über Freizügigkeit für Menschen, Informationen und Meinungen auf der kommenden Konferenz über Sicherheit und Zusammenarbeit zu sprechen.

Meine Einlassungen zur deutschen Frage ließen sich so zusammenfassen: Wenn das Selbstbestimmungsrecht des ganzen deutschen Volkes zur Stunde nicht realisierbar sei, dann dürfe gleichwohl nichts geschehen, was den Weg für einen geschichtlichen Prozeß in der Richtung auf die Wiederherstellung der Einheit Deutschlands auf der Grundlage des Selbstbestimmungsrechtes erschweren oder gar unmöglich machen würde. Es sei nicht unsere Absicht, die DDR »zu schlucken«. Es sei aber unsere verfassungsmäßige und moralische Pflicht, am Selbstbestimmungsrecht festzuhalten und darauf hinzuwirken, daß alle Bedrohungen und Beeinträchtigungen der Freizügigkeit auf dem Wege von Deutschland nach Deutschland abgebaut werden müßten. Nicht ein Vertrag, sondern »die Verhältnisse« seien das Entscheidende.

Ich erlaubte keinen Zweifel: Wenn das Vertragswerk bleibe, wie es sei, werde die Opposition *nein* sagen; würde es scheitern, so verantworte das allein die Bundesregierung, die verhandelt und unterschrieben habe, ohne sich zuvor einer verläßlichen Mehrheit zu versichern. Ich würde gerne dazu beitragen, einen dauerhaften Ausgleich mit der Sowjetunion auf der Grundlage einer soliden Mehrheit herbeizuführen. Man kenne meine drei Punkte: Anerkennung der EWG und des Selbstbestimmungsrechtes sowie Freizügigkeit. Entspannung gebe es nur, wo die Menschen etwas Spürbares und Greifbares davon hätten.

»Ich komme«, sagte ich zu Außenminister Gromyko in meiner Eingangserklärung, »mit der Bereitschaft zu konstruktiver und vollkommen aufrichtiger Zusammenarbeit. Ich hoffe nicht, daß hier der Geschichte, die oft eine Kette verpaßter Gelegenheiten ist, ein neues Glied dieser Art zugefügt wird. Die Politik muß von allem befreit werden, was die Gefahr militärischer Konflikte und eine Verschlechterung der Weltlage mit sich bringt.«

Gromyko drehte sofort den Spieß um: Die deutsche Opposition könne mit ihrer Haltung zum Vertrag leicht eine »Politik der verpaßten Gelegenheiten« treiben. Er sprach sich gegen die Europäische Gemeinschaft aus und verwies die Freizügigkeitsforderung an die innerdeutschen Verhandlungen. Wir bissen uns fest in der deutschen Frage. Was ich verlange, sagte Gromyko, sei im Vertrag nicht geregelt. Politiker und Regierungen könnten Ideen haben und vertreten – auch zur Einheit Deutschlands. Der Vertrag enthalte dazu nichts – weder positiv noch negativ. Es ging immer wieder hin und her. »Wenn Sie, Herr Minister, jetzt als Deutscher an meiner Stelle säßen, Sie würden auch von der Einheit der Nation ausgehen und um sie ringen.« Das sei nicht im Vertrag geregelt, entgegnete Gromyko und fragte, ob ich mir der nachteiligen Konsequenzen der »Verzögerung« des Vertrages bewußt sei. Ich fragte: »Bitte werden Sie konkret: Welche?« und blieb ohne Antwort.

Immer wieder redeten die Moskauer von der »realen Lage«; es gälte, sie im Interesse des Friedens anzuerkennen. Das sei, so erwiderte ich in den Unterhaltungen, auch bei Tisch, auf Empfängen immer und immer wieder, eine widersprüchliche Forderung: In Deutschland würde z. B. an der Mauer in Berlin geschossen. Das sei kein Zeichen von Frieden. Das zeuge von einer »realen Lage«, die kein Freund des Friedens anerkennen könne. Die deutsche Teilung dürfe und werde nicht auf Dauer bleiben.

Dieser Hinweis tat den Moskauern sichtbar weh: Die Spaltung Deutschlands und Berlins sei nicht geschehen, als die Sowjetunion gegen Hitler gekämpft habe und als deutsche Demokraten in Konzentrationslagern gesessen hätten. Dies sei passiert während der russischen Besatzung – gegen demokratische Politiker aller Parteien.

Bei Ministerpräsident Kossygin betonte ich in dem wieder erbetenen einleitenden Beitrag: »Im Vertrag fehlt die Verpflichtung beider Seiten, die von ihnen beabsichtigte Friedens- und Entspannungspolitik auch in eine Beziehung zu setzen zu der uns verfassungsrechtlich und moralisch gebotenen Forderung nach Wiederherstellung der deutschen Einheit auf der Grundlage des Selbstbestimmungsrechtes. Es fehlt auch die bekräftigte und verbindliche Absicht, daß Bedrohung und Behinderung der Freizügigkeit für Menschen, Informationen und Meinungen auf dem Wege von Deutschland nach Deutschland entfallen. Es fehlt das Ja der Sowjetunion zur Europäischen Gemeinschaft, ohne die oder an der vorbei der beabsichtigte, vermehrte wirtschaftliche und wissenschaftliche Austausch nicht möglich ist. Wir wollen Gewaltverzicht, gegenseitige Rüstungskontrolle, ausgewogene Abrüstung, Zusammenarbeit auf allen Gebieten der Wirtschaft, der Wissenschaft, der Kultur und unbehinderte menschliche Kontakte über alle Grenzen hinweg.«

Kossygin sprach knapp, präzise und höflich. Seine Augen blickten, so schien mir, eine Idee weniger kalt als die der anderen. In diesem Gespräch glaubte ich einen Fortschritt zu erkennen. Gromyko hatte noch am Vortage die – auf die Wiedervereinigung Deutschlands gerichtete – Außenpolitik der Regierung Kiesinger als »aggressiv« bezeichnet. Kossygin erklärte nach zwei Stunden: Er stimme mit dem Vorsitzenden Barzel überein, daß Frieden und Zusammenarbeit »Hauptaufgaben« seien. Das wollten wir also beide. Also konnte, das war immerhin gelungen, auch aus Moskauer Sicht ein Vertragsgegner ein Freund des Friedens sein. Es war eine winzige Palme, die man mir da reichte. Aber immerhin eine Palme! Kein Schwert und keine Distel.

Klassisch war Kossygins Dialektik zum Schluß unseres Gespräches. Ich erklärte: »Schade, Herr Ministerpräsident! Wir haben leider keinen gemeinsamen Standpunkt gefunden.« Kossygin erwiderte: »Nicht die beiden Standpunkte sind unterschiedlich, sondern Ihr Standpunkt, Herr Vorsitzender, entspricht nicht der realen Lage.«

Zum Abschluß des Besuches lud die Präsidentin des Nationalitäten-Sowjet, Frau Nasriddinova, zu einem opulenten Mahl. Wie eine kräftige Pantherkatze wirkte diese bemerkenswerte Frau aus dem asiatischen Süden Rußlands. Sie agitierte und polemisierte temperamentvoll und heftig; aggressiv beschimpfte sie alle Gegner des Vertrages als Friedensfeinde: Das Volk will Frieden; also will es den Vertrag; deshalb müßten die Volksvertreter für den Vertrag stimmen. So einfach war das.
Ich saß ihr gegenüber und genoß es, ihre wildfunkelnden Augen und ihre geschmeidige Gestik anzuschauen. Ich sprach bewußt leise und liebenswürdig und vergaß wohl kein artiges Kompliment. Von einer Sekunde zur anderen wandelte sie sich: Die eben noch harte Stimme wurde weich und leise; plötzlich konnte sie lachen und scherzen – eine geballte Ladung Liebenswürdigkeit blitzte nun auf. Charme auf sanften Pfoten. Nach der Peitsche das Zuckerbrot. Eine Riesenkiste hervorragender Havanna-Zigarren sollte mich auch zu Hause an diese Stunden erinnern.
Nach Tisch kam ein sehr hoher Moskauer Diplomat, der viel mit meinem Besuch und mit dem Vertrag zu tun hatte, und bat unter vier Augen um Antwort auf die Frage, welchen Rat ich nun nach diesen Gesprächen meinen Kollegen und meiner Partei zu Hause geben werde. »Sie kennen ihn«, antwortete ich; man sei mir zwar menschlich überwiegend angenehm begegnet, aber in der Sache nicht nähergekommen. »Sie bedenken und kennen die Konsequenzen?« fragte er. »Welche?« fragte ich sofort zurück, und wir standen Auge in Auge; schweigend, eisig, die Luft zum Zerschnei-

den. »Überlegen Sie meine Forderungen und Anregungen« – mit diesen Worten beendete ich diese Szene und sagte: »Auf Wiedersehen.« Es gab einen festen Händedruck – er nahm meine Hand den Bruchteil einer Sekunde zu lang.
Frau Nasriddinova und eine Delegation brachten uns zum Flugplatz. Der Abschied war überaus freundlich.
Im Flugzeug entwarf ich den Beschluß, den ich zu Hause der Partei und der Fraktion vorschlagen wollte: Unsere Bedenken seien erhärtet. Es sei noch nicht gelungen, das Vertragswerk zustimmungsfähig zu machen.
Wir landeten in Bonn. Richard von Weizsäcker, Werner Marx und Olaf von Wrangel drängten in die Maschine, bevor ich aussteigen konnte. Die Reise habe daheim zunehmendes Interesse gefunden. Respekt und Sympathie seien gestiegen.
Die CSU verlangte sofort ein dringendes Gespräch. Journalisten, Kameras, Empfindlichkeiten, Dank, Mißgunst . . . Ich war eben wieder in Bonn.
Nach meinem ausführlichen Bericht, einer intensiven Diskussion und zahlreichen Vorgesprächen – auch innerhalb der Parteiführung – beschlossen meine Kolleginnen und Kollegen aus der Fraktion am 17. Dezember 1971 einstimmig:
»1. Die CDU/CSU-Bundestagsfraktion hat in ihrer heutigen Sitzung einen Bericht ihres Vorsitzenden Rainer Barzel über seine Gespräche in Moskau entgegengenommen. Sie billigt diesen Bericht in Form und Inhalt einstimmig und spricht Rainer Barzel ihren besonderen Dank für seine Haltung aus. Das schließt in vollem Umfang die Billigung der Bemühungen von Rainer Barzel ein, das Vertragswerk für die CDU/CSU zustimmungsfähig zu machen durch eine positive Einstellung der Sowjetunion zur EWG, die Aufnahme des Selbstbestimmungsrechts des deutschen Volkes

in das Vertragswerk sowie die verbindlich vereinbarte Absicht, in Deutschland Freizügigkeit für Menschen, Informationen und Meinungen herzustellen.
2. Die CDU/CSU-Fraktion begrüßt besonders, daß in den Gesprächen, die Rainer Barzel mit sowjetischen Staatsmännern führte, gemeinsam und verbindlich festgestellt werden konnte: Frieden und Zusammenarbeit sind Hauptaufgaben unserer Zeit. Gegenseitiger Gewaltverzicht ist notwendig. Der wirtschaftliche, wissenschaftliche und kulturelle Austausch muß und kann verbessert werden.
3. Mit Sorge stellt die Fraktion fest: Die Bundesregierung legt, entgegen ihren eigenen früheren verbindlichen Erklärungen, ein Vertragswerk zur parlamentarischen Zustimmung vor, das unvollständig ist, weil es den Kern der Probleme, die Lage der Deutschen in Deutschland, weder regelt noch löst. Wer Grenzfragen beantworten will, muß die Grenzen für die Menschen erträglicher machen. Das geschieht durch dieses Vertragswerk nicht.
In den Verträgen fehlt die Verpflichtung beider Seiten, die von ihnen beabsichtigte Friedens- und Entspannungspolitik auch in eine Beziehung zu setzen zu der uns verfassungsrechtlich und moralisch gebotenen Forderung nach Wiederherstellung der deutschen Einheit auf der Grundlage des Selbstbestimmungsrechts.
Das Vertragswerk muß im Zusammenhang mit der Europapolitik und der Weigerung der Sowjetunion, die Europäischen Gemeinschaften anzuerkennen, gesehen werden. Dieses Vertragswerk und diese fortbestehende Weigerung gefährden die Grundlagen der europäischen Politik und verändern das europäische Gleichgewicht.
4. Die entscheidenden Bedenken gegen das von der Bundesregierung vorgelegte Vertragswerk sind bestätigt und sogar erhärtet worden.«

Durch diese Reise wurde ich – angeblich – Besitzer einer Zobelmütze. Es gibt sie gleichwohl nicht. In Moskau trug ich eine einfache Pelzmütze, die ich in Berlin für diese Reise gekauft hatte.
Erich Kuby ernannte das Kaninchen zum Zobel. Schließlich empfing zur gleichen Zeit Willy Brandt den Nobel-Preis. Was lag da näher als die Schlagzeile: »Zwischen Nobel und Zobel«? Es klang gut, und es las sich angenehm. Wen stört da die fehlende Wahrheit?
Ich erzähle das als Beispiel für vieles, was ich erlebte – nicht nur in Moskau, wo sich ein Fernsehkorrespondent die »Nachricht« aus der Nase zog, alles sei so, daß ich abreisen wolle. Auch das war »Zobel«.
Da ich – bisher – in solchen Sachen weder dementiere noch prozessiere, läuft immer noch so mancher »Zobel« unter meinem Namen herum.
Laßt ihn. Wer mag, kann ja in meinen Kleiderschrank schauen . . .

Stufenplan

Nun rückten die Verabredungen der beiden Staaten in Deutschland in den Mittelpunkt der Ostpolitik. Ich legte am 4. Januar 1972 öffentlich einen Stufenplan vor. Mein Vorschlag wollte feste Verabredungen von Leistung und Gegenleistung: Stufe zwei tritt erst in Kraft, nachdem die verabredeten Maßnahmen der Stufe eins hin und her erfüllt sind: »Warum setzt sich die Bundesregierung nicht zum Ziel, mit der Regierung der DDR ein Abkommen auszuhandeln, das ein Programm zunehmender Freizügigkeit in beiden Richtungen enthält, das im Laufe einer vereinbarten mehrjährigen Frist verwirklicht wird, in einem festgelegten, stufenweisen Prozeß? . . . Ein derartiges zu vereinbarendes

Stufenprogramm böte durch verbürgte menschliche Erleichterungen die Gewähr für einen innerdeutschen Ausgleich, für einen tatsächlichen Modus vivendi . . . Es muß der DDR zugemutet werden, der Realität der Einheit unseres Volkes in dem Maße Rechnung zu tragen, in dem wir jener Realität ins Auge sehen, daß die staatliche Einheit Deutschlands in absehbarer Zeit nicht verwirklicht werden kann.«

Die amtliche Bonner Politik hatte weder die Nerven für diese Stufen noch den Willen, auf kontrollierter Gegenleistung zu bestehen. Man hatte sich unter Zeitdruck gesetzt. So kam es dazu, daß unseren Leistungen, die im Vertrag enthalten waren, Erwartungen auf Gegenleistungen gegenüberstanden, die nicht im Vertrag zu finden waren. Kasse gegen Hoffnung – ein erbärmliches Geschäft.

Es ist eben, so sagte ich am 26. Januar 1971 auf unserem Düsseldorfer Parteitag, »ein Triumph der Hoffnung über die Erfahrung, kommunistischen Partnern erst in aller Form zu geben, was sie haben wollen, und dann zu hoffen, die erwartete Gegengabe werde schon großzügig gewährt werden«.

So nicht

Die erste Lesung des Vertragswerkes fand vom 23. bis zum 25. Februar 1972 im Deutschen Bundestag statt. Ich hielt unsere Linie durch. Mit meiner So-nicht-Rede stellte ich die »zentrale Frage« folgendermaßen: »Die Frage heißt, ob aktive Deutschland-Politik möglich bleibt oder ob sie etwa aus dem Bereich der praktischen Politik in den der Belletristik verschoben wird.« Und ich fragte, ob das Vertragswerk nur eine Lage beschreibe oder ob es diese festschreibe, ob es also eine endgültige Regelung oder einen »Modus vivendi« enthalte. Eine geschichtliche Entscheidung stehe an, in der es nicht nur um Vertragstexte, sondern um eine Politik gehe. »Man weiß in Moskau – wie in Washington, London und Paris – sehr gut, daß das Vertragswerk für uns als ein Modus vivendi zustimmungsfähig werden könnte, und zwar durch drei Punkte:

1. durch eine positive Einstellung der Sowjetunion zur Europäischen Gemeinschaft,
2. durch die Aufnahme des Selbstbestimmungsrechtes in das Vertragswerk,
3. durch die verbindlich vereinbarte Absicht, in Deutschland Freizügigkeit stufenweise herzustellen.«

Wir seien im Interesse der Versöhnung und des Friedens auch zu schmerzlichen Leistungen bereit, wenn »die Grenzen für die Menschen erträglicher, die Systeme humaner und die Minderheiten geschützt werden, wenn alle Benachteiligungen von Menschen wegen Religion, Sprache, Nation oder Meinung durch eine europäische Charta verbannt würden«. Nicht die Sicherheit von Staaten sei das Vordringliche, sondern die »Sicherheit menschenwürdigen Lebens im Alltag«. Krieg sei nur möglich, wo Volksverhetzung Erfolg habe. Also sei Frieden am besten da gesichert, »wo Freizügigkeit besteht, wo man sich kennt, wo Grenzen offen sind; nur da hat der Frieden dauerhaft eine Chance«. Diese Rede wirkte weit und tief. Sie befreite viele, weil sie nicht nur kritisierte, sondern einen anderen, möglichen Weg zeigte.

Es folgten der Wahlsieg in Baden-Württemberg, das konstruktive Mißtrauensvotum und das parlamentarische Patt (vgl. S. 59ff.). In dieser Lage gelang es uns, eine völkerrechtlich relevante Interpretation des Vertragswerkes durch die Bundesrepublik Deutschland zu erreichen. Widerspruchslos nahm der Oberste Sowjet vor der Ratifizierung unseren Beschluß zur Kenntnis:

»Die Verträge nehmen eine friedensvertragliche Regelung für Deutschland nicht vorweg und schaffen keine Rechtsgrundlagen für die heute bestehenden Grenzen. Das unveräußerliche Recht auf Selbstbestimmung wird durch die Verträge nicht berührt. Die Politik der Bundesrepublik Deutschland, die eine friedliche Wiederherstellung der nationalen Einheit im europäischen Rahmen anstrebt, steht nicht im Widerspruch zu den Verträgen, die die Lösung der deutschen Frage nicht präjudizieren . . . Die Bundesrepublik Deutschland geht dabei davon aus, daß die Sowjetunion und andere sozialistische Länder die Zusammenarbeit mit der EWG aufnehmen werden . . . Die Bundesrepublik Deutschland tritt für die Normalisierung des Verhältnisses zwischen der Bundesrepublik Deutschland und der DDR ein. Sie geht davon aus, daß die Prinzipien der Entspannung und der guten Nachbarschaft in vollem Maße auf das Verhältnis zwischen den Menschen und Institutionen der beiden Teile Deutschlands Anwendung finden werden.«

Schon vorher hatte die Sowjetunion ihre Haltung gegenüber der Europäischen Gemeinschaft verändert und begonnen, sich auf ihre Wirklichkeit einzustellen (vgl. Rainer Barzel: Es ist noch nicht zu spät, München 1976, S. 174 ff.). Auf die Forderung nach Freizügigkeit, so hieß es, werde man nicht nur bei den innerdeutschen Verhandlungen zurückkommen, sondern auch international auf der bevorstehenden Konferenz über Sicherheit und Zusammenarbeit in Helsinki.

Die unübersehbaren »Nachbesserungen« schrieb Fritz Ulrich Fack – schon vor der Bundestagsentschließung – in der FRANKFURTER ALLGEMEINEN ZEITUNG vom 15. April 1972 dem »Beitrag der Opposition« zu: »Ob es damals ohne den massiven Widerspruch der Opposition gegen das Ergebnis der Vorverhandlungen beispielsweise einen ›Brief zur deutschen Einheit‹ gegeben hätte, den Moskau schweigend entgegennahm, ist ziemlich zweifelhaft. Daß aber dieser Brief niemals den Obersten Sowjet im Ratifizierungsverfahren erreicht hätte – was einer Akzeptierung seines Inhalts gleichkommt –, wenn die Opposition nicht beharrlich eine Verdeutlichung des Vertragsinhalts und die Verbesserung der faktischen Situation in Deutschland gefordert hätte, steht außer Frage. Das gleiche gilt für die Bestätigung der deutschen Vertragsauslegung in der Frage der ›Unverletzlichkeit‹ der Grenzen und für Breschnews nuancenreiche Rede vor dem Moskauer Gewerkschaftskongreß, in der er die EWG nun auch offiziell als Realität akzeptierte . . . Aber auch der dreitägige Austausch von Argumenten im Parlament Ende Februar hat manchen Koalitionsabgeordneten angesichts der Qualität der gegnerischen Argumente nachdenklich gemacht. Insofern stellen sich die diversen Nachbesserungen des Kreml dem Außenstehenden tatsächlich nicht zuletzt als ein Erfolg der Opposition dar. Warum das nicht bekennen?«

Auch im Ausland blieb nicht verborgen, daß wir tätig waren. So klopfte zum Beispiel am 21. März 1972 der Pariser COMBAT warnend auf den Busch: »Während die Mehrheit des Bundeskanzlers nur noch an einem Faden hängt, zeichnet sich eine – gleichzeitig von der CDU und von Moskau ausgearbeitete – Ersatzpolitik für die Ostpolitik ab.«

Entscheidung

Das waren dramatische und hektische Tage vom 27. April bis zum 17. Mai 1972 – zwischen dem konstruktiven Mißtrauensvotum und der Abstimmung über die Verträge: Nachdem weder Willy Brandt noch ich eine Mehrheit hatten, galt es, aus dieser Lage das Beste zu machen – innen- wie außenpolitisch. Unser Ziel war, das Vertragswerk so zu gestalten, daß wir zustimmen konnten; und dann wollten wir bald einen neuen Bundestag wählen. Alles das ließ sich gut an. Eine breite Mehrheit im Volk begrüßte lebhaft diese »Aktion Gemeinsamkeit«; man sah die Kontrahenten wieder gerne am gemeinsamen Beratungstisch. Auch aus dem Westen reagierte man wohlwollend.

Am 7. Mai teilte mein Kollege Franz Josef Strauß – völlig im Sinne unserer Verabredungen – unsere Absichten und Ansichten auch öffentlich mit.

In diesem Interview in BILD AM SONNTAG vom 7. Mai 1972 bestätigte Strauß, daß Regierung und Opposition an einer gemeinsamen Entschließung arbeiten. Diese müsse drei Punkte enthalten: »1. Daß die Europapolitik der Bundesrepublik durch russisches Veto nicht gebremst werden kann. 2. Daß es sich nicht um einen Vor- oder Ersatzfriedensvertrag handelt. Daß das Recht der Deutschen auf Selbstbestimmung unangetastet bleibt. Daß der Vertrag nicht Rechtsgrundlagen für Grenzziehungen schafft, sondern nur den Verlauf der durch Machtpolitik gezogenen Grenzen beschreibt. 3. Daß durch den Vertrag Vereinbarungen über innerdeutsche Freizügigkeit und Aufhebung von Gewaltmaßnahmen herbeigeführt werden.«

BILD AM SONNTAG setzte nach: »Wenn eine solche Entscheidung zustande käme, wäre also für die CDU/CSU der Vertrag akzeptierbar?«

Strauß antwortete: »Es müßte noch etwas hinzutreten. Die UdSSR müßte die Entschließung in verbindlicher Form zur Kenntnis nehmen. Sie müßte klarstellen, daß diese Erklärung nicht im Widerspruch zu Geist und Text des Vertrages steht . . . Die Regierung hat eine einmalige Chance, gemeinsam mit der Opposition die Glaubwürdigkeit ihrer Friedenspolitik nachzuweisen. Es geht uns um die sichtbare und spürbare Verbesserung des Vertrags*werkes*, das ja nicht nur aus dem reinen Vertragstext besteht.«

Nach dem gescheiterten Mißtrauensvotum hatten Fraktion und Partei zugestimmt, die nun notwendige »Aktion Gemeinsamkeit« ernsthaft und nicht taktisch zu betreiben. Ich schlug – mit Zustimmung meiner Partei und Fraktion – den Beteiligten vor, die Interpretationen des Vertragswerkes, welche die Bundesregierung im Deutschen Bundestag verbindlich abgegeben hatte, in ihren wesentlichen Teilen zu einer Entschließung des Deutschen Bundestages zusammenzufassen und diese als Dokument der Bundesrepublik Deutschland dem Obersten Sowjet zuzuleiten, bevor dieser – nach Kenntnisnahme der Entschließung und ohne Widerspruch zu ihr – ratifiziere.
Dieser Vorschlag brachte die Bundesregierung ebenso in eine Zwickmühle wie ihre Vertragspartner. Die Bonner konnten schlecht etwas anderes tun, als unter unserem Druck zum eigenen Wort zu stehen; sie taten es ungern, gequält, verwickelten sich in Widersprüche und hatten Mühe, aus unseren Texten ihre Worte wiederzuerkennen, sie zu bestätigen, sie gemeinsam aufzuschreiben, sie nun zu buchstabieren – also, wenn man so will, Buchstaben für Buchstaben rückwärts in sich aufzunehmen. Die Sowjetunion sollte ja widerspruchslos zur Kenntnis nehmen, was man da – für den Hausgebrauch – dem Deutschen Bundestag alles erzählt

hatte . . . Und die Moskauer, die den Vertrag gern als endgültige Regelung ausgaben, mußten nun aus Bonn seine Vorläufigkeit als Modus vivendi hinnehmen und durften natürlich ihren Vertragspartner nicht hängenlassen.
Die Besprechungen, Verhandlungen, Beratungen und Diskussionen jagten sich wie die Indiskretionen und die Mißverständnisse. Es gab Allparteiengespräche und Fachkommissionen. Und das alles wenige Tage nach einem mißglückten Kanzlerwechsel! Statt einander in den Rollen des Kanzlers und des Oppositionsführers abzulösen, saßen wir uns am Verhandlungstisch gegenüber, um den Schaden dieser Ostpolitik in Grenzen und alles für einen neuen Anfang offenzuhalten.
Die Endfassung der Entschließung arbeitete eine Kommission aus, der von unserer Seite die Kollegen Strauß und Marx angehörten. Sie leisteten Stunde um Stunde hervorragende Arbeit und erzielten ein »optimales Ergebnis« (Franz Josef Strauß). Entsprechend wurde am 9. Mai der Bundestagsfraktion berichtet.
Es gelang mir, begleitet von Richard Stücklen, die Zusicherung des sowjetischen Botschafters Falin zu erreichen, daß sich die Sowjetunion entsprechend meinem Vorschlag verhalten werde. (Kanzler und Außenminister hatten es für ausgeschlossen gehalten, das durchzusetzen – zumal in Moskau das Ratifizierungsverfahren schon abgeschlossen sei. Das Gegenteil stimmte.)

Die innerparteiliche Diskussion in der CDU verlief in dieser Richtung. So beschloß der Landesvorstand Westfalen-Lippe am 6. Mai 1972 in Dortmund unter Vorsitz von Heinrich Windelen einstimmig, die bisherige Haltung der Bundestagsfraktion uneingeschränkt zu unterstützen. Zugleich nannte er als »Voraussetzung für eine Zustimmung zu den

Verträgen«: Es müsse klar sein, daß der Gewaltverzicht das Kernstück der Verträge sei; daß diese lediglich einen »Modus vivendi« herbeiführten, »der die deutsche Frage bis zu einer friedensvertraglichen Regelung für ganz Deutschland offenhält. Sie beschreiben einen Zustand und schaffen keine Rechtsgrundlagen für bestehende Grenzen«.
Auch der Vorstand der CSU-Landesgruppe entschied sich am 8. Mai 1972 so, wie mir der parlamentarische Geschäftsführer Wagner zur vertraulichen Kenntnis mitteilte. Das entsprach ja auch der verabredeten Linie.
Alfred Dregger und die allermeisten fanden: »Die Resolution verändert den politischen Charakter der Verträge grundlegend. Sie ist nach Lage der Dinge optimal.«
So würdigte auch der Vorstand meiner Partei am 15. Mai unsere Arbeit positiv, zumal ich dieses mitteilen konnte:
Zum Wochenende hatte ich mich auf die entscheidenden Beratungen vorbereitet. Am 10. Mai hatte die Bundesregierung im Bundestag Unklarheiten über die Bedeutung der gemeinsamen Entschließung erzeugt. Deshalb faßte ich die Punkte, auf die es nun im wesentlichen ankam, schriftlich zusammen und bat Außenminister Scheel am 14. Mai 1972, mir diese Zusammenfassung schriftlich zu bestätigen oder zu verändern, damit alles unmißverständlich sei und es künftig keine Meinungsverschiedenheiten gebe.
Meine Zusammenfassung:
1. Die Bundestagsentschließung wird ein Dokument der Bundesrepublik Deutschland, das sich die Bundesregierung zu eigen macht.
2. Die Bundestagsentschließung wird von der Bundesregierung durch förmliche Übergabe an die Sowjetunion nach Art. 32 Wiener Konvention auf die völkerrechtliche Ebene gebracht. Die Zuleitung an den Obersten Sowjet vor dessen Abstimmung gibt ihr zusätzliches Gewicht.

3. Die Bundestagsentschließung wird verbindlich, weil jede deutsche Politik sich jetzt und künftig wird darauf berufen können und dem keiner – gestützt auf den Vertrag – widersprechen kann als Vertragsverletzung.

Walter Scheels Antwort:
»Zu 1.: ja.
Zu 2.: ja,
zweiten Satz ersetzen durch: Die Entscheidung erhält dadurch zusätzliches Gewicht, daß sie vor Beendigung des Ratifizierungsverfahrens dem Präsidium des Obersten Sowjet bekannt wird, wovon wir ausgehen können.
Zu 3.: ersetzen durch: Die widerspruchslose Entgegennahme der Entschließung bedeutet, daß dieser verbindlichen Grundlage der Politik der Bundesrepublik Deutschland niemand mit dem Hinweis begegnen kann, sie befinde sich im Widerspruch zu den Verträgen.«
Dieses Dokument trägt Walter Scheels Unterschrift.
So beriet am 15. Mai der Bundesvorstand der CDU und faßte diesen Beschluß – bei einer Gegenstimme und einer Enthaltung: »Das Präsidium der CDU hat am 26. August 1970 die entscheidenden Bedenken der Union gegen die Ostvertragspolitik der Bundesregierung formuliert. Kernstück war die Sorge, daß durch die Politik der Bundesregierung die deutsche Frage nicht offenbleibt, das Selbstbestimmungsrecht gefährdet und der Friedensvertragsvorbehalt entwertet wird.
Dank der Festigkeit und Beharrlichkeit der Union und dank der konsequenten und harten Verhandlungen ihres Vorsitzenden und der Verhandlungskommissionen sind folgende Klarstellungen erreicht:
1. Die Verträge dienen der Herstellung eines Modus vivendi.

2. Sie nehmen einen Friedensvertrag nicht vorweg und schaffen keine Rechtsgrundlage für die heute bestehenden Grenzen.
3. Die deutsche Frage ist nicht präjudiziert, das Selbstbestimmungsrecht nicht berührt. Eine friedliche Politik der Wiederherstellung der nationalen Einheit des deutschen Volkes ist mit den Verträgen vereinbar.
4. Die Bündnis- und Integrationspolitik im Westen ist unangetastet. Das Ziel ist durchgesetzt, die europäische Gemeinschaft stufenweise zu einer politischen Union fortzuentwickeln.
5. Die Deutschen dürfen in Deutschland von gesicherten Fortschritten in der Freizügigkeit für Menschen, Ideen und Informationen nicht ausgeschlossen werden.
In Ost und West ist damit der Beweis erbracht, daß jeder die Union braucht, um Politik mit der Bundesrepublik Deutschland machen zu können. Die Bundestagsentschließung zu den Verträgen ist in ihrem Inhalt eindeutig. Wir handeln im Einklang mit den Verträgen, wenn wir unsere Politik auf diese Entschließung gründen.
Der Bundesvorstand der CDU dankt Dr. Barzel und den Kommissionen für den Erfolg ihrer Verhandlungen. Die CDU kennt weder ein imperatives Mandat noch einen Fraktionszwang. Daher liegt die letzte Entscheidung bei der Bundestagsfraktion der CDU/CSU und bleibt, wie dies immer für die Union gegolten hat, im Gewissen jedes einzelnen Abgeordneten begründet.«

Leider hatten über dieses Wochenende örtliche Einflüsse manche Kolleginnen und Kollegen umgestimmt – vor allem im Süden.
In diesen Tagen gaben auch verantwortliche Stellen in östlichen Hauptstädten öffentliche Erklärungen ab. Einige mei-

ner Kollegen nahmen sie zum Anlaß, ihre Bereitschaft zuzustimmen nun zu überprüfen.
So kam es mir immer mehr nur noch auf die geschichtliche Dimension der Entscheidung in der Sache an: Wir müßten diese gemeinsame Entschließung durchsetzen und sichern, daß sie von der Bundesregierung als Dokument der Bundesrepublik Deutschland völkerrechtlich wirksam notifiziert und dann in Moskau vor der Ratifizierung widerspruchslos zur Kenntnis genommen werde. Wenn das gelinge, sei es nicht nur ein großer Erfolg der Konsequenz der Opposition, es bedeute mehr: Die deutsche Frage bliebe in der Substanz offen, der Sowjetunion werde es – rechtlich – nicht möglich sein, eine aktive Deutschland- und Berlinpolitik als »feindseligen Akt« und als »Aggression« hinzustellen, wie sie es noch im Notenwechsel mit der Regierung Kiesinger getan hatte.
Entsprechend berichtete und riet ich der Bundestagsfraktion der CDU/CSU abschließend am 16. Mai 1972: »Der Bundeskanzler ist im Amt, weil wir nicht imstande waren, einen anderen Kanzler zu wählen.« Wäre das konstruktive Mißtrauensvotum nicht durch Verrat aus den eigenen Reihen gescheitert, so wäre die Lage rundherum anders. Immerhin: Auch das mißglückte Mißtrauensvotum habe einiges bewirkt. Ohne diese Aktion wären die Verträge längst unverändert verabschiedet, gäbe es keine Bundestagsentschließung, welche die deutsche Auffassung des Vertrages auch der Sowjetunion gegenüber dauerhaft wirksam mache. So sei erreicht, daß eine aktive Deutschlandpolitik möglich bleibe, ohne Gefahr zu laufen, von der Sowjetunion als »Angriff« und als »Vertragsverletzung« – mit allen Konsequenzen – beantwortet zu werden. Das Vertragswerk sei politisch verändert und stelle sich nun auch rechtlich besser dar. Volksfrontgefahren seien gebannt. Nicht nur unsere

Deutschland-, auch unsere Europapolitik bleibe möglich. Das alles sei uns – aus dem Patt, aus der Opposition – gelungen. Man begegne uns mit wachsendem Respekt. Neuwahlen stünden bevor. Es wäre verhängnisvoll, wenn wir etwa die einzigen im Inland wie im Ausland sein sollten, die den eigenen Erfolg nicht sähen oder gering achteten und sich so am Schluß um die Früchte harter und konsequenter Arbeit brächten. Die innenpolitische Situation sei gleichfalls – nicht nur durch das gescheiterte Mißtrauensvotum und die bevorstehenden Neuwahlen – verändert: Die koalitionspolitischen Grundbedingungen ließen neue Entwicklungen zu, wenn die Verträge – die »Fessel der Koalition« – auf diese Weise vom Tisch seien.

»Ich würdige das Gesamtergebnis«, so faßte ich das zusammen, »vor allem im Interesse des inneren Friedens positiv.« Unser Bemühen, das Vertragswerk zustimmungsfähig zu machen, habe Erfolg gehabt. Man werde in Moskau nun schriftlich Inhalte entgegennehmen, von denen man beim damaligen mündlichen Meinungsaustausch noch wenig wissen wollte. Wir könnten mit dem Vertragswerk leben. Die Einheit der Nation bleibe – wie Recht und Pflicht, für sie zu wirken. Es sei kein Grund anzunehmen, die Sowjetunion werde später, für den Fall der Ablehnung der Verträge durch den Deutschen Bundestag, bessere Verträge für Deutschland und für Berlin abschließen.

Nach mir sprach – weit ausholend – Strauß. Er erkannte die Bemühungen um Gemeinsamkeit an (»wir sind hier durchaus richtig verfahren«) und bekannte sich erneut zur Entschließung. Die CSU werde die Entschließung annehmen und »die Verträge leider ablehnen«.

Wieder diskutierten wir über Stunden – in die Nacht hinein. Ich verzichte darauf, den Gang der Erörterungen im einzelnen mitzuteilen. Kiesinger und Hallstein empfahlen die einheitliche Enthaltung, da einerseits die erstrittenen Verbesserungen ein Nein nicht mehr erlaubten, andererseits die gesamte Politik der Bundesregierung ein Ja nicht rechtfertige. Wir unterbrachen die Sitzung gegen Mitternacht. Die CSU beriet anschließend gesondert weiter.

Nach kurzem Schlaf saß ich am nächsten Morgen an meinem Schreibtisch, um meine Gedanken zu ordnen und Notizen zu machen.

Es wäre richtig gewesen, nun ja zu sagen und mit dem durch uns verbesserten Vertragswerk in die bevorstehenden Neuwahlen zu gehen. Zugleich war es aussichtslos, dieses Ja einheitlich zu erreichen. Und halb wog es zu wenig. Eine starke Minderheit, vielleicht auch eine Mehrheit, würde trotz allem mit Nein stimmen. Gäbe ich die Abstimmung ohne vorherigen Beschluß der Fraktion frei, so stünde ein Wahlkampf bevor, in dem z. B. der Kölner Abgeordnete links des Rheins anders argumentieren würde als sein Kollege von der rechten Seite.

Vielleicht hatte ich Fehler gemacht. Wer ist davon frei? Bestimmt hatten andere ihre Meinung geändert und ließen mich nun allein. Das war – nach dem Mut zum Mißtrauensvotum und der Erfahrung des Verrats – doppelt bitter.

Ich war versucht, trotzig das Ja zu empfehlen und die Abstimmung darüber mit der Frage meines weiteren Vorsitzes zu verbinden. Aber: Als Vorsitzender mit 60 Prozent in Wahlen gehen? Oder einen neuen Vorsitzenden und Kanzlerkandidaten so kurz vor den Wahlen suchen, also zur aufwühlenden Vertragsdiskussion in der Partei, die ohnehin weitergehen würde, noch eine Personaldiskussion?

Ich entschied mich: Der Weg vom Ja zur Enthaltung war kürzer als der vom Nein zur Enthaltung. Er bewirkte, daß

die Verträge nicht scheiterten. Wenn die Fraktion zuerst – mit sehr großer Mehrheit – die gesamte Verhandlungsführung erneut positiv würdige und ihre Bereitschaft, das Vertragswerk zustimmungsfähig zu machen, nochmals bestätige (einige wollten von dieser immer wieder bekundeten Absicht nun nichts mehr wissen und warfen mit Vorwürfen gegen mich nur so um sich, um von ihrer Meinungsänderung abzulenken), dann sei ich bereit, im Interesse der Einheit der Union und der gemeinsamen Fraktion sowie im Blick auf die Wahlen das persönliche Opfer zu bringen und den Rat Kiesingers weiterzugeben. Es geschah so. – Strauß und Stücklen suchten mich vor der Sitzung auf und verlangten die einhellige Enthaltung; falls man anders verfahre, werde die CSU einstimmig mit Nein stimmen.
Vor der Schlußabstimmung des Deutschen Bundestages am 17. Mai 1972 erklärte Kurt Georg Kiesinger für uns: Seit der ersten Lesung des Vertragswerkes ist vieles verändert: »Wesentliche Klarstellungen« sind gelungen. Die Verträge dienen »der Herstellung eines Übergangszustandes«; sie nehmen »einen Friedensvertrag nicht vorweg und schaffen keine Rechtsgrundlagen für die heute bestehenden Grenzen«; »das Selbstbestimmungsrecht des deutschen Volkes wird durch die Verträge nicht berührt«; »eine friedliche Politik der Wiederherstellung der nationalen Einheit des deutschen Volkes steht nicht im Widerspruch zu den Verträgen«. Es sei die Absicht der Opposition, »durch ihre Enthaltung einerseits kein Scheitern der Verträge herbeizuführen, andererseits das Ja aller Parteien des Deutschen Bundestages zu der gemeinsamen Entschließung zu erreichen, die wir als eine verbindliche Grundlage der Außenpolitik der Bundesrepublik Deutschland betrachten«.
Im Deutschen Bundesrat ließen alle Länder die Verträge passieren.

Das Bündnis ließ uns nicht im Stich. Im Beschluß der Ministertagung des Nordatlantikrates vom 31. Mai 1972 heißt es: Die Minister stellen mit Befriedigung fest, daß die Verträge in Kraft treten. Sie seien bedeutsam »sowohl als Beitrag zur Entspannung in Europa als auch als *Elemente des Modus vivendi,* den die Bundesrepublik Deutschland mit ihren östlichen Nachbarn herstellen will«.

Nach der Abstimmung verließ Kanzler Brandt wütend das Parlament: Nun habe er keine Stimme der Opposition für die Verträge, aber »diese Entschließung am Hals«.
Sein Nachfolger, Bundeskanzler Helmut Schmidt, erklärte am 17. Juni 1977 vor dem Deutschen Bundestag: »Auf deutschem Boden bestehen zwei deutsche Staaten mit unterschiedlichen Gesellschaftssystemen. Wir aber bejahen die *eine* Nation. Deshalb behält auch der Brief zur deutschen Einheit seine Bedeutung. Die deutsche Frage ist offen. Erst die zukünftige Geschichte wird über die Antwort entscheiden.«
Welch weiter Weg von der Weigerung Brandts, künftig noch von Wiedervereinigung zu sprechen, bis zu diesen Sätzen! Welch harter Kampf!
Den Kommunisten ist diese Entschließung des Deutschen Bundestages bis heute ein Stein des Anstoßes und ein Dokument des »Imperialismus«. So war noch im Sommer 1977 in der parteiamtlichen polnischen Zeitschrift WARSCHAUER BIBLIOTHEK (Nr.6/1977) zu lesen: Die Bundestagsentschließung sei ein Dokument, mit dem man die deutsche Frage bis zu einem Friedensvertrag offenhalten wolle . . .
Sie haben das richtig verstanden.

Ein sachkundiger Beobachter trifft, wie mir scheint, den Kern der damaligen politischen Vorgänge genau, indem er

das Ganze »den großen Kompromiß« nennt (Hans Peter Schwarz in EUROPA-ARCHIV Nr. 2, 1977, S. 327ff.).
Kompromiß ist die demokratische Lebensform und unerläßlich für den inneren und äußeren Frieden. Er »stinkt« nur, wenn er »faul« ist. Ist der Kompromiß, der da am Schluß durch Geben und Nehmen zustande kommt, durch Argumente und Härte hin und her ausgereizt, so löst er Probleme und eröffnet allen die Chance, neu zu beginnen.
Kompromiß – das ist doch: Durch Gegeneinander zum Miteinander.
Wie anders sollen Vernunft und Frieden regieren?
So sind wir zu neuem Anfang gefordert. Die deutsche Frage bleibt offen – fast wäre sie einseitig beantwortet worden. Wer wird sie künftig für sich entscheiden? Die Demokratie oder die Diktatur?

4. Zukunft mit menschlichem Antlitz

Erneuerung · Brüderlichkeit · Kalter Frieden

Erneuerung

Für unsere Zeit tauge die Demokratie nicht. Darin sind sich der Schah von Persien, die chilenischen Generäle und die Kommunisten einig.
Ein Chor ängstlicher Klageweiber übernimmt die Melodie und singt nach ihr das Lied von der »Unregierbarkeit demokratischer Staaten und Städte«. Der Gesang der Mutlosen findet nicht nur bei Kassandra ein Echo. Verantwortliche Politiker, Journalisten, Professoren summen ihn nach – wie einen im Ohr haftenden Schlager beim Verlassen des Theaters; sie machen sich zu Lautsprechern dieser knieschlotternden Modemeinung, die vor lauter Frustration und Fragezeichen die Antworten vergißt; ihr Selbstvertrauen ist unter die Grenze des »Nullwachstums« gesunken.
Zum »Beweis« führen diese Deserteure mit der Stereotypie von Gebetsmühlen an, was sie voneinander zu oft schon bedenken- und gedankenlos abgeschrieben haben: die traurige und wohl hoffnungslose Lage des dekadenten europäischen Westens (ist Spanien dekadent?); die Schwäche der Parlamente und der Regierungen; die anwachsende Übermacht der Verbände – ob sie sich nun auf Massen oder auf Geld stützen; die anhaltende Inflation und die fortdauernde Arbeitslosigkeit; die Erpressung von Staaten durch Terrori-

sten. Sie behaupten die Unabänderlichkeit dieser Tatbestände, die uns als unentrinnbares Ereignis auferlegt seien. Für die Bundesrepublik Deutschland wird zudem auf die Übermacht der Gewerkschaften und Unternehmensverbände, auf die Schwächung der Bundesregierung durch die Länder, die Bundesbank, die Tarifautonomie und das Bundesverfassungsgericht hingewiesen.

Sind das, so ist wohl zu fragen, unausweichliche, vom Himmel verordnete Prüfungen unserer Leidensfähigkeit? Oder handelt es sich um faule Ausreden der Regierenden und ihrer Helfer? Um Ausflüchte und Vorwände also, die von der mangelhaften Leistung und dem unzureichenden Format, vom Versagen und der zunehmend langweiligen Mittelmäßigkeit vieler europäischer Kabinette ablenken sollen?

Demokratie, die hier zur Debatte steht, ist nicht eine Verfahrensvorschrift, sondern ein Inhalt; kein Kompetenzregler, kein Machtverteiler, kein Prestigeobjekt, keine Posten-Vermittlungs-AG, sondern das in Freiheit geordnete, faire Zusammenleben von Menschen in einem Rechtsstaat. Von Menschen, die nicht »von oben« gegängelt werden, sondern durch eigene Entscheidung sich so einordnen wollen, daß ihre Selbstbestimmung nicht Schaden leidet, vielmehr zunimmt. Demokratie lebt in dir und den Nachbarn – oder sie welkt dahin und wartet auf den, der sie zum Abfall wegkehrt.

Die Unabhängigkeitserklärung der Vereinigten Staaten von Amerika sagt es klassisch: »Folgende Wahrheiten erachten wir als selbstverständlich: daß alle Menschen gleich geschaffen sind; daß sie von ihrem Schöpfer mit gewissen unveräußerlichen Rechten ausgestattet sind; daß dazu Leben, Freiheit und das Streben nach Glück gehören; daß zur Sicherung dieser Rechte Regierungen unter den Menschen eingesetzt werden, die ihre rechtmäßige Macht von der Zustimmung der Regierten herleiten; und daß, so jemals eine Regierungsform diesen Zielen gefährlich sein sollte, das Volk das Recht hat, sie zu ändern oder abzuschaffen und eine neue Regierung einzusetzen.«

Es gibt nichts Besseres. Der Preis dafür: Es gibt nichts Schwierigeres, nichts Anspruchsvolleres.

Keine Verfassung, kein Gesetz, kein Richter, kein Polizist, aber auch kein Parlament und keine Regierung allein können die Demokratie sichern, erhalten, ausbauen. Demokratie lebt da, wo es Demokraten gibt; solange es sie gibt. Und das sind Menschen mit informierter Meinung und wohlerwogener Überzeugung; mit Leidenschaft; mit Höflichkeit und Rücksicht auf das Recht des anderen; mit Erfahrung; mit Zuneigung zu ihrem Gemeinwesen; mit der Bereitschaft zu Pflicht und Dienst als der Voraussetzung des Anspruchs auf Freiheit und Recht.

Demokratie ist kein schlapper Staat. In ihr regieren die Gesetze, welche die Bürger in Wahlen bestätigen oder verwerfen. Es gibt keine stärkere Grundlage für Ordnung und Zukunft als den Willen der Mehrheit. »Quod omnes tangit, ab omnibus approbetur«, was alle angeht, soll von allen bestätigt werden – so hieß es in einer mittelalterlichen Einladung zur Sitzung des britischen Parlaments. So begründet Demokratie die stärkste Autorität. Sie verlangt nach Führung – immer auf Zeit, immer auf Abruf durch die Mehrheit. Aber: Führung!

Großbritannien ist nicht mehr das Musterland der Demokratie. Leider. Die USA haben die äußere Stärke, die innere Kraft, die Stetigkeit wie die Erneuerung dieser lebendigen Demokratie seit mehr als zweihundert Jahren bewiesen. Es lohnt, die dortige Verfassung wie die Verfaßtheit dieses

Landes zu studieren. Vor mehr als hundert Jahren berichtete der Franzose Alexis de Tocqueville den Europäern von der Demokratie in Amerika. Brauchen die Europäer einen neuen Tocqueville?

Der alte genügt: Tocqueville sah das Zeitalter der Gleichheit kommen und fürchtete für die Zukunft der Freiheit. Aus Gleichheit könnten zu leicht die uniformierte Masse, die neue Knechtschaft und der neue Despotismus entstehen: »Ich glaube also, daß die Art von Unterdrückung, die den demokratischen Völkern droht, in nichts der Unterdrükkung gleichen wird, die es früher in der Welt gegeben hat ... Über allen erhebt sich eine ungeheure Vormundschaftsgewalt ... Sie ist absolut ... sie sucht die Menschen unabänderlich im Zustand der Kindheit zu halten ... Sie bedeckt sie in ihrer ganzen Ausdehnung mit einem Netz kleiner und verwickelter Regeln von peinlicher Genauigkeit und Einförmigkeit, durch das hindurch selbst die originellsten und kräftigsten Geister sich nicht mehr Luft verschaffen können ... Sie bricht den Willen nicht mit Gewalt, sondern weicht ihn auf, macht ihn biegsam und lenkt ihn. Selten zwingt sie zu einer Handlung, aber sie steht ständig dem Handeln im Wege; sie zerstört nicht, aber sie hindert, daß etwas entsteht; sie tyrannisiert nicht, aber sie stört, sie engt ein, sie höhlt aus, sie erstickt, sie stumpft ab und bringt jede Nation dazu, nur noch eine Herde furchtsamer und fleißiger Tiere zu sein, deren Hirt die Regierung ist ... Der Gedanke, daß sie selbst ihren Vormund gewählt haben, tröstet sie über die Vormundschaft ... [Diese] bedrückt sie nicht, aber sie hindert sie überall und bringt sie dazu, auf den Gebrauch ihres eigenen Willens zu verzichten. Sie erstickt den Geist und höhlt die Seele aus. Und man wird niemand einreden können, daß jemals eine liberale, energische und weise Regierung aus den Abstimmungen eines Volkes

von Knechten hervorgehen könne.« (Zitiert nach Alexis de Tocqueville: Das Zeitalter der Gleichheit, hg. von Siegfried Landshut, Klassiker der Politik, Band 4, Köln 1967.)
Das schrieb unser französischer Prophet im Jahre 1835. Er sah das Problem klar und bezeichnete es deutlich. Glücklicherweise hielt er sich nicht damit auf, das alles als unabänderlich »herbeizufürchten«. Er gab kluge Ratschläge, wie man diesem neuen Despotismus nicht nur entgehen, sondern ihn überwinden könne: Gewaltenteilung schlug er vor und Freiheit der Presse, eine unabhängige Beamtenschaft und Vereinigungen von Menschen als »gebildete und mächtige Bürger«, die dem Despotismus die Stirn zu bieten vermögen; Stil und Form bedeuteten ihm viel: »Es gibt nichts Erbärmlicheres als die hochfahrende Verachtung, die die meisten unserer Zeitgenossen für Fragen der Form zeigen.« Tocqueville ging es um die Frage, »ob die Gleichheit zur Knechtschaft oder zur Freiheit, zur Bildung oder zur Barbarei, zum Wohlstand oder zum Elend führt«.
In nichts verließ er sich auf Technik und Verfahren. Tocqueville war »überzeugt, daß alle die Schiffbruch erleiden werden, die in den kommenden Jahrhunderten versuchen sollten, die Autoritäten auf Privilegien und Aristokratie zu gründen. Alle, die die Autorität in die Reihen einer einzigen Klasse ziehen und dort festhalten wollen, werden scheitern . . . Ich glaube, ich hätte die Freiheit zu allen Zeiten geliebt, aber in unserer Zeit empfinde ich eine besondere Neigung, sie zu verehren . . . Laßt uns daher der Zukunft mit jener heilsamen Furcht begegnen, die wachsam und kampfbereit macht, und nicht mit jenem kraftlosen und untätigen Schrecken, der das Herz niederdrückt und zermürbt.« Tucholskys Zeitgenossen hätten das beherzigen sollen!
Das war genial: Es nahm unsere APO vorweg wie den Ost-West-Gegensatz – und, wer wollte es leugnen, ein gu-

tes Stück der Probleme, welche die Freiheitsleute im Westen mit den Gleichheitsleuten im Osten gemeinsam haben.

Die russische Oppositionelle Raissa Lert beklagt, daß die Herrschenden in der Sowjetunion »mit Andersdenkenden nicht diskutieren, sondern sie verhören«. Während das im Westen gedruckt wird (Aufzeichnungen aus dem sowjetischen Untergrund, hg. von Roy Medwedjew, Hamburg 1977, S. 42), kritisiert der evangelische Kirchenmann Zilleßen auf einem Parteikongreß in der Bundesrepublik Deutschland die deutschen Parteien: Deren Arroganz sei so angestiegen, »daß der Bürgerdialog zur Audienz verkommt« (FRANKFURTER ALLGEMEINE ZEITUNG vom 3. Mai 1977).

Natürlich ist der Unterschied zwischen »Verhör« und »Audienz« groß. Aber er ist nicht deutlich genug, um die moralische Entfernung zwischen Diktatur und Freiheit zu markieren. Hat die Oppositionelle aus Rußland recht und der deutsche Kirchenmann nur überzeichnet, so gibt es zwischen Ost und West eine peinliche, bemerkenswert bedenkliche Gemeinsamkeit: Politische Macht – hier errichtet durch Wahlen, dort durch Brutalität plus Bürokratismus – verfestigt sich; Strukturen verkrusten; Etabliertheit ist (fast) alles.

Die Kommunisten werden daran zugrunde gehen. Wo Diskussion und Argument und Geist gefordert sind, reagieren sie mit Disziplin und Ordnungsstrafen. Wo es so bestellt ist, wächst keine Zukunft, verwelkt die Hoffnung zum Laub der Geschichte; da stirbt, was gestern bedeutend war und heute noch machtvoll ist, morgen durch innere Fäule.

Für Demokraten aber ist das, was der mutige Kirchenmann da den Mächtigen schonungslos sagte, ein Alarmsignal, ein Aufruf an die Politik, sich zu besinnen und zu erneuern:

Demokratie darf nie zu »Audienz« verkümmern und zu »Anhörung« zusammenschrumpfen. Sie ist nur wirklich und lebendig, wo Mitwirkung, Mitbestimmung, Mitsprache und Mitverantwortung tatsächlich vorhanden sind; wo die Meinung auch von unten nach oben gebildet wird – vom Volk zu den Gewählten; wo die Verantwortung durch Rechenschaft von oben nach unten begründet wird; wo man »die da oben« mit Mehrheit auswechseln kann. Demokratie ist Diskussion.

Der Kirchenmann ist der Wahrheit näher als der Gesangverein mit dem Lied von der »Unregierbarkeit«: Milton Friedman, Nobelpreisträger aus den USA, warnt: »Mehr und mehr wird der Freiheitsraum des einzelnen beengt, der Bürger erst über die Steuer, dann über die Inflation ausgebeutet, bis ökonomischer Zwang in politische Gewalt umschlägt . . .« Und er fügt hinzu, daß Leiter großer Unternehmen nicht mehr über öffentliche Probleme sprächen, weil sie sich vor der Kartellbehörde, dem Finanzamt, der Börsenaufsicht usw. fürchteten (CAPITAL Nr. 12, 1976, S. 29).

Der belgische Ministerpräsident Leo Tindemans kündigte im Februar 1977 Initiativen zur Bildung eines »Komitees zur Verteidigung der Demokratie« an, weil es am verfassungstreuen Gemeinsinn fehle.

Einer der Herausgeber der FRANKFURTER ALLGEMEINEN ZEITUNG, Jürgen Eick, beschrieb das »Regime der Ohnmächtigen« (Frankfurt 1976). Sie trügen für alles die Verantwortung, aber sie hätten nicht die Macht, »jene Zustände zu ändern, die ihnen angelastet werden«. Nicht die Macht oder nicht das Format – so bleibt wohl zu fragen.

DIE ZEIT vom 29. April 1977 überschrieb einen Aufsatz von Rolf Zundel über den Deutschen Bundestag mit »Ein Bonner Narrenparadies«. Es wurde kein allgemeiner Aufschrei

bekannt, obwohl das Parlament der Herzmuskel unseres Rechtsstaates ist.
Eine Umfrage im Frühjahr 1977 ergab, daß 1962 noch 17 Prozent der Befragten den Wunsch hatten, selbständig zu werden; 1977 wollten das nur noch 7 Prozent.
Offen kritisieren Parteipolitiker ihre Minister, weil sie sich nach Verfassung, Sachkunde, Eid und Gewissen statt an der Parteimeinung orientieren. (So z. B. in FRANKFURTER ALLGEMEINE ZEITUNG vom 22. Februar, 4. Juni und 9. Juli 1977.)
Es stimmt auch, daß die Bürger ihr Parlament und ihre Regierung für fast alles verantwortlich machen – auch für Zustände, die andere bewirkten.

Im Frühjahr 1977 trafen sich die neun Regierungschefs der Europäischen Gemeinschaft in Rom. Sie gedachten der Gründung ihrer Gemeinschaft vor 20 Jahren. Damals waren Männer wie Konrad Adenauer, Paul Henri Spaak, Antonio Segni, Joseph Besch zur Unterschrift des Vertrages nach Rom gekommen. Das sind auch heute noch wohlklingende Namen herausragender Persönlichkeiten. Voller Hoffnung und guten Willens sahen sie 1957 in die gemeinsame Zukunft, die den nun vereinigten Europäern mehr wirtschaftliche Blüte, bessere soziale Sicherheit, größeres Gewicht in der Weltpolitik geben sollte. Der weite »Gemeinsame Markt«, die gemeinsamen Institutionen, Ziele und Regeln, die gemeinsame Verantwortung und Politik sollten das schaffen. Mit Weitsicht und Kühnheit wurde ein neuer Aufbruch verkündet und entschlossen begonnen.
Nun, 20 Jahre später, saß man zum »Jubiläum ohne Illusionen« um den gemeinsamen Tisch. Den wenigstens gab es noch. Sonst sah es trübe aus: Die Zollunion bröckelte, von der Wirtschafts- und Währungunion war man weit entfernt,

eine gemeinsame Politik war nicht in Sicht, Nationalismen regten sich und Erstarrung war unverkennbar. Schmalbrüstig saßen einige da und fußkrank.
Man entschuldigte die Lage mit der Weltwirtschaft, mit den Rohstoffpreisen; mit Ereignissen also, für die man nicht selbst verantwortlich sei. Eine ansteckende Krankheit habe sie alle – bedauerlicherweise und schuldlos – befallen.
Die europäischen Regierungschefs hätten besser daran getan, einander genauer anzusehen und auch den Blick in den Spiegel nicht zu scheuen; sie hätten meist blasse Verwalter eines großen Erbes erblickt. Sie unterließen das, sprachen über Wirtschaft und suchten vergeblich Rezepte. Dann fuhren sie – jeder für sich – nach Hause, in den Nebel ihrer heimischen Wirklichkeiten; natürlich nicht, ohne zuvor in die Kameras gestrahlt und einander bedeutungsvoll auf die Schultern geklopft zu haben. Blumensträuße-Tausch. Über Politik hätten sie sprechen sollen! Und von sich selbst. Wie sie mitwirkten, als die Weichen gestellt wurden, auf denen nun unfertige Züge in falschem Tempo an Haltesignalen vorbei überwiegend in die ungewünschte Richtung fahren. Vom Dickicht der Gutachter und Gremien, das ihre Entscheidungsscheu wie ihre Vertagungsfreude wachsen ließ, hätten sie reden sollen – ein Dickicht, in dem selbst der Versuch scheiterte, außer Fragen auch Antworten zu finden; in dem vor lauter Papier, erfundener Kompliziertheit und verwirrenden Kompetenzen der Verantwortliche in der nebelhaften Anonymität der Beteiligten nun nicht mehr aufzutreiben ist.
Sie hätten sich das Titelbild von TIME zu »Watergate« ansehen sollen: Da stehen alle Verantwortlichen im Kreis und jeder zeigt auf den Nachbarn; so dreht sich Verantwortung rundum, unpersönlich. Sie entschuldigen sich: Fragt den anderen, den da, der weiß mehr, der durfte mehr; und so

verteidigen und beschuldigen sie einander der Reihe nach, im Kreis herum. Sie alle sind verantwortlich, weil sie der Mut verließ, sich zu bekennen, zu entscheiden, zu fragen, zu antworten und zu verantworten.
Unsere Mächtigen und Verantwortlichen hätten über zu viel Staat, zu viel Zentralismus, Wirtschaftspolitik, Versprechen und Ansprüche, über zu viel Ausreden, Halbherzigkeit, Wankelmut, über fehlende politische Führung nachdenken sollen. Sie wußten vor lauter Ausflüchten und Meinungsumfragen nicht mehr, was los ist.
Unter ihren Augen hatten sich auf den weißen Feldern, die ihre Schwäche unbebaut ließ, neue Barone und Feudalherren etabliert: Fernsehredakteure und Gewerkschaftssekretäre wurden mächtiger als Minister; Gerichte und Bürgerinitiativen zeigen den Staaten die »Grenzen der Macht«, weil die Politik die rechtzeitige Information und Diskussion, die Argumente, die Begründung und die Vorausschau unterlassen hat (die Atomenergie wird schlechter an den Mann gebracht als ein Waschmittel). Vielleicht finden sie ein Wochende, wo sie wenigstens über diesen Satz aus dem Tagebuch eines Sozialisten nachdenken, der einer der ihren war und plötzlich durch Hirnschlag ausschied: »Es ist an der Zeit, daß wir dem privaten Leben größeren Wert zumessen, größeren Wert auch der Freiheit und der Meinungsverschiedenheit, der Kultur, der Schönheit, der Muße und sogar der Frivolität. Enthaltsamkeit und ein zuverlässiger Zettelkasten bringen uns nicht ins sozialistische Traumland.« So Anthony Crosland, Außenminister Großbritanniens, in seinem Tagebuch, nach der NEUEN ZÜRCHER ZEITUNG vom 22. Februar 1977.
Hätten also die hochgeschätzten Herren sich über Politik unterhalten, für die sie immerhin gewählt waren, so wären sie wohl den Gründen der gemeinsamen Krankheit nahege-

kommen und hätten den Weg zur Heilung kaum verfehlen können: Der eine war aus einer Koalitionskrise nach Rom geeilt; der andere hatte gerade Neuwahlen hinter sich, die nichts zur Klärung beigetragen hatten; der nächste kam aus einer parlamentarischen Krise, die bald durch einen vorverlegten Wahlkampf gelöst werden sollte; diesem standen ohnehin Neuwahlen ins Haus; und jeder hatte Nachwahl auf Nachwahl verloren.

Davon – und von den Gründen der Malaise – redeten die Herren aber nicht. Sie sprachen von Inflation und von Arbeitslosigkeit, von Zahlungsbilanzen und von Defiziten wie von Naturereignissen auf einem fernen Stern. Sie fürchteten die Kommunisten (herbei?) und glaubten heimlich an die »Unregierbarkeit« moderner Industriestaaten und großer Städte. Von ihrem Anteil daran wußten sie nichts, ebensowenig von ihrem Beitrag zu dieser Malaise, weil niemand das öffentlich einklagte. Da die Opposition, wo es sie noch gab, überwiegend träumte, statt zu handeln, trottete das so vor sich hin . . .

Jedenfalls gab diese Bündelung der Hoffnungslosigkeit, die da in Rom vor sich hin frustrierte, keinem der Verantwortlichen und keinem Europäer neue Zuversicht. Die Chance zum Neubeginn blieb ungenutzt. Sie verdorrte und vermodert nun.

Kein Wunder, wenn man das Pferd vom Schwanz her aufzäumt!

Keine Ausweitung der Produktion und keine Steigerung der Produktivität allein werden die italienische Krise überwinden. Sie ist politisch begründet. Da hilft keine nur ökonomische Arznei. – Kein Kredit und kein Nordsee-Öl allein werden Großbritannien zu neuer Blüte verhelfen. Die soziale und politische Struktur steht dem wirtschaftlichen und sozialen Aufschwung entgegen. – Kein Investitionsprogramm und keine Steuersenkung wird Frankreich ein neues Goldenes Zeitalter bescheren. Die Lähmung kommt aus der Politik. – In Deutschland ist es ähnlich: Die politische Lage in Bonn verhindert den wirtschaftlichen Aufschwung.

Der Handel folgt heute der Flagge. Die Vollbeschäftigung und die soziale Sicherheit leben aus der Wirtschaftskraft. Wirtschaft braucht politische Führung, Zutrauen in die Kunst der Politiker und die Verläßlichkeit auf ihr Wort. Ohne klare Ziele und politisch gesicherte Wege geht nichts mehr gut. Geist ist gefragt; Orientierung; Wegweiser.

Soll Wirtschaft allen Arbeit, Wohlstand, Sicherheit bringen, soll sie also Erfolg für die Menschen haben, so muß sie in einer gesunden und beständigen politischen Wirklichkeit stattfinden. Eine verläßliche politische Struktur mit berechenbaren Politikern, Parteien, Gesetzen ist die Basis der wirtschaftlichen Leistung. Wo politische Führung ausfällt, wo diese – statt den Weg zu weisen – sich in werkelnden Reparaturarbeiten erschöpft, wo immerzu neu gewählt wird, wo täglich neue Pläne und Vorhaben, Gesetze und Rezepte verkündet und die von gestern verworfen werden, bevor sie wirken konnten, wo die Bürokratie anwächst wie die Steuerlast und die Formulare, Genehmigungen, Vorschriften – wo es so bestellt ist, da entsteht Mißmut, aber keine neue Kraft. Wo die politische Struktur Risse zeigt, wo sie verkrustet, den Veränderern blind überlassen bleibt und so die Ungewißheit von morgen zur einzigen Gewißheit von heute wird, da versagen alle ökonomischen Medikamente – wie Hustensaft gegen Blinddarmentzündung.

Wir haben eine Krise der Politik im freien Europa. Die wirtschaftlichen Schwierigkeiten und die sozial unzulänglichen Ergebnisse sind Folgen dieser Krise der Politik. Der fehlende Mut, die Ursache zu erkennen und auszusprechen, die mangelnde Konsequenz, ursachengerecht zu handeln, und das verwirrende, hektische Überangebot an neurotischer Wirtschaftspolitik verschärfen alles und behindern den möglichen Aufschwung.

Die Inflation schafft, wo immer sie auftritt, Arbeitslosigkeit und Defizite. Nirgends in Europa fiel sie vom Himmel. Inflation galoppierte hier längst, bevor die Erdölerpressung begann; sie war entstanden, weil schwache Politiker der Inflation der Ansprüche nicht energisch entgegentraten; weil sie märchenhafte Hoffnungen und Wünsche, statt sie zu dämpfen, noch durch eigene Wahlversprechen anreizten; weil sie also Politik, die immer noch Kunst des Möglichen ist, zur Orgie der Wünsche erniedrigten und das Unmögliche als »machbar« verkündeten.

Die Verantwortlichen sollten sich mehr an die eigene Nase fassen, ehe sie von »exogenen Indikatoren«, von »Weltrezession« und »zwangsläufigen Verwerfungen« sprechen!

Wilhelm Haferkamp, Gewerkschaftler, Sozialdemokrat, Vizepräsident der Kommission der Europäischen Gemeinschaft, nannte in einer Rede am 5. Mai 1977 in Travemünde einige Wahrheiten beim Namen: Es gelte, von Illusionen Abschied zu nehmen, z. B. von der, »man könne mit nominalen Tricks die realen Entwicklungen ändern, man könne denselben Franken oder Gulden, dieselbe Krone, Lira oder Mark oder dasselbe Pfund Sterling gleichzeitig zwei- oder dreimal ausgeben – zur Erhöhung des privaten Verbrauchs, zur Verbesserung der öffentlichen Leistungen, zur Steigerung der Investitionen«. Auch gelte es, Abschied zu nehmen von der Illusion, »man könne alles sofort und gleichzeitig haben – kürzere Arbeitszeiten, mehr Verbrauch, höhere Investitionen, bessere Leistungen des Staates und selbstverständlich: Umweltschutz, Qualität des Lebens, Hilfe für die Armen in der Welt«. Diese Strafpredigt hielt

weder ein Mönch noch ein Theoretiker. Ein politisch Verantwortlicher floh nach vorne in die Öffentlichkeit.
»Gouverner c'est choisir«, sagt man seit langem in Frankreich; regieren heiße auswählen. »Prioritäten setzen«, sagt man im »Polit-Deutsch« unserer Tage. Wo das unterbleibt, wird gewerkelt, nicht regiert. Da liegt es nicht am System, sondern an den Menschen.
Was sich als Krise der Wirtschaft darstellt, ist also eine Krise der Politik, genauer: eine Krise von Politikern. Zu oft läuft, leider, ihr guter Wille ihrer Einsicht, Erfahrung und Gestaltungskraft davon. Der Appetit ist immer wieder größer als das Volumen. Der Traum stärker als die Kunst, weittragende Ziele schrittweise und gegen Widerstände zu erreichen. Wie gesagt: An gutem Willen fehlt es selten, oft an Qualität und Format. Auch in der Politik gilt: Man muß es können, nicht bloß gerne tun. Qualität ist nirgends durch Betriebsamkeit zu ersetzen. Und Prinzipien sind kein Käse mit Löchern.
Hier ist ein Einwand angebracht: »Schuld« ist auch unser »männermordendes« Auswahlsystem für die politische Führung.
In unserer modernen Industriegesellschaft muß jeder Arbeiter, jeder Schüler, jede Hausfrau Qualitätsarbeit leisten. Sonst kommt er oder sie nicht durch und nicht zurecht. Auch für die Politik besteht dieser Anspruch. In der Fußballsprache: »Kreisklasse« genügt nicht, wo »Bundesligaformat« unerläßlich ist, »Weltklasse« von Nutzen wäre . . .
Zu sehr schwinden die Konturen der Politik und das Format der Politiker dahin. Wo es beides noch gibt, hindert der politische Betrieb – so wie er heute ist, die Koalitionsabrede also, die nicht vorhandene Parlamentsmehrheit, der Widerstand mächtiger Gruppen –, Konturen zu zeigen und Format zu beweisen.

Halb machen sich Gewählte zu Zwittern, halb werden sie zu diesen gemacht. Sie wollen zu vieles, alles zugleich, statt der Alternative die Nuance, von jedem ein bißchen – also von nichts das Ganze. Vor lauter Zwar und Aber vergessen manche voranzuschreiten. Der Mann auf dem Drahtseil ist Meister, weil er zugleich Balance hält und aufsteigt; weil er nur nach vorne – zum Ziel hin – sieht; er arbeitet ohne Netz. Sie aber wollen Europa – und verhalten zugleich den Schritt auf dem Wege dorthin. Sie vertrauen zwar dem Markt, hemmen aber mit der freien Initiative seine Entfaltung. Sie kennen die Probleme, vertagen sie aber, statt sie zu lösen. Sie wissen, was nottut, erklären aber, das sei nicht »machbar«, und weichen vor Widrigkeiten zurück.

Natürlich verehren sie Ludwig Erhards Konzept, suchen aber ihr tägliches Heil in mehr Eingriffen und Halbheiten. Kein Land der Europäischen Gemeinschaft hat noch Soziale Marktwirtschaft! Vielerlei Sozialismen – mehr kleine als große, mehr Gängelei als Kommando – haben sich eingeschlichen. Wo freie Fahrt nötig und möglich wäre, bremsen und lähmen diese Fremdkörper; sie verhindern den Aufschwung. Mit diesen Bremsklötzen und ohne Erneuerung der Politik wird es in Europa, im westlichen Europa, Abstieg statt Aufstieg geben. Schon kann die DDR hier und da bessere Daten vorweisen als Italien und Großbritannien.

Nur 10 Prozent seiner Arbeitszeit und seiner Arbeitskraft, so berichtete Bundeskanzler Schmidt im Frühjahr 1977, könne er für seine schöpferische Arbeit aufwenden. 90 Prozent benötige er dazu, seine Politik zu erklären, Rechenschaft zu geben und Kontakte zu pflegen. Als Adolph Arndt vom Bundestag in das Amt eines Berliner Senators wechselte, stöhnte er beim Besuch über seinen Wochenplan – überfüllt mit Sitzungen seiner Partei, seiner Fraktion, des Senats,

des Parlaments, der Ausschüsse. »Wann soll ich denken, wann arbeiten?« fragte er mich.
Manches davon erscheint als eine deutsche Krankheit. Der Witz sagt es am besten: Ein deutscher und ein britischer Abgeordneter treffen sich. Der Deutsche berichtet über seine Verpflichtungen, die ihn auch abends und am Wochenende voll in Anspruch nähmen. Der Brite bewundert das höflich, fragt dann aber: »Und wann denken Sie?«
Als ich Minister war, sollte ich – in den Sitzungswochen des Parlaments – am Montagnachmittag im Fraktionsvorstand, am Dienstagvormittag im Arbeitskreis, am Nachmittag in der Fraktion, am Mittwoch im Kabinett, am Donnerstag im Bundestag und im Ausschuß, am Freitag im Bundestag und abends auf einer Parteiveranstaltung, am Sonnabend im Wahlkreis und am Sonntag zu Reden, Diskussionen, Tagungen verfügbar sein. Die Sitzungen der Vorstände der Bundes- und Landespartei und die Verpflichtungen in Landtags- und Kommunalwahlen sind dabei noch nicht berücksichtigt.
Natürlich ist vieles davon unsinnige Vergeudung von Zeit und Kraft. Aber: Machst du dabei nicht mit, so heißt es bald: Der »kennt« uns nun nicht mehr! Der ist »ganz Minister«! Der lebt »in höheren Regionen« – ohne Kontakt, ohne Kontrolle. Ist es soweit, werden sie dir die Quittung bei der nächsten Wahl zum Vorstand geben . . . Und dann kannst du deine Uhr stellen; denn du weißt nun, wann du wieder im politischen Parterre sein wirst.
In unserer Form der parlamentarischen Demokratie saugen Parteien und Öffentlichkeit die Führenden aus. So entsteht leicht oberflächliche Flüchtigkeit (für das nächste Komitee und die 30 Sekunden Fernsehen abends reichen schon noch die »Überschriften«). Nervosität kommt auf, und mangelnde Qualität der Arbeit schleicht sich ein. Der Terminka-

lender wird zur Peitsche, mit der man die Leitenden quält – und zugleich abhängig hält.
So ist es nicht nur, wenn du oben stehst. Der Weg nach oben ist die härtere Strapaze. Der größere Teil deiner Kräfte ist verbraucht, deine Originalität abgegriffen, bis du oben angekommen bist. Und bist du oben, dann mußt du auch noch das Glück haben, daß gerade deine Partei dran ist. Sonst übst du dich besser in Geduld. Vielleicht erlebst du es, daß du in deinen besten Jahren bist, deine Partei aber in dieser Zeit ein Formtief hat. Dann kommst du nicht dran, kannst du dich weniger auswirken. Bist du gar ein Hecht im Karpfenteich – so werden sie es mit dir machen wie die Hühner, die mit kollektiver Macht den hinauspicken, den sie nicht mögen.
Demokratie geht nicht ohne Parteien. Sie sind wichtig und nützlich. Unsere politischen Parteien sind sehr mächtig: Nach dem Grundgesetz »wirken sie bei der politischen Willensbildung mit«. Inzwischen geben die Parteien den Ton an. Sie suchen die Abgeordneten aus, bestimmen Kämmerer und Minister, verständigen sich über Rundfunkintendanten und Fernsehredakteure, wählen Richter, befördern Beamte, setzen Gebühren fest wie den Inhalt von Gesetzen. Was als Mitwirkung gedacht war, ist – so erscheint es vielen – beinahe zur Vormundschaft geworden.
Die Krise der Politik folgt oftmals aus der Qualität und der Überforderung mancher Politiker beim Aufstieg und bei der Arbeit; durch das Schindluder, das Öffentlichkeit und Parteien zu oft und zu verbreitet mit ihrer Zeit, mit ihrer Kraft, mit ihren Familien und mit ihrem Privatleben treiben. Kein Lehrer, kein Unternehmer, kein Kompanieführer und kein Redakteur könnte mit diesem Alltag und zu diesen Bedingungen seine Leistung erreichen! Ohne Zeit zum Denken, zur Pause und zur ungestörten, konzentrierten

Arbeit gedeiht nichts. Unter den beschriebenen neurotischen Umständen und hektischen Zwängen läuft Politik Gefahr, zum Krisenmanagement für den nächsten Tag zu degenerieren. Und die Krise von heute – eben noch entschärft, also vertagt – zieht die größere Krise von morgen unweigerlich nach sich. Hektik entsteht; Kurzatmigkeit; Perspektiven und Prinzipien, wo es sie trotzdem noch gibt, entschwinden dem Blick der Wähler, die nur noch Betriebsamkeit sehen.

Der Staat und die Regierung werden, so scheint es, zu einer neurotischen Veranstaltung. Die »Flagge« ist nicht mehr sichtbar (selbst wenn der, der sie setzte, sie noch hält). Qualität der Arbeit, ausgeruhte Überlegung, geistig-politische Führung werden immer weniger erkennbar, verständlich, glaubwürdig.

Wenn wir einen neuen Kanzler wählen, behalten wir immer zugleich dessen bekannte Partei. Er braucht sie, ist weitgehend von ihr abhängig – ob er ihr nun vorsitzt oder nicht. Er muß seine Minister – nicht rechtlich, aber in der Wirklichkeit – aus seiner Partei aussuchen. Und das auch dann, wenn sich dort gerade nicht die überzeugendsten Köpfe finden lassen. Bei der Auswahl ist er nicht frei: Er muß Partner, Gruppen, Interessen, Landschaften und Mehrheitsbringer berücksichtigen. Rechtlich bestimmt er frei die »Richtlinien der Politik«. In der politischen Wirklichkeit ist er gefesselt durch Koalitionsabreden und Fraktionsabstimmungen.

Ein anderes Beispiel: Leo Tindemans, dieser bedeutende Staatsmann, vom König und nach Koalitionsvereinbarungen zum Ministerpräsidenten Belgiens ausersehen (Frühjahr 1977), konnte sein Kabinett dem König nicht vorstellen, weil Parteivorstände – gegen die Verfassung – es einigen Ministern verboten, die Verabredung einzuhalten.

Die Regierbarkeit unserer Staaten hängt ab von der Qualität der Politik, vom Format der Politiker und von der Struktur unserer Parteien. Der wirtschaftliche Aufschwung wartet auf die politische Erneuerung.
Wir müssen neue Gedanken wagen, um hier – im Interesse aller – mit den besten Methoden die besseren Ergebnisse zu erreichen. »Kollege Anpassungsartist« behindert das, solange er den Weg weist, den Platz besetzt und die Herrschaft der Demoskopie errichtet. Der Wechsel zwischen Wirtschaft, Politik und Wissenschaft findet hier – anders als in den USA – kaum statt. So wird alles unbeweglicher. Krusten entstehen, verfestigen sich und lassen Neues und Neue nicht an den Kern; sie stoßen ab, was innen Bewegung und Erneuerung bringen könnte und wollte. Die Karpfen sind lieber unter sich. Das Etabliertsein bestimmt. Aus dem Volksvertreter – einer Frau oder einem Mann aus dem Volk also, vom Vertrauen seiner Bekannten getragen, mit gesundem Menschenverstand, mit Lebenserfahrung und Hingabe an das allgemeine Wohl – wurde laut Bundesverfassungsgericht ein »Beruf« ohne »Laufbahn« und ohne deren Erfordernisse.
Die Parteien und ihre Führungen werden stärker und mächtiger. Einige, die sich mehr als »Nachgeordnete« denn als Abgeordnete fühlen, gewöhnen sich daran, zu leicht anzunehmen, was »von oben« kommt: Dies sei weder die Stunde noch die Lage noch der Ort für die Auseinandersetzung – eine Wahl stehe doch gerade bevor oder eine Situation, die zuerst »Geschlossenheit« verlange. Also wird »akklamiert«. Das »imperative Mandat« von oben erscheint am Horizont; wie Parteitage als Applausmaschinen.
Bei dieser Entwicklung leistet unser Auswahlsystem künftig immer weniger von dem, was es eigentlich bewirken soll: tüchtige Leute für die Regierung des Landes hervorbringen;

und dann noch bessere für die Opposition, die Regierung von morgen. (Nur wer zur Opposition taugt, wird morgen regieren.)

Wir kennen die Folgen, auch die, welche überall im Westen eintraten, als die notwendige politische Führung durch Washington ausfiel. Man war dort mit Watergate und mit Vietnam beschäftigt und begann, an sich selbst, am »American way of life« zu zweifeln. Das steckte an. Führung entfiel allenthalben.

Wir haben hierzulande 1966 und 1977 erfahren, wie schnell in unserer Stimmungsdemokratie Parteikrisen zu Führungslosigkeit und Regierungskrisen führen. Und das wirkt ein auf das soziale und wirtschaftliche Ergebnis. Unsere parlamentarische Demokratie wird mehr und mehr zur Parteiendemokratie.

Wir müssen alles daransetzen, wieder Qualität der Politik und politische Führung zu ermöglichen; die mächtigen Parteien auf das ihnen zukommende Maß zurückzusetzen; unverbrauchte Kräfte in öffentliche Ämter zu bringen, die gute Arbeit für unser Gemeinwesen leisten können. Wir brauchen frische Gesichter, neue Luft, Wechsel zwischen Politik und Wirtschaft, zwischen Wissenschaft und Politik. Es gibt viele Begabte – ausgewiesen durch Lebensleistung außerhalb der Politik –, die gerne, wie in den USA üblich, einige Jahre unserem Lande in einem öffentlichen Amt dienen würden – einige Jahre, nicht »lebenslänglich«, nicht in der »Laufbahn«.

Unsere Gemeinwesen sind weiter regierbar – mit den richtigen Leuten; mit den richtigen Prinzipien; mit unverkrusteten Parteien, die – mit Lenin – wissen: Wo die Menschen der Schuh drückt, da sind wir schon da.

Wir können wirtschaftliches Wachstum, sozialen Fortschritt, gesunde Umwelt und Hilfe für jene in der Welt, die

den Anschluß noch nicht gefunden haben, miteinander verbinden. Wir haben das Geld und die Ideen, das Können wie die Könner.
Unsere Staaten brauchen auch nicht vor Terror in die Knie zu gehen; keine Gewalt ist stärker als sie: Man kann auf Erpressung antworten wie im Fall Lorenz in Berlin: durch Nachgeben. Auch das Gegenteil ist sittlich erlaubt: wie in Stockholm, wie in Mogadischu.
Die Gefahr, daß auch Staaten von Gewalttätern erpreßt werden, wird geringer, wenn die Verantwortlichen so übereinkommen: Wir dienen dem Volk. Die Demokratie ist wichtiger als unser Leben. Keiner ist unersetzbar. Sollte einer von uns – oder sollten mehrere – in fremde Gewalt geraten, so wollen wir lieber sterben, als unseren Rechtsstaat außer Kraft setzen. Politiker können von Soldaten, Polizisten, Beamten und Richtern nur den ganzen Einsatz verlangen, wenn ihr eigener Dienst keine Hintertür hat.
Freiheit ist angenehm für den, der sich da voll entfalten kann. Zugleich ist sie unbequem, eine immer neue Herausforderung für alle miteinander. Sie hindert auszuruhen, da sie mehr zur Bewegung als zu behaglichem Beharren, mehr zur Reform als zum trägen Besitzstand neigt.
Man kann Freiheit nicht bewahren, indem man sie abschafft, den Rechtsstaat nicht dadurch verteidigen, daß man Recht und Gesetz auf den Kopf stellt, bis zur Unkenntlichkeit aushöhlt, zur Schwindsüchtigkeit schwächt. Auch hier heißt es wählen:
Niemand kann alles zugleich haben und auch noch alles umsonst. Der Charme, die Liberalität und die Wohnlichkeit unseres freiheitlichen und sozialen Rechtsstaates, seine Offenheit für neue Gedanken und friedliche Veränderung – das ist das eine. Das andere ist der zu gepanzerter Ruhe zementierte Polizeistaat. Beides zugleich kann man nicht haben.

Indem ich die Freiheit wähle, entscheide ich mich nicht nur für das Schöne, sondern auch für ein Risiko.
Fortschritt, Entwicklung, Bewegung gibt es allein, wo nicht nur bewahrt, sondern auch kritisch gefragt und gefordert, wo das Bestehende auf das abgeklopft wird, was Bestand hat, wie auf das, was nach Veränderung ruft. Dabei wird dieser oder jener auch über die Stränge schlagen. Das ist leichter zu ertragen, wo der Wettbewerb der Meinungen, der Temperamente, der Ideen ausgeprägt ist und Ergebnisse der Mitte erzwingt. Wo das fehlt, versteinert der Staat zum bloßen Machtapparat, zum bürokratischen Moloch. Dann steht Gewalt ins Haus. Die erstarrende Gesellschaft ist ein Feind der Freiheit: Sie verlangt nach dem Staat der Repression.
Geist ist gefragt.

Unsere Probleme sind lösbar. Das wird nur gelingen, wenn wir radikal sind, also an die Wurzel gehen.
Ich rate dringend, über die Verfassung der USA nachzudenken. Dort wählt das Volk den Präsidenten, den Regierungschef also, neben dem es keinen Ministerpräsidenten gibt. Die unmittelbare Wahl begründet Auftrag, Unabhängigkeit und Autorität des Präsidenten. Er sucht sich seine Minister und Mitarbeiter nach eigenem Urteil aus – unabhängig von Mehrheiten, Parteien; aus der Wirtschaft, den Gewerkschaften, den Universitäten; gelegentlich auch einen Abgeordneten aus dem Parlament, das die Gesetze macht, die auch den Präsidenten und seine Minister binden wie die Gerichte und jedermann. Gewaltenteilung.
Dieses System bringt Wechsel und Bewegung. Dort ist es möglich, ohne die für uns geschilderten Abhängigkeiten, ohne unsere Art von Termindruck politisch zu arbeiten – und nicht »lebenslänglich«.

Diese Demokratie hat Weltkriege und Krisen überdauert. Sie erlaubt die Selbstreinigung und ermöglicht immer wieder einen neuen Anfang. Sie hat – in der Regel – gute politische Führungskräfte, die Erfahrungen auch aus anderen Bereichen mitbringen. Ihre Parteien sind stark, aber nicht zu mächtig.

Einfach abzuschreiben und nachzumachen hilft natürlich nicht. Aber nachzudenken schadet nie. Andere lösen Fragen, die auch uns gestellt sind, auf ihre Weise. Das fordert heraus, die eigenen Antworten zu überprüfen.

Nicht nur die Verfassung, auch die Verfaßtheit ist wichtig! So hat – um ein Beispiel zu nennen – Wolfram Engels herausgefunden, daß ein Studienplatz in den USA im Jahre 1971 10000 Mark kostete, hier aber 17000 Mark. Auch sei jenseits des Atlantik »die Chance eines Arbeiterkindes auf eine Hochschulausbildung viermal so groß«. An Studienplätzen sei kein Mangel. Das Bildungswesen drüben sei nicht zentral verwaltet, kenne private Initiative und Wettbewerb. »Marktrationalität bedeutet nicht, daß man die Bundesbahn privatisieren oder Universitäten in Aktiengesellschaften umwandeln muß. Es bedeutet aber, daß Entscheidungen dezentralisiert werden, daß die Initiative an die Basis verlagert wird, daß alle Beteiligten – vom Bundespräsidenten bis zu den Ärzten, Patienten, Professoren, Lehrern, Studenten – richtig motiviert werden, daß Verantwortlichkeit wiederhergestellt wird« (Wolfram Engels: Mehr Markt, Stuttgart 1976, S. 122).

Bevor wir vor dem Gespenst der »Unregierbarkeit« angstvoll in Handlungsunfähigkeit erstarren, sollten wir über mehr Dezentralisation und mehr Wettbewerb nachdenken! Kommen nicht viele Mißstände und Probleme daher, daß der Staat sich übernimmt; daß er immer weniger kann, weil er zuviel möchte, verspricht, anordnet, verwaltet? »Die

Handlungsfähigkeit des Staates scheint gefährdet, weil er vorgibt, alles zu können und immer weniger kann« (Ernst-Joachim Mestmäcker anläßlich der Innsbrucker Tage 1977, unveröffentlichtes Vortragsmanuskript, S. 5).
Das Beispiel Schweiz zeigt, wie hoher Wohlstand in einem marktwirtschaftlichen System bei Übertragung traditionsgemäß staatlicher Aktivitäten in private Hand erreicht wird: Im wirtschaftlichen Vergleich zeigen sich dabei nicht schlechtere Ergebnisse, sondern mindestens so gute wie in der Bundesrepublik. Das gilt nicht nur für Privatvermögen und Sozialprodukt, sondern auch für Wasser- und Luftreinhaltung. Es gibt pro Kopf mehr Krankenbetten, mehr Schulen, und die Verkehrsmittel befördern billiger. Bahn und Post arbeiten ohne Defizit, Straßenunfälle und Säuglingssterblichkeit liegen niedriger . . . Erstaunlich nur, daß diese Leistungen mit einem Minimum an Steuern erzielt werden. Die Steuerlastquote der Schweiz beträgt nur zwei Drittel der bundesdeutschen (vgl. Wolfram Engels: Soziale Marktwirtschaft, Stuttgart 1972, Seite 60).
Der wirtschaftliche Stillstand im freien Europa hat vor allem einen politischen Grund: Die »Erosion der Freiheit« durch Eingriffe der Regierungen (HANDELSBLATT vom 19. Juli 1977).

Keiner kann alles wissen, kennen, ahnen. Auch keine Behörde kann das. Deshalb brauchen wir Dezentralisation und Wettbewerb (siehe auch Rainer Barzel: Es ist noch nicht zu spät, München 1976, S. 121ff.).
Aus den Sprechstunden, die ich seit 20 Jahren regelmäßig in meinem Wahlkreis halte, weiß ich: Obwohl das Netz sozialer Sicherheit dichter geknüpft ist als früher, fallen immer noch viele durch die Maschen. Warum konzentriert sich unsere öffentliche Sozialhilfe immer mehr auf bestimmte

Gruppen? Wer sich im Alltag auskennt, weiß, daß die »Grenze des sozialen Rechtsstaates« noch nicht erreicht ist. Wehe dem, auf den kein Paragraph »paßt«!
Zugleich verdichten und vermehren sich die sozialen Beziehungen der Menschen untereinander wie – vor allem – die zum Staat und umgekehrt. Papst Johannes XXIII. sprach in seinem Rundschreiben »Mater et magistra« am 15. Mai 1961 von der »wachsenden Zahl gesellschaftlicher Verflechtungen«; er mahnte, der Gefahr der Entpersönlichung zu begegnen; im seelenlosen Zentralismus sei am Schluß der einzelne allein und schutzlos dem allmächtigen Staat und der allgegenwärtigen Gesellschaft ausgeliefert.
Die Gefahren der Ballung von Macht und Menschen sind nicht zu übersehen. Aus der Massengesellschaft wird leicht die vermaßte Gesellschaft, die allzu anfällig ist für Fanatiker, Propaganda, Neurose und Hysterie. Indem die Menschen durch unsere technische Zeit immer enger aneinanderrücken (oder gerückt werden), werden sie zugleich eher einsamer als geselliger; indem die Überschaubarkeit von Räumen, Arbeit, Informationen abnimmt, schwindet Geborgenheit und kommt Angst auf.
Was immer über das Mastodon in Vorzeiten zu sagen ist, wir haben erfahren, daß der maximale Betrieb, die maximale Stadt, die maximale Schule nicht notwendig optimal sind. Größe ist nicht gleich Güte.
Mit dem Gesetz der Zahl hat man mehr zerstört als neu geordnet: Für die Europäer begann es mit dem Versuch, die formale Größe für den förderungswürdigen bäuerlichen Betrieb aus Brüssel zu verordnen. Diese wurde festgesetzt am grünen Tisch ideologischer Technokraten – ohne Rücksicht auf Klima und Boden, auf Bedarf der Güter und die Gewohnheiten von Erzeugung und Absatz. – Es folgte ein scheinbar Geringes: Die Klassenfrequenz, die vom fernen

Büro verordnete Mindestgröße einer Schulklasse. Der Rest der Schulpolitik nahm seinen Lauf. – Wir erlebten die von oben bestimmte Zahl der Einwohner für eine Gemeinde, wenn sie für die Ämter förderungsfähig bleiben sollte. – Inzwischen werden Mindestumsätze von Sparkassen ebenso erörtert wie die Bettenzahlen von Krankenhäusern – unabhängig davon, ob vielleicht dadurch in weitem Umkreis ärztliche Betreuung wie Geldversorgung (und mit ihr Industrieansiedlung und struktureller Wandel) unmöglich werden.

Warum diese Sehnsucht nach der Renaissance des Gigantischen? Wo doch mit jedem der geschilderten Schritte immer nur dieses einhergeht: Ehrenamtliches schwindet, Gewachsenes stirbt; an deren Stelle treten Entfernung, Fremdes, Ämter; mehr Staat und Zentralismus. Diese Entfremdung zwingt Sozialismus herbei!

Je größer, desto besser? Nein! Je größer, desto unregierbarer! Unsere Stadtzentren, unsere Riesenuniversitäten, unsere industrielle Ballung und die gewaltigen Anlagen neuer Kraftwerke lehren die Verwundbarkeit der Giganten. Das geht doch alles kleiner, öfter, überschaubarer, weniger verwundbar. Lehrt nicht die Stromversorgung New Yorks, den vielen Kleinen den Vorrang vor dem einen Großen zu geben? Ist nicht das Geheimnis der Sozialen Marktwirtschaft und damit unseres sozialen, wirtschaftlichen und politischen Erfolges die elastische, schnelle und bürokratisch nicht gegängelte Anpassungsfähigkeit durch immer neue Unternehmen, Ideen, Risiken? Soziale Marktwirtschaft verlangt nach Wettbewerb. Ohne Wettbewerb geht das nicht.

Wer Übersicht schafft, wer aufgliedert, Verantwortung aufteilt und die Abhängigkeit von dem einen durch den Wettbewerb der vielen ersetzt, führt Regierungsfähigkeit herbei.

Es gibt zwei gute deutsche Worte, die zunehmend vergessen werden: Leistung und Selbstverwaltung.
Wettbewerb ist die Wurzel der Demokratie: Wettbewerb der Persönlichkeiten, der Ideen, der Meinungen, der Parteien, der Angebote. Er kontrolliert Macht und reguliert sie; er läßt keine weißen Flecken für Wirtschaft und Politik. Wettbewerb ist nur möglich, wenn nicht ein Größerer oder wenige Große, sondern viele Kleine am Werk sind.
Die Tendenzen sind offenbar: Die Gesellschaft erstarrt, die Politik verkrustet, die Programme gleichen sich an, die Lust zum Wagnis schwindet, der Lohn für Leistung sinkt, der Staat übernimmt sich, Wettbewerber scheiden aus oder treten gar nicht erst zur Auslese an – sei es, daß Steuern und Gesetze sie ausmerzen, sei es, daß öffentliche Herabsetzung (z. B. »gelber Punkt«) ihnen den Schneid abkauft, bevor sie starten.
Der Sozialen Marktwirtschaft hat man die Flügel gestutzt, und nun mäkelt man, daß der Vogel nicht fliegt! Wie wäre es, wenn wir nicht dieses System als unfähig aburteilten, nachdem man ihm genommen hat, was es zum Leben braucht, sondern es lebensfähig machten, um es erneut auf die Probe zu stellen? Es gibt nichts Besseres!
Erneuern wir so durch Wettbewerb und Dezentralisierung die Politik – und niemand wird mehr wehklagen über die Unmöglichkeit, Staaten und Städte künftig noch zu regieren. Dieses Jammerlied entstand, weil wir den Staat da in Anspruch nahmen, wo er nicht hingehört. Dadurch konnte er sich nicht genug um das kümmern, was seines Amtes ist: Gemeinwohl, Ordnung, Recht und Schutz der Schwachen.

Wichtiger noch als die Verfassung ist, wie wir sahen, die Verfaßtheit eines Landes; der tatsächliche Zustand der gesellschaftlichen und politischen Ordnung also, den der Mensch im Alltag als soziale Wirklichkeit erlebt.
Menschenrechte sollten wir so begreifen: Soziale Gerechtigkeit sichert und ermöglicht Freiheit für alle. Freiheit, von der man nicht liest oder hört, die man hat, die man spürt, fühlt, empfindet, gebraucht; kein verheißenes, sondern ein lebendiges, erlebtes Gut. Reale Freiheit.
Wo Freiheit und soziale Gerechtigkeit Hand in Hand gehen, liegt die Zukunft. Da haben Revolution, Marxismus und Gewalt keine Chance, weil es weder Luft noch Wurzelgrund für diese Disteln gibt.
Die kommunistische Gefahr in Portugal (und anderswo) kam nicht von außen und entstand nicht durch die Armee, die Schiffe, die Flugzeuge aus Moskau. Sie wuchs von innen heran: aus einer unzureichenden politischen und einer ungerechten gesellschaftlichen Ordnung. Nicht nur Panzer und Atomraketen sind eine Gefahr – auch Slums, Analphabetentum und Ausbeutung sind Dynamit.
So gilt es, die Freiheitsrechte unserer Verfassung wie die des Europarates und der Vereinten Nationen zur Hand zu nehmen und als Richtschnur für Politik und Gesetzgebung zu begreifen:
Da steht etwas von Menschenwürde. Wie sieht das zum Beispiel für einen Armen und Kranken konkret und praktisch aus? Bei der Sozialhilfe, im Krankenhaus, im Altersheim, beim Besuch in den Ämtern? Was können wir tun, seine soziale Sicherheit zu mehren, seine Einsamkeit zu mildern, sein Gefühl der Abhängigkeit zu mäßigen? Wie können wir den Gang zur Behörde erträglicher, die Formulare weniger

peinlich und die nötigen Fragen höflicher gestalten? Wie können wir mehr Rücksicht, mehr Verständnis, mehr Mitgefühl in den Paragraphen wie in den Behörden, bei der Bauplanung und in der Straßenbahn durchsetzen? Eine solche Politik für die unschuldig Schwachen wirkt stärker für unsere Ordnung, gegen die Feinde der Freiheit und gegen die Schmarotzer unserer sozialen Hilfe als jeder arrogante Apparatismus.

Was erfahren junge Menschen von der Wirklichkeit der Menschenrechte, wenn sie Ausbildung und Arbeit suchen? Eine offene Gesellschaft, die sie begrüßt, braucht und fördert? Oder stehen sie vor verschlossenen Türen mit der Aufschrift: »Besetzt«? Wie sollen sie an die demokratische Verfassung glauben, an die soziale Verfaßtheit, wenn von Würde und Entfaltung und Chancen zwar auf dem Papier etwas zu lesen und an Feiertagen zu hören, aber im wirklichen Alltag nichts davon zu erleben ist? Wenn sie dann – mit Wut im Bauch – lauthals zweifeln und andere Autoritäten wie neue Ordnungen suchen, wird protzige Selbstgerechtigkeit der Etablierten zum Tropfen, der das Faß zum Überlaufen bringt. Sie werden – sie haben Krieg und Hitler glücklicherweise nicht erlebt – Menschenrechte nur begreifen, wenn sie diese in der sozialen Wirklichkeit des Alltags als Wahrheit, nicht als Phrase erfahren.

Da steht in unseren Grundrechten etwas von der freien Entfaltung der menschlichen Person. Gilt das praktisch, wenn du am Fließband stehst, wenn du etwas Bestimmtes lernen, wenn du etwas Neues unternehmen, wenn du öffentlich deine Meinung sagen, wenn du etwas ändern willst? Oder hat etwa der Staat dieses grundlegende Privatrecht schon durch öffentliche Normen, Auflagen, Genehmigungen, Kontrollen, Steuern, Fristen zur bloßen Attrappe, zur Worthülse der Verfassung, verfälscht und erniedrigt?

Eine Politik, die Freiheit und Menschenrechte meint, wie es hier beschrieben wurde, muß solche Fesseln der Freiheit, wo es sie gibt, lockern, schließlich wegnehmen und wegwerfen. Das, z. B. das, bedeutet: Freiheit nicht auf dem Papier, sondern in der sozialen Wirklichkeit des Alltags; real. Politik als Dienst am Menschen, als Kunst für mehr Menschlichkeit.

In unseren Grundrechten steht etwas von Freiheit der Information, der Meinung, der Kunst, des Glaubens. Gilt das auch für den Mieter, den Zeitungsleser, den Kranken, den Alten – für den, der eine Lehrstelle, einen Arbeitsplatz, einen sozialen Dienst sucht?

Wie ist es in der Wirklichkeit mit der Familie bestellt? Ist sie die Keimzelle für Staat und Gesellschaft auch in den Richtlinien der Lehrer? Entspricht die soziale Wirklichkeit dem rechtlichen Rang? Bei Krankheit der Hausfrau? Wie sieht es aus mit der eigenständigen sozialen Sicherheit der Frau?

Und die andere Säule unserer Gesellschaftsordnung: das private Eigentum. Breit gestreut und sozial verpflichtet soll es sein. Ist es das? Stimmt das? Was ist konkret zu tun, um Programm und Wirklichkeit, Verfassung und Alltag immer näher zueinander zu bringen, immer mehr Übereinstimmung zwischen Willen und Gegebenheiten zu bewirken?

Da steht auch etwas vom mündigen Bürger. Was hat er zu sagen als Wähler, als Steuerzahler, als Rentenempfänger, in den Parteien, gegen die Parteien, vor den Gerichten, auf den Ämtern, gegenüber den Rundfunkanstalten? Zu welchen Pflichten wird er herangezogen? Hat er nur das Recht auf Arbeit oder auch die Pflicht dazu? Nur den Anspruch auf öffentlichen Lebensunterhalt im Falle der Not oder auch die Verpflichtung, dafür eine erbetene Arbeit zu leisten?

Da steht, bei uns, etwas von deutscher Einheit, europäischer Vereinigung, Ausbau des sozialen Rechtsstaates.

Brauchen wir wirklich andere politische Ziele und »Perspektiven« als den Grundrechtsteil unserer Verfassung? Mir scheint, die Ziele sind klar, anspruchsvoll, zukunftsträchtig, umfassend. Auf das öffentliche Versteckspiel mit immer neuen Worten, lautstarken Phrasen, Aufrufen, Versprechungen, wolkigen Plänen und sich im Rausch der Zahlen wie im Klang nebelhafter Begriffe selbstbefriedigenden Programmen können wir ohne Verlust verzichten. Zu oft sollen diese Zusagen für morgen nur davon ablenken, daß die von gestern nicht eingehalten wurden. Wie riet mir Konrad Adenauer? »Es ist schön und gut«, sagte er mir, »täglich neue Gedanken zu haben und wohlformuliert in die Welt zu setzen. Aber es ist besser, einen Gedanken zu verfolgen und beharrlich zu verwirklichen.«

Es lohnt, die Ziele zu erreichen, die Absichten zu verwirklichen und die Möglichkeiten auszuschöpfen, die unsere Verfassungsväter uns allen in verständlichem Deutsch boten. Halten wir uns daran, so wird der Bürger die Politik besser verstehen, beurteilen, durchschauen können als in der Papierflut unserer Tage. Diese Ziele lassen Raum für parteiischen Streit, für Argumente, Überlegungen, für Rede und Gegenrede. Dem einen wird dies, dem anderen jenes als wichtig, als vordringlich erscheinen. Der eine wird die linke, der andere die rechte Seite und der dritte die Mitte der Straße benutzen. Man wird streiten, was besser, wirksamer, schneller, nachhaltiger sei. Aber so ist es eine Straße und eine Richtung.

Nicht neue Worte tun not, sondern solide Arbeit – radikal, sozial, ehrlich, verständlich. Taten gegen widrige Gewohnheiten und Wirklichkeiten; gegen unzureichende soziale Voraussetzungen der freien Entfaltung aller; für wachsende Wirtschaft, ohne die es nicht möglich ist, Schritt für Schritt alle Menschen durch soziale Gerechtigkeit freier zu machen. Abbau von Hürden, Wegnahme von Hemmnissen, Hingabe von Respekt, Hilfe, Ermunterung, Anreiz und Rücksicht.

Dieser Weg der realen Freiheit für alle führt in die Zukunft mit menschlichem Antlitz.

Über Freiheit und Gleichheit wird diskutiert: Hebt Gleichheit Freiheit auf? Zerstört Freiheit Gleichheit?

Wir haben den dritten Baustein, die Brüderlichkeit, aus den Augen verloren. Aufklärung wie christliche Soziallehre gründen auf ihn. Brüderlichkeit – das ist Höflichkeit, Verständnis, Rücksicht, Miteinander, Nachbarlichkeit, Kompromißbereitschaft, Partnerschaft, Hilfestellung, Achtung, Verteidigung des Schwachen. Sie setzt die soziale Sicherheit voraus. Und die wird aus wachsender Wirtschaftskraft möglich. Oder es gibt sie nicht.

So verstanden, hebt Brüderlichkeit den Konflikt um Freiheit und Gleichheit auf, überwindet Klassen, mildert Spannungen zwischen begabt und nicht begabt, ärmer und reicher, jünger und älter, krank und gesund.

Die Menschen und die Zeit sind reif für diese Gesinnung – weg von der Ellenbogengesellschaft wie vom verordneten »Glück«; weg vom Klassenkampf. Die Menschen wollen sich sozial einordnen – in der persönlichen Entfaltung, im Gebrauch ihres privaten Eigentums, durch Beistand für Arme und Hilfe gegen Not. Sie suchen den Weg, auf dem besonnener Fortschritt erreicht wird: durch soziale Sicherheit, Abbau von Vorrechten, Gleichheit der Chancen, Aufstieg durch Bildung, Fortkommen nach Leistung, breite Eigentumsstreuung.

Der Staat soll und muß die Wegelagerer der Gewalt, die da mit Privilegien, Brutalität, Egoismus und üblen Tricks als Raubritter unserer Zeit diese Schritte behindern, mit aller Kraft zur Ordnung zwingen. Wer Gewalt anwendet – als

Rechtsbrecher, als Revolutionär, als Unterdrücker, als Ausbeuter –, verletzt das Grundgesetz der Brüderlichkeit. Die hoheitliche Macht des Staates, der selbst dem allgemeinen Wohl dient, muß die Schwachen schützen und die Mächtigen einordnen. Recht und Ordnung und Staatsmacht stehen, wo es so bestellt ist, nicht im Dienst einer Klasse, einer Gruppe, einer Ideologie. Im Dienste aller sorgen sie dafür, daß keiner Macht gewinnt oder ausübt, der die Rücksicht, Nachbarlichkeit und Achtung verletzt, die allen geboten ist. So bleibt der Weg frei für die Schritte zur realen Freiheit für alle.

Schon jetzt ist unsere Ordnung der »klassenlosen Gesellschaft« näher, als sie in kommunistisch – also mit Gewalt von oben – regierten Ländern zu finden ist. Zu unserer Ordnung gehört, mit Hans Habe, »die Gleichheit der Wiegen, nicht die der Särge«.

Das ist die Zukunft mit menschlichem Antlitz, die wir ersehnen – die ohne Gewalt, die mit Freiheit und sozialer Gerechtigkeit.

Die Bürger haben erfahren, daß der Kommunismus das zwar verspricht, aber nicht schafft. 60 Jahre nach der Revolution in Rußland herrschen dort brutale Gewalt, werden unsoziale Zustände zementiert, wird Information behindert und Geist in Irrenanstalten verbannt. Wirklichkeiten der Angst statt der Hoffnung, der Faust statt des Lächelns.

Die Bürger machen auch Fragezeichen hinter Politik und Politiker in den Demokratien – nicht nur parteiische. Sie spüren, daß wir zu häufig unter Niveau regiert werden; daß zu oft Erkenntnis und Wahrheit weniger gelten als Wahltermine und Demoskopie; daß Politiker zuviel Kraft in Polemik verschwenden; daß bei diesem und jenem die Lautstärke größer ist als die Einsicht, der Brustton der Überzeugung machtvoller klingt als der Charakter; daß Parteien oft weniger volksnah, aktiv und instinktsicher sind als Bürgerinitiativen; daß vielfach die Völker weiser sind als ihre Regierungen, einsichtsvoller und opferbereiter, als ihre Politiker annehmen. Sie müssen in ihrem Leben Qualitätsarbeit leisten; also fragen sie nach der Qualität der Politik, der Politiker – nach Wegweisern.

Sie wollen mit ihnen den Weg zur realen Freiheit gehen. Da wird Wohlfahrt und Wohlstand nicht zum Sinn, sondern zum Mittel der freien Entfaltung des Menschen. Wo das so vom Staat angeboten, gesichert, gefördert wird, wo das für alle gegeben ist, wo immer wieder schrittweise beseitigt wird, was sich dem neu entgegenstellt – da ist die Zukunft; für Ost und für West, für Nord und für Süd. Diese Wirklichkeit steckt an. Sie durchdringt Mauern und Stacheldrähte. Geist kann man nicht einmauern, Gedanken nicht erschießen, Ideen nicht ausrotten, bessere Wirklichkeiten nicht mehr verstecken, unsichtbar oder ungeschehen machen.

Kämpfer für Menschenrechte melden sich zu Wort. Auch in Diktaturen. Ohne Gewalt kämpfen sie für die Zukunft ohne Gewalt – für die mit dem menschlichen Antlitz. Nicht für eine Politik wagen sie alles, nicht gegen einen Staat, nicht für ihre Organisation, nicht für sich, nicht für neue Vorrechte und nicht für Wohlstand. Wir wollen nur, so sagte es der Arbeiter Engelhardt von den Zeiss-Werken in Jena am 17. Juni 1953, »leben wie die Menschen – weiter wollen wir nichts«.

Jahre später fragte die russische Bürgerrechtlerin Tatjana Chodoroviz »Wer sind wir?« Und sie antwortete: »Wir sind weder eine Partei noch eine Gesellschaft, noch eine Organisation. Wir kennen nur ein Gesetz – das Gesetz unseres Gewissens, das natürliche Mitleid mit dem zu Unrecht Verfolgten, die Achtung vor der menschlichen Person, vor ihrem freien Geist, vor der Wahrheit . . .« (zitiert nach Cornelia Gerstenmaier: Die Stimme der Stummen. Die demokratische Bewegung in der Sowjetunion, Stuttgart 1976, S. 12).

Wer so für das gute Recht kämpft, das mit ihm geboren wurde, ist unser Freund und Verbündeter. Aber: Hilft ihm unsere Wirklichkeit? Schenken wir ihm die Aufmerksamkeit, die er braucht, auf die er Anspruch hat? Können unsere Haltung, unser Geist, unsere öffentliche Darstellung vor seiner Tapferkeit bestehen? Er hilft uns. Durch seinen Kampf schafft er uns zugleich Zeit und Sicherheit: Militärisch, so glauben manche in Moskau, könnte man es vielleicht wagen, den Westen zu überraschen, zu überrollen, zu zwingen, zu erpressen. Politisch traut man sich das nicht zu. Man sieht ja nun zu Hause täglich, daß die Kraft – nur mit aller Mühe und gerade noch – ausreicht, mit Gewalt den Geist der Menschlichkeit zu unterdrücken. Bestimmt aber, so beginnt man auch in Moskau zu ahnen, ist die politische Kraft zu gering, um die freien Länder Europas nicht nur zu erobern, zu besetzen, zu beherrschen, sondern auch zu verwalten, zu regieren und, vor allem, zu nutzen. Jeder Dissident erinnert die verantwortlichen Machthaber immer wieder daran.

Deshalb, so wird dort weiter gedacht, läßt sich militärische Macht wirksam und auf Dauer lohnend erst dann und nur dort einsetzen, wo die politische Kraft kommunistischer Kader (nicht unzuverlässiger Massenparteien) ausreichend bereitsteht.

Diese Kader aber werden sich nirgendwo bilden, wo man den sozialen Weg zur realen Freiheit geht. Brüderlichkeit ist stärker als Kommunismus.

Kalter Frieden

Wir werden die Zukunft mit menschlichem Antlitz erreichen, wenn wir unsere Politik erneuern und den Weg zur realen Freiheit für alle gehen; freilich nur, wenn nicht Krieg alle Hoffnung zerstört.

Wir alle wollen Frieden – gerade meine Generation, die Krieg erlebt hat. Erst war er heiß: Sterben und Töten; Bomben und Elend; Tränen, Fürchten und Tapferkeit; mißbrauchte Ideale; Allerseelen. Dann wurde er kalt: Nun vernichtete man Gegner anders – Rufmord und Untergrund; Kampf um Gehirne, Gefühle, Bewußtsein; Schauprozesse, Luftbrücke, Berlin; atomares Patt.

Frieden – da schwingt ein Gefühl mit: Sehnsucht nach Leben, Wärme und Hoffnung; nach Sonne, Fröhlichkeit, Liebe; nach Blumen und nach Kinderlachen; nach Familie und Behaglichkeit. Papier erreicht das nicht. Auch nicht Politikerreden. Menschliche Wirklichkeit zählt.

Nach Norden, Westen, Süden können wir schon erleben, was Frieden sein kann, wie er ist, wie er wird.

Nach Osten ist das anders – nicht die Menschen sind anders; nur die Politik: Wir leben nebeneinander daher, nicht miteinander dahin; Überleben ohne Nachbarlichkeit, Wärme, Herzlichkeit; geschäftlich, auf tägliche Kündigung; Interessenausgleich. Kalter Frieden. Das ist nicht ideal, aber besser als Krieg. Die Menschen wollen mehr: Frieden. Wir haben ihn nicht. Nicht in Deutschland, nicht in Europa. In Deutschland wird auf Landsleute geschossen, die von einem Teil in den anderen wollen. Hochgerüstet und stündlich kampfbereit stehen sich die Truppen der NATO und des Warschauer Paktes auf deutschem Boden gegenüber. Es gilt, das militärische Potential der Sowjetunion und ihres Paktes zu neutralisieren.

Man hat Entspannung versucht – mit bescheidenem Erfolg. Immerhin: Kalter Krieg ist kaltem Frieden gewichen. Dieser bewirkt die Gewöhnung an das Nichtschießen. Er schafft die Möglichkeit, neue Wirklichkeiten zu schaffen, die Frieden herbeiführen.

Vielen Europäern erscheint die Gegenwart grau. Ihre Stimmung ist schlechter als die Lage.

Die Sowjetunion und die Staaten des Warschauer Paktes, vor allem die DDR, rüsten und rüsten. Manche Unruhe und Spannung in der Welt – nicht nur die in Berlin – ist von internationalen Kommunisten angezettelt, geschürt, gesteuert, bewirkt. Künstliche Vulkane.

Militärisch ist die Sowjetunion mächtig im Mittelmeer wie im Norden; sie steht mit angriffsbereiter Vernichtungskraft in Mitteleuropa. Die Moskauer greifen nach Afrika wie zum Öl im Nahen Osten. Gelänge es ihnen, zugleich eine Berlin-Krise, eine nachhaltige Ölverknappung und eine weltweite Nord-Süd-Spannung zu erzeugen, so wären der politischen Erpressung Westeuropas Tür und Tor geöffnet.

Die Moskauer Kommunisten erstreben diese Übermacht. Ihre militärische Kraft geht weit über ihre Verteidigungsbedürfnisse hinaus. Sie stärken das weiter, um mutlose Ohnmacht in Westeuropa zu erzeugen und ganz Europa gefügig und nutzbar zu machen.

Krieg sei wieder möglich, behaupten Wissenschaftler, fürchten Soldaten und Politiker. Vom »begrenzten Krieg« wird gesprochen – begrenzt auf Europa.

Alle Europäer nehmen bereits besondere Rücksicht auf die Sowjetunion. Die Bonner Regierung führt das an. Die kommunistischen Parteien Italiens und Frankreichs – trotz gelegentlicher Reibereien in gutem Einvernehmen mit Moskau – signalisieren: Unsere Machtergreifung steht nicht mehr bevor, sie hat bereits begonnen.

Stehen wir also in Europa vor der »Befriedung« durch die Sowjetunion? Mündet der kalte Friede unserer Tage auf fatale Weise in den Verlust der Freiheit und die Vormundschaft der Sowjetunion? In eine Pax sowjetica?
Man soll es nicht leugnen: Die Gefahr ist da; militärisch und ideologisch. Auch bei kluger westlicher Politik wird sie uns wohl noch länger begleiten; auch mittelfristig.
Ich will mich zunächst den nichtmilitärischen Problemen zuwenden.

Die kommunistische Herausforderung bleibt. Sie erscheint anders. Ist dies eine Maske oder ein neues Gesicht?
Man muß es rechtzeitig erkennen, so wie es 1963 nötig war (vgl. S. 75ff.), vorausschauend die Veränderungen zu sehen, die damals bevorstanden. Inzwischen sind sie eingetreten: Zwar haben die Moskauer Führer Vormacht und Einfluß unter allen Kommunisten (mit Ausnahme der chinesischen) behalten, aber der Kommunismus ist kein Monolith, kein einheitlicher Block mehr, den man von Moskau aus in der Lehre wie in der Organisation auf Knopfdruck oder durch Genickschuß beherrscht. Es gibt nun eine innerkommunistische Diskussion – nicht nur über den zweckmäßigen Weg, sondern auch über den »Glauben«. Der neue Typ der Führung ist da. 60 Jahre nach der Revolution ist in Rußland von den Verheißungen des Karl Marx und des Wladimir Iljitsch Lenin nichts eingetreten: Wohlstand, soziale Sicherheit und Freiheit sind fern und in sehr vielem ist die Sowjetunion immer noch ein Entwicklungsland. Die ökonomische Basis ist zu schwach, um die verkündeten politischen Ziele zu erreichen. Man wollte den Westen nicht nur politisch – in aller Welt wie im Weltall – überrunden, sondern auch im Lebensstandard. Es hakt an der nötigen Steigerung der Produktivität der Arbeit.

Im gültigen Parteiprogramm der Kommunistischen Partei der Sowjetunion, 1961 vom 22. Parteitag beschlossen, heißt es: »Die heutige Generation der Sowjetmenschen wird im Kommunismus leben!« Man verhieß in diesem Dokument: Bis 1970 werden die USA »überflügelt« sein und bis 1980 solle in der Sowjetunion alles nicht mehr nach der Leistung verteilt werden, sondern entsprechend dem kommunistischen Endziel »jedem nach seinen Bedürfnissen«; dann nämlich werde »der Überfluß an materiellen und kulturellen Gütern gesichert« sein. Dieses Versprechen einer Politik, die sich stets auf die Wissenschaftlichkeit ihres Urteils beruft, wurde nicht eingehalten. Mangel herrscht. Die »Bedürfnisse« werden nicht oder unzureichend oder zur falschen Zeit befriedigt. Die jetzige Führung hat zwar diese Verheißungen aufrechterhalten, zugleich aber alle bisherigen zeitlichen Festlegungen beiseite geschoben und neue vermieden. So ist es auch im Weltmaßstab: Der Anteil der Staaten des kommunistischen Warschauer Paktes am Sozialprodukt der Welt sinkt. Es sieht so aus, als würden wirtschaftlich 1980 schon allein die 120 Millionen Japaner ebensoviel leisten wie die 260 Millionen Sowjetbürger. Der Koloß zeigt Risse, die Ideologie verschleißt. Von einer Faszination dieses marxistischen Systems ist nichts zu spüren. Glauben die Moskauer noch an ihre Sache? Sind sie des geschichtlichen Sieges der Weltrevolution sicher? Der »real existierende Sozialismus« (Rudolf Bahro) wird mehr und mehr zur belastenden Peinlichkeit für alle, die im Westen noch für diese Ideologie werben.
Jeder Kommunismus ist gegen die Menschenrechte und ein Feind unserer freiheitlichen Sozialordnung. Das bleibt allen Kommunisten gemeinsam – ob sie nun Rußland oder China oder Cuba beherrschen, ob sie in Spanien, in Frankreich, in Italien oder in Deutschland die politische Führung erstre-

ben, ob sie Nationalisten oder Internationalisten, ob sie Europäer, Asiaten, Afrikaner oder Amerikaner sind, ob sie Schlips und Kragen oder Pullover tragen, ob sie gebildet flüstern oder schreien, die Faust ballen oder die Stirn runzeln: Die Klassenfrage wollen sie alle im Sinne des Karl Marx lösen und die Besitzverhältnisse um jeden Preis verändern. Das wollen auch jene unter ihnen, die das Wort von der Diktatur des Proletariats nicht mehr im Munde führen.

Weil selbst die Ostberliner Kommunisten davon überzeugt sind, scheuten sie sich nicht, am 4. Mai 1977 eine »eurokommunistische« Verlautbarung abzudrucken, obwohl darin sogar von demokratischem Machtwechsel und Bewegungsfreiheit der Bürger im In- und Ausland die Rede war. Sie kennen eben die Bedingungen des Kampfes um die Macht und haben nicht vergessen, daß sie nach dem Krieg den Sozialdemokraten Zusammenarbeit und allen Deutschen die parlamentarische Demokratie versprachen ... Das Wesentliche, so denken sie, sind nicht Worte und Verzierungen, sondern die Macht zur Lösung der Klassenfrage und zur Änderung der Besitzverhältnisse. Und darin wissen sie sich alle einig, alle mit allen. Sie kennen nicht Menschenrechte, sondern Klassenrechte. Und wer zur »Klasse« gehört, was dieser frommt, was sie will – das bestimmt nicht die Mehrheit, sondern die Kommunistische Partei als »Vorhut des Proletariats«. Wer nicht »dazugehört«, ist ein Feind. Und der ist auszumerzen. Alles ist verboten, was nicht ausdrücklich erlaubt wird.

Obwohl inzwischen die Geschichte bewiesen hat, daß die *Diktatur des Proletariats* den Massen nichts, den Funktionären alles bringt, wollen die Kommunisten das immer noch. Die Vergesellschaftung der Produktionmittel und die Entmachtung der herrschenden Klasse, wie sie das nennen, hat, wo immer das erzwungen wurde, mit der Freiheit den

Rechtsstaat, mit dem wirtschaftlichen Aufstieg die soziale Sicherheit, mit der Gegenwart die mögliche bessere Zukunft zerstört. Die Lehre taugt nicht. Und die Praxis schon gar nicht. Die geringen Fortschritte in China und in der Sowjetunion wären Riesenschritte gewesen, wenn dort Freiheit regiert hätte.

An die Stelle unserer Ordnung, die zwar immer erneuerungsbedürftig, aber auch verbesserungsfähig und insgesamt schon jetzt erträglich und leistungsstark ist – an ihre Stelle soll eine privilegierte Herrschaft treten; eine primitive, stupide, brutale, anonyme Apparatur. In dieser wäre unser »Anpassungsartist« ein Genie des unverkrümmten Rückgrates. Unsere für Reformen und Fortschritt offene Ordnung soll ersetzt werden durch bürokratische Erstarrung. Das ist Kommunismus, das ist ihre Revolution, dafür kämpfen sie verbissen und hingebungsvoll: Kommando statt Einsicht, Befehl statt Wahl, Formular statt Demoskopie, Verhör statt Diskussion, Zensur statt Kritik, psychiatrische Anstalt statt öffentlicher Debatte, Bewirtschaftung statt freier Auswahl, »Kreation« statt Kunst, Schulung statt Bildung, verordneter Posten statt freier Berufswahl, Propaganda statt Information; Arbeitslager statt Arbeitsgericht, Lohndiktat statt Streik, Disziplin statt Betriebsrat; schweigen statt reden, folgen statt denken, zuteilen statt aussuchen, gehorchen statt mitbestimmen; Gefängnis statt Protest, Geheimpolizei statt Demonstration.

Gewalt.

Keine Maske ändert diese Wirklichkeit. Kommunisten glauben an ihre »Heilslehre«. Mit Zwang wollen sie alle »erlösen« und »beglücken«. Das ist so, seit Kommunisten politisch wirken: Schon in den Tagen der russischen Revolution fragten Republikaner die Kommunisten: »Was seid ihr nun eigentlich – Polizisten oder Sozialisten?« Man spürte: Ge-

walt ist ihr Wesen, sie gehört zu ihnen wie der Alkohol zum Schnaps. Kommunismus und Gewalt sind von Anfang an eine Einheit, zwei Worte für dieselbe Sache: Unfreiheit.
Eugen Löbl, Kommunist des »Prager Frühlings« (1968), gibt zu bedenken: »Entweder akzeptieren wir die humanistische Motivation von Marx . . ., dann müßten wir seine Theorien und Schlußfolgerungen über Bord werfen, oder wir akzeptieren diese Schlußfolgerungen und haben dann zwangsläufig die humanistischen Ideen über Bord geworfen« (FRANKFURTER ALLGEMEINE ZEITUNG vom 20. August 1977).
Milovan Djilas, früher Stellvertreter Titos, mahnte im Frühjahr 1977 die Europäer: »Menschen, die darauf bestehen, daß ihre Welt die beste ist, versklaven in Wirklichkeit diese Welt und bedrohen andere.« Wo durch »bürokratischen Sozialismus« »Privilegierte« über Menschen regieren, die lediglich in einer »begrenzten, verkrüppelten Form überleben«, da seien alle, »die eigene Ideen oder den Wunsch haben, auf eigene Weise schöpferisch tätig zu werden, von vornherein dazu verurteilt, entweder zu revoltieren oder leidvolle Einschränkungen hinzunehmen«. Im Kommunismus wird, so heißt das, der Mensch zum Krüppel – nur ein Teil seiner Existenz darf leben. In Wahrheit lebt der ganze Mensch; der unterdrückte Teil drängt.
Hat nicht, so wird man einwenden, immerhin der Kommunismus aus dem zaristischen Rußland einen modernen Staat, eine Supermacht mit strategischem Gleichgewicht zu den USA gemacht?
Von den Waffen her gesehen stimmt das. Für die Menschen und für den politischen Erfolg sieht das ganz anders aus: Die Zaren waren längst »von bürgerlichen Revolutionären gestürzt«, als Lenin eine Republik umstürzte, die – nach seinen Worten – »freier war als ein beliebiges Land der Welt« (DER SPIEGEL Nr. 18, 1977, S. 148). In der Industrieproduk-

tion nahm das frühere Rußland bereits den fünften Rang in der Welt ein, war führend in der Rüstungsindustrie und förderte mehr Öl als die USA (ebenda S. 150).
Vergleicht man, wozu es manchen Anlaß gibt, die Entwicklung Rußlands mit der Japans seit dem Ersten Weltkrieg – Freiheit also mit Kommunismus –, so wird offenkundig: Das System der Gewalt versagt.
Der Lebensstandard der Arbeiter in der Sowjetunion ist »miserabel«, wie das Organ des Deutschen Gewerkschaftsbundes WELT DER ARBEIT im Sommer 1977 feststellte. Dem Arbeiter dort geht es schlechter als dem Arbeitslosen hier. In der Sowjetunion erzeugen 30 Prozent der Bevölkerung weniger Getreide als 5 Prozent in den USA; auf dem verbliebenen Privatland – 1,5 Prozent der landwirtschaftlichen Nutzfläche – erzeugen russische Bauern 31 Prozent des nationalen Verbrauchs an Milch und Fleisch, 34 Prozent des Gemüses, 39 Prozent der Eier und 59 Prozent der Kartoffeln (LITERATURNAJA GAZETA und NEUE ZÜRCHER ZEITUNG vom 6. Februar, 17. Juli und 26. Juli 1977).
Man ist militärisch stark. In allem anderen und an allem anderen fehlt es. Die Sowjetunion sei wirtschaftlich nicht wettbewerbsfähig, kulturell repressiv und ideologisch steril – so faßt das Londoner Institut für strategische Studien das in seinem Jahresbericht 1976 zusammen.
Das System ist falsch.
Sollten das nur wir – von draußen – sehen? Gibt es da im System – in den Stadtverwaltungen, Ministerien, »Gewerkschaften«, Funkhäusern, in den Betrieben – wirklich niemanden, der das auch merkt? (Das war geschrieben, bevor von Rudolf Bahro »Die Alternative« erschien.) So wie es die Männer des »Prager Frühlings« empfanden – Kommunisten, die wegen der Praxis die Theorie zu befragen lernten? In Chile und Portugal, in Indien wie im Nahen Osten muß-

ten die Moskauer Politiker bittere Niederlagen einstecken. Ihr Kommunismus hat jede werbende Kraft verloren. Er ist nur noch Macht. Bürokratie. Brutalität. Apparatur. Die Idee ist im Nebel entschwunden.

Der Glaube, wo es ihn gab, hat getrogen. Vor 60 Jahren, als Lenin gegen die russische Demokratie aufstand und seine »Große Revolution« siegte, verhieß er, diese Revolution sei der »Auftakt der Weltrevolution«, die anderen Industriestaaten würden rasch folgen. »Die Kette war am schwächsten Glied gerissen. Nun müßte doch das ganze kapitalistische System zerbrechen.« Statt dessen blieb die Kette intakt (Robert Havemann in DIE ZEIT vom 29. Oktober 1976).

In Deutschland haben die Moskauer Kommunisten nach dem Kriege aus ihrer Besatzungszone – gestützt auf ihre Panzer – einen Teilstaat gemacht, die Deutsche Demokratische Republik. Die deutschen Kommunisten dort haben nur »entlehnte Macht« (Havemann). Das ist nicht von Dauer. Dieser Staat hat nicht nur einen machtpolitischen Auftrag, sondern eine ideologische Funktion: Er soll beweisen, daß Kommunismus auch für moderne Industriegesellschaften »paßt«. Die DDR ist auf den Wettbewerb mit dem freien Teil Deutschlands angelegt. Also kann auch in Deutschland jedermann unschwer erkennen, was besser ist – Kommunismus oder Freiheit. (Ich habe das in meinem Buch: Es ist noch nicht zu spät, München 1976, behandelt.)

Das Ergebnis ist für die Kommunisten vernichtend. Der Abstand zwischen den beiden Staaten in Deutschland wird immer größer – für die Menschen, für die Wirtschaft, für die Politik. Robert Havemann kennt die Gründe: »Der Staat verdient an jedem Produkt enorm, weil die Löhne niedrig sind. Dieses System betrachte ich als die Grundlage der Ausbeutung. Es ist die ökonomische Struktur der Sklaverei« (Robert Havemann: Berliner Schriften, Berlin 1976).

Leider ist es ebenso wahr, daß in internationalen Statistiken zu einigen wirtschaftlichen Fragen wichtige westliche Staaten wie Großbritannien und Italien hinter die DDR abgerutscht sind. Ich weiß, daß keine Statistik wesentliche Werte wie Wahrheit, Freiheit und Schönheit messen kann; daß die Zahlen, von denen diese Ost-West-Vergleiche leben, im Grunde unvergleichbar sind – schon, weil die Daten, welche die DDR angibt, weder einsichtig noch kontrollierbar sind. Ich weiß aber ebenso, daß einige in Ost-Berlin sich ob dieser Zahlen mächtig stolz in die Brust werfen.
In den oberen Ostberliner Etagen weiß man das kühler aufzunehmen: Allein die Zahlen der Bundesrepublik Deutschland sind wichtig. So lautet der Auftrag. Das ist der Maßstab. Die Leute in Dresden und Schwerin interessiert ja auch nicht, ob es ihnen bessergeht als denen in der Ukraine oder in der Pußta. Sie sehen über die Elbe zum Rhein!
Nichts im innerdeutschen Vergleich zeigt die deutschen Kommunisten vorn – ausgenommen im Sport. Denen drüben fehlt nicht nur der Beweis, daß Kommunismus auch für Industriegesellschaften und für hochentwickelte Staaten »paßt«. Im Gegenteil: Sie fallen weiter zurück, weil es im freien Deutschland bergauf geht; trotz Rezession bedeutet jeder Tag unserer Demokratie weiteren Zuwachs.
Die wenigen Zahlen, die für die DDR im Vergleich zu anderen westlichen Ländern günstig sind, sprechen nicht für den Kommunismus. Sie klagen die Halbherzigkeit der Politik dieser westlichen Länder an. Nicht die Diktatur ist überlegen, sondern eine Politik furchtsamer Unentschlossenheit, die hier und da im Westen um sich greift; sie erzeugt dann eben auch hier und da Unterlegenheit.

Ich weiß, daß es auch Marxisten gibt, denen die Wirklichkeiten in der Sowjetunion, in der DDR und anderswo ein

Greuel sind. Einige haben den Mut, das auch zu sagen. Ihre Intelligenz, ihre Tapferkeit und ihre Redlichkeit stehen für mich außer Frage. Wir müssen ihnen zuhören, mit ihnen ernsthaft diskutieren, mit ihren Argumenten ringen – uns aber, leider, für die praktische Politik an das halten, was regierende Marxisten tun, wie sie handeln, was sie bewirken und verantworten.

Die moralische Qualität der Kritiker im unfreien Teil Europas weist sie als Europäer der besten sokratischen Tradition aus. Der Pole Adam Michnik bekannte: »Ich begriff, daß der Wert einer Überzeugung nicht an ihren Siegeschancen gemessen wird, sondern an ihr selber. Christus ließ sich kreuzigen, ›er verlor‹, aber am Ende stellte sich heraus, daß er gewonnen hatte. Der Mensch verliert nicht dann, wenn er ins Gefängnis geht, sondern nur, wenn er sich zum Abschaum machen läßt« (DIE WELT vom 26. Juli 1976).

Diese Kritiker, Bürgerrechtler, Dissidenten, also die Oppositionellen in der Sowjetunion, in Polen, in der Tschechoslowakei und der DDR, haben seit der Konferenz in Helsinki über Sicherheit und Zusammenarbeit in Europa (Sommer 1975) etwas in der Hand: Das Dokument von Helsinki, veröffentlicht auch in den kommunistisch-regierten Staaten Europas. Sie berufen sich auf diese Texte, z. B. auf die Abmachungen über Freizügigkeit und Menschenrechte. Jeder Oppositionelle, der dort wider den Stachel löckt, jeder Bürger, der einen Ausreiseantrag stellt, jeder kritische Frager beweist den brutalen Bürokraten, die dort auf ihrer Macht und mit ihrer Macht verkrusten und erstarren: Die technische Perfektion der Unterdrückung stößt an Grenzen. Geist läßt sich immer weniger einmauern oder befehlen. Den Blick über den Zaun kann niemand mehr verhindern. Man ist nicht nur in den wirtschaftlichen Kreislauf dieser Erde einbezogen. Auch künstlerisch, geistig, gedank-

lich taugen Mauern, Schikanen und Verhöre immer weniger, Abkapselung aufrechtzuerhalten und allein der Propaganda der Überlegenheit Gehör zu verschaffen. Bretter haben Ritzen, Lautsprecher Pausen, Gefängnisse Fenster.
Indem die Oppositionellen, die Bürgerrechtler, die Dissidenten – kurz: die Tapferen dort – sich melden, etwas anmerken, kritisieren, fragen, eigene Gedanken wie künstlerische Selbständigkeit und persönlichen Geschmack wagen, zeigen sie den Machthabern die Grenzen ihrer Gewalt. Zugleich beginnen die Peiniger zu spüren, wie es ihnen immer schwerer wird, durch Gewalt statt durch Überzeugung, durch Verhör statt durch Diskussion Menschen zu leiten, Gesellschaften zu reglementieren und Staaten zu regieren. Indem sie diese Schwierigkeiten zu Hause erkennen und die Kurzatmigkeit ihres gegen den Zeitgeist stehenden Systems ahnen, vergeht ihnen der Appetit zur Eroberung in der Fremde. Wenn es schon daheim, wo man wohl etabliert ist, schwerer wird, mit den Aufmüpfigen fertig zu werden, wie soll das erst in der Fremde sein? Man will doch nicht nur siegen und herrschen; man will regieren und nutzen. Wie soll das anderswo gutgehen, wo es doch schon zu Hause mühsamer wird? Wie sollen wir, so beginnen sie sich zu fragen, schaffen, was Allende mißlang, was Cunhal mißglückte? Und Nasser und Frau Gandhi?
Sie erleben nun – sie hören nicht davon, lesen nicht darüber, werden nicht darüber unterrichtet –, sie erfahren nun selbst, daß es nicht möglich ist, Arbeitsproduktivität zu steigern, ohne mehr Freiheit zu geben; Widerspruch zu überwinden, ohne Gespräche zu führen; Fortschritt zu erreichen, ohne die Grenzen offener zu machen. Sie wissen nun, daß es ihnen weder gelingt, den Rang der Familie und den der Religion noch den des Vaterlandes zu zerstören. Die Usbeken sind Usbeken, bevor sie Kommunisten, bevor sie Sowjet-

bürger sind. Bei jeder Folter, in jedem Verhör, mit jeder Brutalität stoßen sie auf etwas Härteres: den Kern der menschlichen Natur; und die ist, so fangen sie nun an zu empfinden, auf Freiheit angelegt – in Moskau wie in Rio, in Köln wie in Dresden.

Die Zukunft ist nicht mit dem Verhör, sondern mit der Diskussion; mit dem Rechts-, nicht mit dem Polizeistaat. Militärische Gewalt allein – ohne »Glaubenskrieger« – schrumpft in sich zusammen.

Die Kritiker in Mittel- und Osteuropa hören und lesen, wie wir alle, von den westlichen Eurokommunisten. Sie nutzen sie. Und sie fordern von ihnen Glaubwürdigkeit: Wer in Rom als Kommunist für Demokratie eintritt, sollte – bitte schön – wenigstens den ungefährlichen Protest gegen die Verfolgung von Marxisten in Moskau wagen, die dort lediglich anderer Meinung sind als die Regierenden.

Der Kommunismus ist in einer Zwickmühle. Was gilt: die Moskauer Wirklichkeit oder die Römischen Erklärungen der Kommunisten? Wer soll die Pariser Worte glauben, wenn man dort nicht einmal wagt, Moskauer Exzesse zu verurteilen und Moskauer Dissidenten zu verteidigen?

Maske oder Gesicht – das ist hier die Frage.

Wer wollte übersehen, daß der italienische Kommunist Berlinguer anders redet und handelt als der russische Kommunist Breschnew, der Franzose Marchais anders als der Deutsche Honecker, der Rumäne Ceauşescu anders als der Tscheche Husak, der Spanier Carillo anders als der Pole Gierek und der Chinese Hua anders als der Jugoslawe Tito? Ich bestreite nicht, daß jeder von ihnen möglichst unabhängig von anderen, von Fernsteuerung, Kontrolle, internationaler Aufsicht, Fremdbestimmung, Reglementiertwerden sein möchte; daß jeder eigene Erfahrungen, Einsichten, Bedingungen erkennt und ihnen entsprechen will; daß das nicht nur Ornamente und Stilfragen sind. Nur: Für die Menschen, die unter ihrer Gewalt leben, ist das alles nebensächlich. Für sie bedeutet Kommunismus – ob er nun zentral gesteuert oder national befohlen, ob er sich zur Diktatur des Proletariats offen bekennt oder nur heimlich so denkt und handelt, ob er sich romanisch garniert oder germanisch schmückt – für die Menschen bedeutet Kommunismus, wie wir sahen, überall dasselbe: Gewalt.

Und doch lohnt es, die Bedeutung dieses Eurokommunismus nicht zu verkennen. Er trägt wesentlich bei zum »neuen Gesicht« des Kommunismus. Er verwirrt nicht nur Einfältige im Westen, er fördert Entwicklungen im Osten. Milovan Djilas hat recht: »Ob die Eurokommunisten es wollen oder nicht, ihr Erfolg impliziert auf mittlere Sicht ein Absinken des sowjetischen Einflusses über Osteuropa« (DIE WELT vom 13. Juli 1977). Die Ideen westlicher Kommunisten wirken ein auf den von Moskau geführten Block. Wer will schon abhängig sein und auf den »eigenen Weg« verzichten? Warum verbietet man hier, was man dort erlaubt? Mehr und mehr verlieren die Moskauer das Ansehen und den Rang des Mekka der Rechtgläubigen, der alleinigen Metropole, der Unfehlbarkeit und damit die unbestrittene wie unbestreitbare Herrschaft. Insofern stimmt, was der Spanier Carillo sagt: »Die kommunistische Bewegung hat aufgehört, eine Kirche zu sein« (NEUE ZÜRCHER ZEITUNG vom 16. Juli 1977). Er vergleicht das »brüderliche Verhältnis« zwischen der Sowjetunion und ihren Satelliten mit der »Freundschaft zwischen dem Haifisch und der Sardine«.

Freilich: Wo westliche Kommunisten von Freiheit und von Regierungswechsel durch Wahlen sprechen, hört für alle regierenden Kommunisten die Gemütlichkeit auf. Gegen diese Ketzerei sind sie dann schnell und gründlich einig.

Freiheit von Moskau: ja. Freiheit zu Hause: nein. Und so würden es auch die Eurokommunisten halten, wenn sie nur erst an der Macht wären. Schließlich prangern die italienischen Kommunisten, die sich in Rom so demokratisch gebärden, nicht etwa grundsätzlich an, was in der Sowjetunion und in der DDR unverkennbar menschenverachtende Despotie ist – es gäbe lediglich »einige antiliberale Merkmale«, sagen sie (FRANKFURTER ALLGEMEINE ZEITUNG vom 23. Juli 1977). Die Kommunisten in Rom weisen laut und oft und gerne auf den Artikel 2 ihres Parteistatutes hin, wo es heißt: »Der KPI können alle Bürger beitreten, die das 18. Lebensjahr vollendet haben und – unabhängig von Rasse, religiösem Glauben und philosophischer Überzeugung – das politische Programm der Partei akzeptieren und sich verpflichten, für dessen Verwirklichung zu arbeiten.« Mancher, der nicht weiterliest und Worten mehr glaubt als Wirklichkeiten, übersieht dann den Artikel 5 dieses Statutes, der alle Parteimitglieder verpflichtet, die Lehren des Marxismus und des Leninismus bei der Lösung konkreter Fragen anzuwenden.

Niemand sollte in diesem Versteckspiel mit Worten übersehen, daß im Juli 1977 die Moskauer ihren angeblich so distanzierten, andersartigen und selbständigen Genossen in Paris und Rom öffentlich Lob zollten, nachdem deren Weg zur Macht – Volksfront und Historischer Kompromiß – erste Erfolge ankündigte.

Was da in fortschrittlich eingestellten Ohren so eurokommunistisch, so neu und so erregend angenehm klingt – was den Leichtgläubigen, mit denen die Hoffnung durchgeht, zusagt, was den Schwärmern, die ihre Träume über ihre Erfahrungen siegen lassen, gefällt, jenen, die Worte für Wahrheit nehmen, die nur als Werbung gemeint sind –, das meiste davon ist nur Taktik.

Intern erklärte die kommunistische Partei Italiens die Haltung der öffentlich mit Moskau streitenden spanischen Genossen mit dem Hinweis: Die kommunistische Partei Spaniens habe das leider nötig, »um sich die Möglichkeit zu erhalten, sich als Partei unter Parteien zu bewegen, zumal es in Spanien – anders als in Italien – ein tiefsitzendes Mißtrauen gegen Kommunisten gebe . . .«

Maske.

Ich bin für Diskussion mit diesen Kommunisten, die ja meine Wähler gewinnen wollen. Man kann ihnen nicht aus dem Weg gehen – wie der Regierung in Moskau. Wer nicht will, daß sie ein europäisches Land durch freie Wahlen erobern, muß europäische Wahlen und europäische Vollmachten herbeiführen. Acht Prozent gewählte kommunistische Abgeordnete im europäischen Parlament, das etwas zu sagen hat – das schafft andere Bedingungen als Volksfront in Frankreich und Historischer Kompromiß in Italien ohne europäische Autorität! Ich bin für politischen Kampf, für den Wettbewerb der Ideen, für den verläßlicheren Mann, die bessere Frau, das treffende Argument.

Niemand sollte vergessen, was die aus Moskau heimkehrenden politischen Führer der deutschen Kommunisten 1945 versprachen: persönliche Freiheit und parlamentarische Demokratie in Deutschland. Sie brachen ihr Wort. Auch deshalb rate ich: Wettbewerb – ja, politische Gemeinsamkeit – nein.

Jan Potocka, Sprecher für die tschechoslowakische Bürgerrechts-Charta 1977, hat man – so Heinrich Böll – »in den Tod getrieben«. In seinem letzten Interview bat er um »moralische Stütze«, weil sie den Kämpfenden beweise, daß die Welt mit ihnen und nicht gespalten sei »in der Ablehnung von Despotie«.

So sind alle Kommunisten – ob und wo sie auch regieren

oder um Macht werben – zu fragen: Wie haltet ihr es damit? Stimmt uns zu in der Ablehnung der Gewalt – und alles wäre anders! Verurteilt die Mauer in Berlin, die Einweisung von Kritikern in psychiatrische Kliniken, die Zwangsgesellschaft! Bevor ihr hier zur Fronleichnamsprozession eilt, kritisiert den Zwang zur Jugendweihe in der DDR und die Zurücksetzung junger Deutscher, die nur unter Opfern an den Gott glauben, dem man hier gleich auf den Straßen Verehrung erweist!

Wenn das geschähe, wenn die Eurokommunisten öffentlich denen beistünden, die da, wo Kommunisten nicht werben, sondern regieren, für ihre Meinung, ihre Haltung, ihren Glauben, ihren Geschmack gemaßregelt und verfolgt werden – alles wäre anders. Wenn sie nicht nur die Worte Diktatur des Proletariats aus ihren Programmen strichen, sondern zugleich ebendiese Diktatur in Prag und in Ost-Berlin und in Moskau ablehnten – man könnte hoffen und beginnen zu glauben. Indem sie zu Gewalt und Unrecht schweigen, stellen sie sich auf die Seite der Unterdrücker, entwerten sie ihre Worte zu Lügen. So stehen sie auf der Seite der Gewalt, nicht auf der der Brüderlichkeit; sie gehen nicht den Weg der realen Freiheit zur Zukunft mit menschlichem Antlitz. Sie stehen und wirken ihm entgegen. Sie nehmen nicht die andere Seite der Straße, sie sperren sie durch Barrikaden der Brutalität. Wo Verkehr war und Lärm und Gegenverkehr, Überholen und Parken, bauten sie eine Einbahnstraße für die Karossen der Funktionäre mit Rotlicht; zementiert. Mauer.

Die Diskussion um Karl Marx und mit seinem Werk hat einen neuen Zuschnitt: Während Oppositionelle in der Sowjetunion die Zustände dort als Verstöße gegen den wahren Marxismus kritisieren, kommt von früheren Marxisten aus Paris der Ruf: Karl Marx selbst ist an allem schuld. Sie laufen

Sturm gegen ihre Thesen von früher und verbrennen nun, was sie gestern anbeteten.
Man hört ihnen zu, weil man im Ohr hat, was ihnen eben noch galt, was ihre enttäuschte Hoffnung und ihr betrogener Glaube sie lehren: Einen »Sozialismus mit menschlichem Antlitz« könne es nicht geben; Sozialismus sei nur einer der vielen Namen für Herrschaft; er habe den GULAG (das sowjetische System der Konzentrationslager; vgl. dazu Alexander Solschenizyn: Der Archipel GULAG, München 1974) geboren; die Revolution der Marxisten sei lediglich Herrschaftswechsel; das System der GULAG-Unterdrükkung sei weder ein Irrtum auf dem Wege der Revolution noch eine Verstellung des Marxismus; in diesem und bei Marx selbst gäbe es nichts, was dieser Brutalität entgegenstehe. Diese »neuen Philosophen« sehen im Marxismus auch eine Polizei. Es gälte zu vermeiden, daß wir »zwischen den Vorzügen des Galgens und den Reizen der Guillotine wählen« müssen (Lévy). Auch Leszek Kolakowski ist nicht bereit, Karl Marx von der historischen Entwicklung freizusprechen, die von seinen Ideen beeinflußt wurde.
Ich hätte diese Denker hier nicht eingeführt, wenn nicht aus dem Osten, von früheren Kommunisten, der gleiche Grundakkord angeschlagen würde – ein Ton zugleich, der für alle Europäer mehrheitsfähig ist: Nicht die soziale Einordnung stört. Nicht die Gleichheit. Nur die Gewalt, die fehlende Freiheit und Brüderlichkeit also.
Der polnische Kritiker Adam Michnik meldet sich so zu Wort: »Was wir in unserem Lande für Reformkommunismus hielten, war einfach ein Werkzeug der Gewalt . . . Wir gingen davon aus, daß Gomulka und die mit ihm verbundenen Leute, die durch die Hölle der stalinschen Gefängnisse gegangen waren, nicht das gleiche tun könnten wie ihre Vorgänger und Henker – aber es stellte sich heraus, daß sie

es konnten, und daß nicht die Menschen, sondern der Mechanismus der Macht entscheidend ist« (DIE WELT vom 26. Juli 1977).
Die Moskauer sind da offener und direkter: Die Anwendung von Gewalt sei unvermeidlich, wenn man den Kommunismus errichten wolle (PRAWDA vom 8. März 1977).

Wolf Biermann – Poet, Liedermacher, Kommunist – stimmt denselben Ton an. Für ihn ist die DDR zwar der bessere deutsche Staat, und doch fühlte er sich dort wie ein »Fremdling im eigenen Haus«. Er fragt: »Sag, wann haben diese Leiden endlich mal ein Ende?« und antwortet: »Wenn die neuen Leiden kommen, haben sie ein Ende.« Diesen Sohn eines in Auschwitz ermordeten Kommunisten stört die Gewalt. Bitter sang er:

»Karl Marx, der große Revolutionär,
hat großes Glück, er lebt nicht mehr.
Denn wenn er heut' am Leben wär,
Genosse meiner Trauer, dann lebte er nicht lange mehr,
man zöge ihn aus dem Verkehr –
nun rat mal wo, es ist nicht schwer . . .«

»Sacharow hat recht, wenn er immer wieder ruft, Elektronik und Ideen seien nicht trennbar, ohne eine gewisse politisch-geistige Öffnung könne die in Unfreiheit und Bürokratismus erstarrte Sowjetgesellschaft sich auch wirtschaftlich-technisch nicht auf die Höhe der Zeit schwingen« (NEUE ZÜRCHER ZEITUNG vom 6. Februar 1977).
Sie wagen diesen Schritt (noch) nicht. Aber sie sündigen (schon) öffentlich gegen ihre Lehre und Gebote: Wirtschaftlich bedrängt, lobt man in der Sowjetunion die so produktive private Landfläche der Kleinbauern; fördert man in Polen – und nun sogar in der DDR – den verbliebe-

nen Rest privater Handwerker und privater Dienstleistungsbetriebe, gibt Zuspruch und Anreize, sich selbständig zu machen.
Ein Traum? Nein! Handlungen derer, die auszogen, überall die Privatheit durch die Öffentlichkeit, die Persönlichkeit durch das Kollektiv zu ersetzen, das private Eigentum abzuschaffen und das Paradies auf Erden durch bürokratische Verordnung einzuführen.
Der Wind bläst den Kommunisten ins Gesicht. Die Geschichte ist nicht mit ihnen. Sie kann es nicht sein. Sie folgt der menschlichen Natur.
Die regierenden Kommunisten erstarren in Waffen, und es fehlt an Brot. Sie fahren in den Weltraum, zementieren aber ihre Grenzen. Wo Geist und Argument und Diskussion gefordert sind, agieren sie disziplinär. Da ist Macht, erstarrte Macht. Da ist keine Zukunft. Militärische Stärke allein genügt nicht. Geist ist gefragt; Gesinnung, Gesittung und Gehalt. Und Menschenrechte als durch soziale Gerechtigkeit für alle gesicherte und ermöglichte Freiheit. Wo das stimmt, ist die Zukunft; wo das fehlt, ist der Niedergang.
Der Arbeitslose in der Bundesrepublik Deutschland, der Inflationsgeschädigte in Großbritannien, der Krisenerschütterte in Italien – sie alle leben besser als hart arbeitende Facharbeiter im kommunistisch beherrschten Teil Europas.
Die Verteidigungskraft des Westens reicht aus, jeden Angriff als selbstmörderisches Abenteuer abzuschrecken.
Die Demokratie hat Schlachten in Portugal, in Spanien und in Griechenland gewonnen. Unsere Familie ist größer geworden.
Ohne westliche Technologie, ohne Kredite und Weizen von uns wäre die Lage in Mittel- und Osteuropa schlechter als sie ist.
Die Renaissance des Marxismus im Westen verblaßt; die

Faszinationskraft der Menschenrechte im Osten gewinnt. Der Vormarsch der kommunistischen Parteien im Westen ist gebremst. Er hat das Flair verloren, unaufhaltsam zu sein. Marxisten entdecken Vorteile der Marktwirtschaft.
Den Kommunisten bläst nun auch noch der Wind von Helsinki ins Gesicht. Was sie als offensives Instrument für sich wollten, zwingt sie nun in die Verteidigung. Diese ideologischen Planer der Weltgeschichte, die an die Wahrheit und Wissenschaftlichkeit des doktrinär bewiesenen »Endsieges« des Marxismus glaubten, sehen sich Wirklichkeiten gegenüber, die stärker sind als ihre Lehre, kräftiger als ihr Zwang, anders als ihre Voraussage.
Unsere Bilanz ist besser als ihr Ruf.
Für die Zukunft garantiert diese bessere Bilanz nichts. Sie bewirkt nicht morgen das automatisch überlegene Ergebnis. Eine Chance ist sie – nicht mehr und nicht weniger. Man kann sie nutzen, man kann sie vertun; nichts wird von allein.

Leider ist es wahr: Krieg wird wieder möglich.
Gerade diese Gefahr steht der Zukunft mit menschlichem Antlitz entgegen. Sie wächst noch, weil die Moskauer ihre Kraft vorwiegend in militärische Stärke umsetzen; weil sie allein darin Erfolg haben; weil jeder Starke, den Zweifel befällt, unberechenbar wird – wie jeder, der mit klarem Bewußtsein den Tod vor Augen sieht.
Wenn die Gläubigen und (noch) Mächtigen in Moskau einsähen, daß die Geschichte nicht mit ihrer Lehre, sondern mit der von ihnen geknechteten menschlichen Natur ist? Daß also Marxismus nur eine Episode, nicht aber die Erfüllung der Weltgeschichte ist? Daß Rußland stärker und dauerhafter ist als das Sowjetsystem?

Das Irrationale ist in der Politik zumindest so wirksam wie die Vernunft. Aber: Vernunft kann erkannte Gefahren, die aus dem Unkontrollierbaren, Unbewußten, Unberechenbaren kommen, eingrenzen, einrechnen, ihnen vorbeugen, gegen sie vorsorgen – sie also mildern, dämpfen, fernhalten; sie unwahrscheinlicher machen.
Ich rate, diese Gefahren zu sehen.
Was Vernunft hier gebietet, ist nüchtern. Es verschließt sich schmückenden Beiwörtern ebenso wie erhabenen Gefühlen. Was zu tun ist, lehren Einsicht und Erfahrung: Der Westen hat gelernt. Er rüstet nicht erst im Krieg und läßt den möglichen Gegner nicht für einen Augenblick darüber im Zweifel, wo der Punkt ist, der nicht berührt werden darf, der Krieg bedeutet. Berlin zum Beispiel. Zugleich überzeugt er den möglichen Gegner, daß er nicht blufft; daß er die Mittel und den Willen hat, den bezeichneten Punkt nicht zu verlieren. Atom-U-Boote zum Beispiel.
Auf diese Weise wird, soweit Vernunft reicht, der Krieg mit Waffen durch glaubhafte Abschreckung verhindert. Wer uns angreift, tötet sich selbst. Das ist – zur Stunde – die schreckliche Wahrheit wie die fürchterliche Art, militärischen Krieg zu verhindern. Bis heute hat das gewirkt.
Auf die Dauer ist allein darauf wenig Verlaß. Die technischen Voraussetzungen für diese Art, den Nicht-Krieg mit Waffen zu sichern, sind ständigem Wandel unterworfen: »Gewiß ist, daß heute viele Länder der Welt atomare Waffen herstellen könnten und daß die Technik morgen neue Bedingungen für die Strategie des Friedens schaffen wird. Gewiß ist, daß in diesem Bereich Wandlung die erste Bedingung bleibt. Die augenblickliche Stabilität täuscht. Sie ist kein Zustand von Dauer. Gewiß ist das Ungewisse der Zukunft. Schon tauchen militärische und technische Zweifel an dem gegenwärtigen System der Abschreckung und den Be-

dingungen dieser atomaren Balance auf. Die Raketenabwehrgürtel gäben vielleicht doch eine Prämie für den ersten Schlag. Auch schwinde die Unverwundbarkeit des Vergeltungspotentials dahin. Die atomar bestückten Unterseeboote sollten künftig immer besser vom Gegner beobachtet werden können. Kurzum: Die Zeichen mehren sich, die uns mahnen, jede konkrete Abschreckungssituation als potentiell labil und ungewiß zu betrachten und jedes Waffensystem bereits zum Zeitpunkt der militärischen Indienststellung als technisch unvollkommen und veraltet anzusehen« (Rainer Barzel: Gesichtspunkte eines Deutschen, Düsseldorf 1968, S. 126f.).

Sachkundige weisen immer mehr auf die veränderten Bedingungen für die Sicherheit des Friedens hin: Die NATO hielt es im Mai 1977 für richtig, durch einen Beschluß ihrer Staats- und Regierungschefs auf »Elemente der Unstabilität und der Ungewißheit« hinzuweisen und das »Offensivpotential« der kommunistisch-regierten Staaten als »besonders besorgniserregend« zu bezeichnen; die »Verteidigungsbedürfnisse« würden sich in den achtziger Jahren verändern. Man diskutiert darüber, ob die immer erneuerte Waffentechnik Krieg wieder möglicher und wahrscheinlicher mache; ob Abschreckung im Ernstfalle wirklich Frieden sichere, weil der Selbstmord des Angreifers den eigenen Tod einschließe; ob diese Art von Abschreckung »glaubhaft« und wirksam sei.

»Der dritte Weltkrieg ist wahrscheinlich«, schreibt Carl Friedrich von Weizsäcker auf Seite 110 seines Buches »Wege in die Gefahr« (München 1976); ein Krieg mit modernen Waffen brauche nicht mehr selbstmörderisch zu sein; Wettrüsten führe meist zum Krieg; der dritte Weltkrieg werde stattfinden, wenn er gewonnen werden könne – wenn einer glaube, er könne ihn gewinnen.

Das Friedensforschungsinstitut in Stockholm kommt in seinem 8. Jahrbuch (1977) zu der Überzeugung, daß »im Verlauf des nächsten Jahrzehnts« eine »zunehmende Gefahr für den Weltfrieden« bestehe. Die Forscher begründen das mit diesen Tatsachen:

»I. In der ganzen Welt sind im vergangenen Jahr insgesamt etwa 334 Milliarden Dollar für Rüstungszwecke ausgegeben worden, verglichen mit 25 Milliarden Dollar für Entwicklungshilfe.

2. Zwischen der Ausbreitung der Nukleartechnik für friedliche Zwecke und der Weiterverbreitung von Kernwaffen besteht eine direkte Verbindung.

3. Die Treffgenauigkeit von Atomsprengköpfen und die Verwendung etwa von Navigationssatelliten für die Lenkung von Interkontinentalraketen wird ständig verbessert.

4. Auf dem Gebiet der Verlangsamung des amerikanisch-sowjetischen Rüstungswettlaufes und der Beschränkung der Atomrüstung sind keine echten Fortschritte gemacht worden.«

Ich habe erlebt, wie die Sowjetunion mit dem Überfall durch Hitler fertig wurde, wie sie einen Teil Deutschlands kolonisierte, wie sie Berlin würgte und Europa das Fürchten lehrte – wie sie in Deutschland, in Ungarn, in Polen, in der Tschechoslowakei Andersdenkende mit Panzern bezwang. Ich bin davon überzeugt, daß die Verantwortlichen in Moskau ihre militärische Übermacht ausbauen, um durch Drohung und Druck zu erreichen, was sie wünschen: unsere Niederlage ohne Krieg; unser Gefühl der Ohnmacht, der Abhängigkeit, der unausweichlichen Gefolgschaft. Ich glaube nicht, daß die Sowjetunion Krieg sucht oder will, aber ich schließe nicht aus, daß sie ihn führt, wenn sie sich oder ihre Heilslehre ernsthaft von außen (!) bedroht fühlt; wenn ihr außer Bluff nichts entgegenstünde.

Ich habe ebenso erlebt, daß es dem Westen durch das Bündnis gelang, den Nicht-Krieg in Europa zu sichern. Das freie Berlin ist frei. Ich weiß, daß das auch künftig bei Vorsorge und Wachsamkeit – besser: durch kontrollierte Abrüstung – möglich bleibt. Das Rezept heißt: Abschreckung plus Entspannung. (Ich verweise auf die »Strategie der Freiheit« in Rainer Barzel: Es ist noch nicht zu spät, München 1976, S. 93ff., insbes. 169ff.)

Abschreckung: Jeder Angreifer muß wissen und glauben, daß er mit dem Angriff Selbstmord begeht. Diese schreckliche Strategie bleibt technisch, militärisch und politisch möglich – wenn wir wollen. Das Bündnis mit den USA und die Europäische Gemeinschaft sind unerläßliche Voraussetzungen dieses Teiles der Strategie der Freiheit.

Entspannung – das heißt: Fronten auflockern, Probleme entkrampfen, Gegensätze mildern, Konflikte regeln, wo immer dies angemessen möglich ist; Spannungen abbauen, entschärfen, begrenzen, unter Kontrolle bringen, vor allem ihre Ursachen beseitigen; Felder der Zusammenarbeit und Ausgleich von Interessen suchen.

Wer diesen Prozeß der geistigen und sozialen Durchdringung des Kommunismus wie des von ihm beherrschten Teiles der Welt will und damit Friedenssicherung auch von innen erstrebt, aus den Herzen und Sehnsüchten der Menschen also, der muß mit ihnen Handel treiben, reden, sportlich kämpfen, sie einladen, sie besuchen. Auch die tapferen Kritiker in Moskau, Prag, Warschau und Ost-Berlin raten dringend, die Politik der Entspannung fortzusetzen – freilich bei Leistung um Gegenleistung. Das fördert die Kontakte. Und jeder Kontakt wirkt zugunsten der Freiheit, falls nicht Memmen am Werk sind.

Der Monteur aus Gelsenkirchen, der im Bannkreis Moskaus eine Fabrik errichtet, der Sänger aus München, der im

Konzertsaal in Warschau die Herzen bewegt, der Fußballer aus Mönchengladbach, der in Prag das Stadion vor Begeisterung der Menschen aus den Fugen platzen läßt – sie alle bauen Vorurteile ab. Krieg führen nicht die Politiker und Generale, sondern die Massen. Krieg ist nur möglich, wo Volksverhetzung möglich ist. Freizügigkeit für Menschen, Informationen und Meinungen sichert Frieden. Hitler wußte, warum er uns verbot, nach Frankreich zu reisen, Besuch aus London zu empfangen, Nachrichten aus Prag zu hören, Bücher aus Moskau zu lesen, zu Musik aus New York zu tanzen . . .

Nicht nur Krieg, auch eine Zukunft des Friedens ist möglich. Wie Erfolg und Absturz auf dem Drahtseil.

Solange wir geistig, sozial und wirtschaftlich überlegen bleiben, solange unsere Ordnung und ihre Erfolge anziehend und werbend auf die Menschen im unfreien Teil Europas und der Welt wirken, solange die Abschreckung das militärische Potential der Sowjetunion in Schach hält, solange um Entspannung gerungen wird, solange die Europäer mit den USA im Bündnis vereint und stark sind – solange wird es in Europa keinen Krieg geben. Keiner überlese diese Voraussetzungen!

Gehen wir unter diesem Schutz den Weg zur realen Freiheit, so werden unsere Kinder ein besseres Europa erleben; überall in Europa, überall in Deutschland. Aus kaltem Frieden kann Frieden werden. Aus Freizügigkeit Freiheit.

5. Verantworten

Diese Zukunft ist möglich. Einige müssen mit Freimut und Wagnis den Weg zu diesem Ziel weisen und selbst zügig vorangehen. Für die Menschen wirkt, wer als Mensch überzeugt; wer nicht nur die Fragen erspürt und kennt, sondern Antworten weiß, sie wagt, sie verantwortet; diesen Dienst schulden Politiker dem Volk. Wer das nicht kann oder nicht will, soll die Finger davon lassen.

Nichts hat mich so in die Pflicht genommen wie die hoffnungsvolle Erwartung und die gläubigen Augen der Menschen, die ich erlebte. Sie haben Wünsche, Sorgen und Ängste. Sie werfen sie auf dich, hängen sie dir an. Sie suchen, sehnen sich nach Sicherheit, wollen nicht nur begreifen, sondern auch fühlen und glauben; wollen dem folgen, dem sie glauben.

So genügt es nicht, gescheit zu sein, zu reden, anzuregen, zu verwerfen und vorzuschlagen. Der Verantwortliche muß selbst einstehen für das, was er rät, beschwört, fordert, verwirklicht. Vertrauen verdient, wer dient. Und Dienst kann man sehen, messen, beurteilen.

Das ist kein Spaziergang. Der Weg führt durch Wälle von Vorurteilen, durch Wogen von Neid, ist Spießrutenlaufen durch eine Gasse von Gemeinheit. Wenn das Glück dich flieht, laufen sie alle davon. Und wenn dich der Jubel umbraust, bist du doch allein. Sie erwarten und fordern, verstehen und mißverstehen, loben und tadeln. Manchmal danken sie. Sie lehnen sich an und saugen dich aus. Sie nehmen alles und zögern zu geben. Das darf dich nicht schrekken. Der Dienst gilt den Menschen, der Freiheit und dem Frieden. Dafür darfst du wirken. Du kannst Verführer fernhalten, Sorgen bannen, Zuversicht schenken, Ideen zu Tatsachen formen; nicht nur räsonnieren, sondern beweisen – nicht als Alleinunterhalter deiner Familie, deiner Freunde, nicht am Stammtisch, sondern da, wo zwischen Geschichtchen Geschichte entsteht.

In einem französischen Gefängnis schrieb Léon Blum 1941: »Wir sind keine Träumer, und wir haben keine Muße, zu träumen; aber der gegenwärtige Augenblick wird vorübergehen; die ewigen Ideen werden bestehenbleiben.« Er fragte: »Warum sollte die menschliche Rasse nicht jene Führer hervorbringen, die fähig wären, die Gerechtigkeit, die Brüderlichkeit und den Frieden zu schaffen? Der Mensch«, so fuhr er fort, »hat nicht zwei verschiedene Seelen, die eine, um zu ringen und zu suchen, die andere, um zu handeln; die eine, um die Schönheit zu fühlen und die Wahrheit zu erfassen, die andere, um die Brüderlichkeit zu fühlen und die Gerechtigkeit zu erfassen. Wer diese Aussicht betrachtet, fühlt sich von einer unbezwingbaren Hoffnung getragen.«

Im Gefängnis, 1941, setzte dieser französische Staatsmann auf Hoffnung gegen Furcht. Er glaubte an seine Sache, die überlegene Sache: die der Menschlichkeit und der Freiheit. Er glaubte gegen Gewalt, hoffte gegen Furcht, kämpfte gegen Angst. Er »fürchtete nicht herbei«; er widerstand, glaubte, hoffte und kämpfte. Er siegte. Geist gegen Gewalt. Ähnlich schreiben heute die Verfolgten der kommunistischen Brutalität. So schrieben die Gefangenen der Gewalt, bevor Hitlers Schergen sie an den Galgen hängten. Sie alle fürchten nicht herbei, sie widerstehen. So bezwingen sie.

Ich habe gelernt, daß es mehr auf die Menschen ankommt als auf die Programme; mehr auf das Format, die Erfahrung, das Können und den Charakter als auf Titel und Posten; mehr auf Geist und Haltung und Willen.
Bei meiner Arbeit bin ich einem Typ begegnet, den ich lieber mit Galle auf Haut als mit Tinte auf Papier beschreibe: dem Anpassungsartisten. Ihn müssen wir entlarven, lächerlich machen, seiner Wendigkeit preisgeben. Er dient nur sich und hindert die Zukunft mit menschlichem Antlitz.

Wieder gelang es Konrad Adenauer, seine Zuhörer zu »lebhafter Heiterkeit und starkem, anhaltendem Beifall« hinzureißen – so verzeichnet es das stenographische Protokoll seiner Rede auf dem Parteitag 1964 in Hannover. Er hatte politischen Gegnern vorgeschlagen, den »Erdlöwen« als Wappentier zu wählen. In die fragenden Gesichter dozierte er genüßlich schmunzelnd und mit steil erhobenem Zeigefinger: »Nun, meine Damen und Herren, das ist die Übersetzung des Wortes ›Chamäleon‹. Es klingt besser.« Dieser Erdlöwe sei »ein wunderbares Tier: Bald ist er rot, feurig rot, manchmal auch kardinalpurpur. Mal ist er grün, mal ist er blau. Kurz und gut: Alle Farben stehen ihm zur Verfügung.« Ohne Anstrengungen, schnell und immer wieder könne dieses Tier den Farbwechsel fortsetzen.
Zu Hause las man nach. Es stimmte. Im Brockhaus stand außerdem, das bekannte Farbwechselvermögen beruhe auf Erregungszuständen infolge Wohlbefinden, Licht und Wärme oder auch Hunger, Angst und Krankheit. Wegen seines Farbwechsels gelte das Chamäleon als Sinnbild der Veränderlichkeit, Unbeständigkeit und Falschheit.
Dieser Typ ist auch in der Politik, selbst im Parlament, anzutreffen. Er beginnt Schaden anzurichten. Deshalb muß von ihm berichtet werden: Seine Post beantwortete er

pünktlich. Er kannte die Drucksachen, die Protokolle, seine Wähler. Leidenschaft und Erregung standen ihm auf Abruf zur Verfügung. Seine Sprache war angenehm, ohne Facetten, unauffällig, nicht fordernd. Er beherrschte die Kunst zu reden, ohne recht etwas zu sagen. Er wirkte so, wie man sich einen »netten Burschen« vorstellt. Weder gespreizt noch geziert. Nur »wichtig«; und einzig. Er dünkte sich nicht als Erwählter; er war stolz, Gewählter zu sein. Kein Volksmann, kein Tribun, kein Vollblut. Er riß nichts auf und riß niemanden mit. Tüchtig war er.

Er trug seinen Erfolg frei nach Albert Camus: »Sie wissen ja, was Charme ist: eine Art, ein Ja zur Antwort zu erhalten, ohne eine klare Frage gestellt zu haben« (aus: Der Fall). Er lächelte immer, überall. Zu allen gleich freundlich, gleich verbindlich. Er war dabei, wenn es um Lob ging; er fehlte nicht, wenn Tadel anstand. Sein Gespür für den Trend und die Mehrheit war so berühmt wie die Schnelligkeit, mit der er behende beim Opportunen ankam – »eigentlich immer schon dort war« – und dort so lange verweilte, bis sein rascher Instinkt ihm eingab, daß sich die Waage schon bald zur anderen Seite neigen werde.

Kein Jubel war ihm fremd, keine Intrige, kein lautes oder leises, böses oder gutes Wort. Es kam ihm so leicht über die Lippen, wie sich ihm die Türen zu den widersprüchlichsten Kreisen und Beratungen öffneten. Er beherrschte virtuos die hohe Kunst des heimlichen Rufmordes durch unzitierbare Andeutung wie die durch unbeweisbare Mimik. Er sagte im Salon dem einen etwas zu und beschwor in der Bibliothek dem anderen das Gegenteil.

Lautstark hielt er auf Charakter und Anstand und Kameradschaft; auf Arbeit, auf Mitarbeit und auf Fleiß; auf Geradlinigkeit, die er »zur Wirksamkeit brachte«. Er war vielen nützlich und manchen unentbehrlich. Eigentlich mochte

ihn niemand, aber niemand mochte sich das anmerken lassen. So kam er durch und recht weit nach vorne.
Wenn es paßte, half er. Ihm gelang, viele Entweder-Oder in unverbindlich-mehrheitsfähige Sowohl-Als-auch zu verwandeln. Er schien für die Sache und für dich zu sprechen. Er meinte das – im Augenblick – wohl auch. Manchmal warb er für links und erweckte zugleich den Eindruck, rechts zu stehen.
Unser Allwetter-Allzweck-Alleskönner war ein Kumpel. Er spielte Skat, stand seinen Mann beim Trinken und brachte die Köstlichkeiten seiner Heimat mit zum gemeinsamen Verzehr. Er war kein Weltmann und auch kein Mann von Welt. Seine Enge verbarg er hinter bunten Westen, zu lauten Krawatten und zu starken Worten. Er trug sich in Grau und lächelte in pausbäckigem Rot. Das »Du« kam ihm so flott über die Lippen wie das »Wir«; wie »Dienst« und »Pflicht« und »kameradschaftliches, solidarisches, freundschaftliches Miteinander«. Ein »Kollege kommt gleich« gab es für ihn nicht. Er war immer schon da. So stieg er empor und wurde zum Vorbild der Aufstiegswütigen. Und was bei ihm noch Format hatte, wurde dann oft noch kleinkarierter, miserabler, hundsföttischer: Hier stehe ich, ich kann auch anders.
Der Demoskopist – jenes Lebewesen also, das alles zu wissen vorgibt, was Mitmenschen denken, wissen, wollen; was sie tun, getan haben, tun werden; der Mann oder die Frau also, die immer nach dem fragen, was alle schon wissen; die den Menschen auf das schon Erfahrene, das bereits Gewesene halbieren; die vernachlässigen, daß es Spontaneität, Unvorhersehbares, Künftiges, Unbekanntes, daß es Ersehntes, Gefühltes und Geahntes, daß es Wagnis gibt; die deshalb den Politikern mit der halben Wahrheit falschen Rat geben; die auf diese Weise Politik zur Anpassungsartistik an

Vorhandenes entwürdigen und durch Verzicht auf Neues und Anspruchsvolles, auf Wagnis und Wegweisung statt Konturen der Zukunft die Stromlinienform der Langeweile und damit die Krise erzeugen – der Demoskopist hat seine helle Freude an unserem »Erdlöwen«. Bringt dieser doch das Wichtigste schon mit: Mit ihm kann sich jedermann jederzeit identifizieren! Er redet wie die meisten, wirkt so, denkt so. Das ist nichts, was herausfordert, was hervorsticht, was Widerspruch sucht. Nichts Besonderes. Nur das übliche.

Platon liebte die Demokratie nicht. Er verurteilte sie, weil zu viele Volksvertreter nur das sagten, was ihnen gerade während des Aufstehens einfalle. Er muß dabei seine Wichtigkeit, den Daherredner, im Auge gehabt haben, den wir auch als Drauflosredner und als Drumherumredner kennen – offenbar ein zeitloser Typ.

Demokratie lebt von Freimut, fordert Verantwortung, sollte bunt sein, wuchernd von Talenten, angefüllt mit Perspektiven, lebendig durch Qualität und gestaltet von Menschen mit Ecken und Kanten, mit Scheitern und Erfolg. Das setzt Kampf und Können, Wettbewerb und Leistung voraus – nicht aber die »Laufbahn« der Nettigkeit, des Nichtauffallens, des Nichtaneckens, der Anpassung.

Dem jugendlichen Kritiker, von dem ich im Vorwort berichtete, antwortete ich auf seine Frage, was denn wir Älteren schon geleistet und bewirkt hätten: »Den Frieden und Ihren Freimut.« Ich unterließ den Hinweis auf Wiederaufbau, Wohlergehen, Chancen und soziale Sicherheit.

Freimut – das ist angewandte Freiheit. Wilhelm Tell ist ein literarisches, Thomas Morus ein politisches, Sokrates ein philosophisches Beispiel; die Bürgerrechtskämpfer und die Tapferen des 20. Juli 1944 ebenso für angewandte Freiheit.

Auch Demokratie verlangt diese Tugend (nur weniger gefährlich und dramatisch): Freimut zu fragen, Freimut zu antworten, Freimut zu handeln, Freimut zu verantworten; aufrichtige und unbekümmerte Offenheit, uneingeschüchterten Sinn, Mut zur Wahrheit, Kühnheit zur Überzeugung, Tapferkeit des Gewissens.
So wie Dezentralisation und Wettbewerb unsere Ordnung überlegen halten (also Zentralisation und Ballung ihren Untergang bewirken), wie Brüderlichkeit Kommunismus schlägt (also unsoziale Wirklichkeiten Kommunismus herbeiführen), wie Abschreckung Krieg bannt (also Schwäche zum Krieg führt) – so ist Freimut der Schlüssel zur Zukunft mit menschlichem Antlitz.
Roboter werden das nicht schaffen. Auch nicht Sprücheklopfer, Anpassungsartisten oder Demoskopie-Genies. Politik lebt nicht vom Kompromiß allein. Überzeugung und Meinung sind zunächst gefragt. Überzeugung ist teuer. Du mußt für dein gutes Gewissen schon zahlen; dich entscheiden, wenn du deine Idee verwirklichen willst; deine Eitelkeit, Bedeutsamkeit, Wichtigkeit und Bedrohtheit überwinden.

Manche mögen den Kampf nicht. Er findet trotzdem statt. Immer, oben und unten, hinten und vorn, gestern und morgen.
Kommunisten glauben an ihre Sache. Sie glauben und sie hoffen; und sie wecken Hoffnungen – Hoffnungen auf ein irdisches, baldiges Jenseits zu den jetzt drückenden Wirklichkeiten. Man müsse nur mit ihnen glauben, mit ihnen hoffen und mit ihnen arbeiten. Die Geschichte sei mit ihnen. Wie die Hoffnung. Zuerst die der wenigen, dann die der breiten Masse.
Die Demokraten haben, wie wir sahen, alle Trümpfe zur

Hand. Sie greifen sie nur nicht immer. Ihr Glaube besteht zu oft aus Fragezeichen.

Gesiegt hat nicht der mit der Gewalt, der mit den Gaskammern. Überlegen sind nicht die mit der Mauer. Siegen werden die mit der Hoffnung: Wo Hoffnung ist, ist Zukunft, ist Überlegenheit. Der Sieg folgt der Hoffnung, und die Hoffnung dem Glauben.

Unsere Ordnung ist überlegen – Gewaltlosigkeit, Menschenrechte, soziale Pflichten, Parlament, geheime Wahlen, freie Meinung. Das erste Problem im Westen ist die Qualität der Politik und das Format der Politiker. Wir müssen wieder redlich werden und Grundsätze wagen.

Solange Wahlängste, Demoskopen, Image-Architekten, Werbetechniker, Redenschreiber mehr zu sagen haben als Sachverstand; solange die Sehnsucht nach dem freien Wochenende, nach dem unkontrollierten Privatleben, dem Nichtausgespähtwerden durch Geheimdienste, nach dem größeren und sichereren Geld bestimmender ist als die Bereitschaft zum Dienst für das Ganze; der Drang in den Vorstand des Unternehmens, des Verbandes stärker als der ins Parlament oder in die Regierung; solange Technik mehr gilt als Inhalt, das Wie mehr als das Was, das Ich mehr als das Wir, die Idee weniger als die Bequemlichkeit – eben so lange wird unsere Ordnung ernsthaft gefährdet sein.

Jeder kann und muß an seinem Platz zum Besseren beitragen: Die Sensationspresse, indem sie auch einmal auf eine Geschichte verzichtet; jeder von uns durch Bekenntnis, durch Mitarbeit, durch Information; die Verbände und die Unternehmen, indem sie führende Köpfe auf Zeit der Politik zur Verfügung stellen und ihre Rückkehr ohne Schaden für sie ermöglichen; wir alle, indem wir von keinem – auch von keinem Politiker – mehr oder anderes verlangen als von uns selbst; die Parteien, indem sie für Ausbildung und Information mehr aufwenden als für Werbung; die Zeitungsleser, Rundfunkhörer und Fernseher, indem sie den Verantwortlichen ihre kritische Meinung kundtun; die Politiker selbst, indem sie auf Fragen nach Was? Wie? Wer? Warum? ehrlich und sachlich antworten; indem sie eine öffentliche Diskussion nicht mit einem Duell auf schwere Säbel, Verleumdung und Lautstärke nicht mit einem Argument verwechseln; indem sie nicht nur mit Akten umgehen, sondern im Volk leben; indem sie keinem nach dem Munde reden, sondern vor allen die Wahrheit sagen; indem sie jedermanns Recht, aber niemandes Interesse wahrnehmen; indem sie den mit der anderen Meinung als Nachbarn gelten lassen; indem sie – unerbittlich, hart und scharf und schnell – jede aufkeimende Gewalt gegen die gebotene und gewollte Brüderlichkeit mit allen Mitteln staatlicher Macht und ohne Ansehen der Person bekämpfen.

Das alles ein Wunschtraum? Eine Idylle?

Wenn es das bleibt, wird eine andere Wirklichkeit Oberhand gewinnen: die der Gewalt; eines der erwähnten Gesichter der Brutalität.

Die Zukunft mit menschlichem Antlitz erreichen wir auf dem Wege der realen Freiheit. Er beginnt, wo kalter Krieg sich in kalten Frieden wandelt. Alles wird gut werden, wenn du deinen Teil beiträgst: Am Schluß zählt nicht, was du von anderen gefordert – nur das, was du selbst gegeben, was du getan, nicht, was du kritisiert, nur, was du besser gemacht hast. Das demokratische Gewissen bedarf keiner Dienstanweisung. Demokratie gibt es so lange, wie es Demokraten gibt, kämpferische Demokraten. Kommunisten sind nur stark, wo wir schlapp sind. Freiheit taugt so viel, wie sie von allen bewußt erlebt, gefühlt und gelebt wird.

Wenn du vorangehst und oben stehst, blicken alle auf dich – wohlwollend oder feindlich oder einfach neugierig. Du gehörst nicht mehr dir allein. Einen unauflöslichen Pakt schließt die Menge mit dir – ohne Paragraphen, ohne Kleingedrucktes, ohne Hintertür; schweigend und unsichtbar. Du fühlst ihn. Es ist wie mit der Nabelschnur: sie ist zerschnitten, entfernt. Und doch, sie wirkt fort – ein Leben lang. Ich erfuhr das oft. Am stärksten ergriff es mich kurz nach meinem Rücktritt von den Ämtern des Kanzlerkandidaten, Parteivorsitzenden und Fraktionsvorsitzenden im Mai 1973: Als das Telefon nicht mehr läutete, der Terminplan ein weißes Blatt Papier war und viele sich Mühe geben mußten, mich noch zu grüßen, errichtete ich zusätzliche Gräben der Einsamkeit und Zäune der Verlassenheit um mich. Georg Schulhoff – Düsseldorfer Handwerkspräsident, mir über Jahre als Kollege freundschaftlich verbunden – wußte diese Mauer aus fremden Steinen und eigenem Mörtel zu überwinden: Gerade jetzt müsse ich zur Freisprechung der 5000 jungen Handwerker nach Düsseldorf kommen und zu ihnen sprechen. Ich ging hin und sah wieder in gläubige Augen, erfuhr Dank, Treue und hohe Erwartungen. Es wurde kirchenstill, als ich ihnen riet, sich zu engagieren, sich durch nichts und durch niemanden entmutigen zu lassen. Dies sei ihr Staat, ihre Gesellschaft, ihre Gegenwart und Zukunft. »Es liegt an Ihnen, was bleibt und was wird.«

Sie verstanden mich gut. Sie gaben Mut und Zutrauen, nahmen mich auf und trugen mich. Ich hatte also nicht ohne Netz gearbeitet. Es hielt. Es trug. Und es trägt.

Personenregister